INITIAL PUBLIC OFFERING

株式上場準備の経営管理を学ぶ

アガットコンサルティング
藤浦 宏史
FUJIURA Hiroshi
著

中央経済社

はじめに

2024年４月に，前年まで有名タレントを起用したテレビCMで「やっぱりビッグが一番！」「買取台数６年連続日本一」を喧伝していたビッグモーター社が伊藤忠商事のグループ会社に事業を譲渡し，幕を閉じました。2023年には，芸能プロダクションのジャニーズ事務所が廃業を発表しています。

これらの報道を聞き「成長拡大していた会社がなぜ？」と驚く一方で，「またか」と感じている方も多いのではないでしょうか。

私もその１人です。

成長拡大している会社が突然死に至る原因には，共通点があります。

そして，それらの共通項は，株式上場審査のポイントとも符号しています。株式上場の審査では，不特定多数の一般株主からの出資を受け入れることになるため，「持続的な成長可能性＝つぶれにくい会社かどうか？」が重視されます。

そのため，両者が一致するのは，ある意味必然だといえるでしょう。

しかし，それを明確に意識している経営者は少ないのではないでしょうか。

また，当初は意識していたとしても，日々の忙しさ，気の緩み，さらに，さまざまな問題が起きる中で，いつの間にか忘れてしまうこともあるでしょう。

だからこそ，会社の中で仕組み化することが重要です。

それがまさに「経営管理体制」といえるでしょう。

本書では，スタートアップステージから抜け出し，次の成長フェーズに差し掛かった経営者が，自然な流れとして目指すことの多い株式上場を念頭に置き，上場準備ステージにおける経営管理体制の構築ステップを確認していきます。

上場会社等へのバイアウトを想定している経営者や株式上場を目指さないと決断した経営者にとっても，会社の成長・拡大を目指すうえで，株式上場準備ステージにおける経営管理体制の構築ステップは参考になるはずです。

私は，情熱を持って事業に取り組む経営者を支える仕事こそ，自分も情熱を注げると考え，アガットコンサルティングを設立しました。前著で告白した花屋での苦い経営の経験や社長の鞄持ちからの学び，そして会計士としてのスペシャリティを活かすことができるはずだと考えたのです。

実際に設立から20年，充実した日々を過ごすことができました。やりがいを持って大きな会社から小さな会社まで，さまざまな経営者をサポートさせていただきました。我々は，主に経営管理面の課題解決に向けたお手伝いを担います。それはおそらく，我々が用いる道具（ツール）である「会計」と「経営管理」の親和性が高いからでしょう。

会計は簿記という共通言語を用いて，企業の活動をわかりやすく伝えるツールであり，ルールでもあります。経営者がこの会計というツールをもっと有効に活用できれば，やりたいことの実現に向けて，そのスピードを加速させることができるはずです。

20年にわたって経営者をサポートしてきた私の経験を，スタートアップステージから抜け出し，次のステージに差し掛かる経営者の方にも活用していただきたいです。

会社が大きくなっていく過程で，スタートアップ段階とは異なる多様な困難に見舞われます。経験から学ぶこともありますが，なるべくならばトラブルは回避できるとよいでしょう。「問題が発覚してから，それをどのように収束させ，改善するか」ではなく，株式上場準備ステージで起こりがちな問題を想定し，「予防」することを目指します。本書ではトラブルを未然に防ぐための留意点と，会社の基礎体力を高める経営管理体制の構築についてお伝えします。

当然，すべてのパターンを想定しきることはできませんし，対処方法についても「完全な正解」はありません。しかし，多くの成長企業が陥っているパターンを想定し，そのための対応策を考察しておけば，事前に体制を整えることができます。本書が，そうした「予防の第１歩」となるものと信じています。

2025年３月

藤浦　宏史

CONTENTS

Prologue ビッグモーター社の事例考察

Chapter 1 業績管理強化

Chapter 2 内部統制強化

Chapter 4　グロース上場後を見据えた体制づくり

COLUMN

Prologue

ビッグモーター社の事例考察

1.　考察の位置づけ

Prologueでは，2023年に公表された「不適切な保険金請求に関するビッグモーター社の特別調査委員会の調査報告書」を基に，多くの成長企業がつまずいているポイントを確認していきます。

成長拡大している会社が突然死に至る原因を考察することは，経営管理体制を構築するうえで有用です。

2. 調査報告書の主な内容

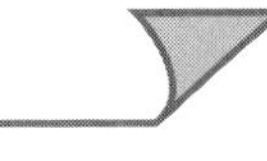

(1) 企業概要

株式会社ビッグモーター（以下，BM社）の中核事業会社は，BM社とその100％子会社である株式会社ビーエムホールディングス及び株式会社ビーエムハナテンです。

そして，今回調査の対象となっているのは「自動車鈑金・塗装事業」です。当該事業がグループ全体の売上高に占める割合は，約２～３％程度です。つまり，報道等によると，同グループの2022年９月期売上高は約5,800億円とのことですので，自動車鈑金・塗装事業の売上高は100～200億円となります。従業員数もグループ全体で5,324名のうち，自動車鈑金・塗装部門の人数は620名です。グループ全体から見ると，小さな小さな部門といえます。

その非常に小さな部門が起こした不祥事で，グループ全体が吹き飛んでしまいました。

BM社は未上場会社なので，具体的な利益や現金がどれくらい残っているかは公表されていませんが，マスコミ報道等から推定すると莫大な利益や資金を有しているグループであったようです。

(2) 特別調査委員会設置の経緯について

2021年秋ごろ，損害保険会社の業界団体へ不適切な保険金請求に関する内部告発が行われたことが発端です。

そして，翌年の６月６日に，損保ジャパンなどの大手３社が連名でBM社に自主的な調査を求めています。

しかし，調査不十分として自主的な調査では理解を得られず，2023年１月30

日に特別調査委員会を設置することになります。

⑶ どのような「不適切な保険金請求」が行われたか

特別調査委員会の調査報告書によると，「不適切な保険金請求」の態様は4点あったようです。

1つ目は，物理的に修理車両の車体を傷付けるなどして，入庫時に存在しなかった損傷を作出して修理範囲を拡大させる，あるいは損傷が存在するかのように誤認させる写真を撮影することがあった。

2つ目は，鈑金段階でタワー牽引していないのに，タワー牽引したと偽装する，あるいはやらなくてよいタワー牽引を実施することがあった。

3つ目は，塗装段階で不要な塗装作業や不要な部品交換を実施していた。

4つ目は，損害保険会社との協定時に，実際には「施工していない」作業を「施工した」ものとして報告していた。

このあたりはマスコミなどで報道されていることに近いなというのが私の印象です。

あなたは，どのような感想を持ちましたか？

⑷ 再発防止策について

① BP（鈑金・塗装）部門における適切な営業目標の設定

報告書によると，鈑金・塗装部門のKPIは，車両修理案件1件当たりの工賃と部品粗利の合計金額（社内では「@（アット）」と呼称）です。そもそも利益が出にくい部門であるにもかかわらず，「他の部門と同様に利益を出せ」と強要したことが不正に走った一因とされています。

要するに，KPIの設定が間違っているという採算管理の問題です。

（4）再発防止策の提言
① BP（鈑金・塗装）部門における適切な営業目標の設定

- 車両修理案件１件当たりの工賃と部品粗利の合計金額(社内では「@(アット)」と呼称)を上げることを強く求める。
- BP部門の売上高や経常利益がビッグモーターグループ全体の数%程度である。
- 鈑金・塗装事業を拡大した理由は、中古車の買取・販売から整備、修理までをワンストップで提供することで、グループ全体の業績を向上させるためである。
- BP部門の位置づけからすれば、作業の効率性や正確性を向上させること、即ち、顧客のニーズに応じた迅速かつ適切な修理を行うことこそが、損保会社や顧客等の信頼を獲得し、グループ全体の売上や利益に繋がるものと考えられる。

→採算管理

(出典：特別調査委員会　調査報告書（2023年６月26日）から抜粋)

② リスクマネジメントを実効的に行うための内部統制体制の整備

報告書には，リスクマネジメントについて以下のとおり記載されています。要するに，内部統制やコーポレートガバナンスの問題です。

（4）再発防止策の提言
② リスクマネジメントを実効的に行うための内部統制体制の整備

- 取締役会機能の十全化
- 現業部門における牽制機能の強化
- 危機管理体制の整備
- 経営陣におけるコンプライアンスの徹底

→内部統制
→コーポレートガバナンス

(出典：特別調査委員会　調査報告書（2023年６月26日）から抜粋)

③　懲戒処分の運用の適正化等

報告書には，経営陣の一存で一方的な降格処分等が繰り返されてきたということが書かれています。就業規則に規定される被処分者の弁明の機会や賞罰委員会は，実際には運用されておらず，有名無実化していたと書かれています。

報道等によると，年収2,000～3,000万円をもらっている社員もいたようですが，他方でノルマが達成できないと一方的な降格処分となっていたということです。

そして，従業員の間に，次は私もそうなるのではないかという畏怖や不安の念が広がっていたということが報告書に記載されています。

要するに，社員との良好な関係の問題です。

（4）再発防止策の提言

③　懲戒処分の運用の適正化等

- 経営陣の一存で一方的な降格処分等が繰り返されてきた。
- 就業規則に規定される「被処分者の弁明の機会」や「賞罰委員会」は有名無実化
- 一方的な降格処分等の内容が周知されることにより、従業員に畏怖・不安の念が広がっている。

→社員との良好な関係

（出典：特別調査委員会　調査報告書（2023年６月26日）から抜粋）

④　現場の声を拾い上げるための努力

マスコミなどの報道によると，“環境整備”として役員が月１で店舗を巡回していたようですが，あくまでも「役員が現場の間違いを正す」というスタンスであり，現場の声を拾い上げるというスタンスではなかったようです。

さらに，「常時使用する労働者が300人を超える事業者」に義務づけられている，公益通報対応業務従事者の選任もできていなかったことが報告書には記載されています。

要するに，内部統制に不備があったということでしょう。

（4）再発防止策の提言
④　現場の声を拾い上げるための努力

- 現場巡回の際の個別面談
- 内部通報制度の整備
  現状は、ハラスメント事案に関する通報制度のみ。
  公益通報対応業務従事者の選任などができていない。

→内部統制

(出典：特別調査委員会　調査報告書（2023年６月26日）から抜粋)

⑤　従業員教育の強化

報告書によると，「未経験者が研修を受けることなく，フロント業務や鈑金塗装業務に従事しているケースが散見される。コンプライアンス教育も不十分」とされています。

ある程度の規模の会社になると，一般的には入社後１週間～１か月くらいは本社での集合研修を受けて，それから現場に行くようなケースが多いですが，この報告書を見る限り，そういうことはなく，いきなり現場に入るということのようです。

そういう状況では，「現場で言われること＝会社から言われること」ということになってしまいます。例えば，本社で研修を受けていれば，現場に入って「入庫したお客様の車にゴルフボールで傷をつけろ」と現場の上司に言われたとしても，異なる対応が可能であったかもしれません。会社のルールを知らなかったことで，その歯止めがきかなかったということでしょうか……。

要するに，社員との良好な関係を軽視しているということになります。

（4）**再発防止策の提言**
⑤　従業員教育の強化

- 未経験者が研修を受けることなく、フロント業務や鈑金・塗装業務に従事しているケースが散見される。
- コンプライアンス教育の実施

→社員との良好な関係

（出典：特別調査委員会　調査報告書（2023年６月26日）から抜粋）

⑥　損害保険会社からの信頼回復

これは，再発防止策の提言には記載されていませんが，当然のこととして，損害保険会社との信頼関係は損なわれました。

今回は，損害保険会社との癒着も取り沙汰されていますが，結果的には取引先との良好な関係はなくなってしまったといえます。

以上が調査報告書の再発防止策の提言になります。

この６つを見ていただいて，あなたも（規模は違えど）身近で似たような事例を思い浮かべたのではないでしょうか。

私も同じです。金額的なインパクトや話題性からBM社はマスコミに大きく取り上げられていますが，特別調査委員会で再発防止策として提言されていることは，ある意味当たり前のことです。

つまり，多くの成長企業がつまずいているポイントには共通点があります。

前著でもお伝えしたとおり，成長企業がつまずいているポイントは以下の５つです。

❶ 採算管理（売上だけではなく，利益と資金をコントロールすることが重要）
❷ 取引先との良好な関係
❸ 社員との良好な関係
❹ 内部者による不正（内部統制）
❺ 経営者による粉飾（コーポレートガバナンス）

具体的な内容は，この後，事例も交えて説明していきますが，この５つのポイントは，実は株式上場時の審査ポイントとも符合しています。株式上場によって不特定多数の一般株主からの出資を受け入れることになるため，上場審査では「持続的な成長可能性＝つぶれにくい会社かどうか？」を見ることになります。したがって，符合するのは当然といえば当然です。

(5) 株式上場の審査ポイントとの関係

東京証券取引所（以下，東証）の「グロース市場事前チェックリスト」には，下図のとおり６つのポイントが記載されています。

	東証グロース市場の審査ポイント	5つの視点
1	事業計画が，今後の事業展開を踏まえ合理的に作成されていますか。	❶採算管理
2	経営管理組織は有効に機能していますか。	❷取引先との良好な関係 ❸社員との良好な関係 ❹内部者による不正（内部統制）
3	企業内容の適時・適切な開示に向けた準備は進んでいますか。	❺経営者による粉飾（コーポレートガバナンス）
4	会社関係者等との取引により，企業経営の健全性が損なわれていませんか。	
5	上場申請に当たり，その他の留意すべき点への対応は図られていますか。	
6	ヒアリングに向けた準備は進んでいますか。	

1（事業計画）は，５つの視点での採算管理のことです。また，２（経営管理組織機能の有効性）は，取引先や社員との良好な関係が構築され，内部統制が有効に機能していることです。そして，３（適切な開示）は粉飾がないかということです。

４は個人企業（プライベートカンパニー）から公開企業（パブリックカンパニー）になるための要件であり，５はバスケット条項，６は審査方法に係ることなので除くと，最初の３つはまさに５つの視点（多くの成長企業がつまずいているポイント）と同じです。

(6) 事例の総括

(1)〜(5)では，多くの成長企業がつまづいているポイントを確認しましたが，そのポイントを引き起こす根幹となる要因が，特別調査委員会報告書の結語に記載されています。

これが，まさにこの事例から学ぶことでしょう。

BM社でも経営計画書を作成し，毎年，全社員に配布されていて，そこには「義を明らかにして，利を計らず」と宣言されていますが，いつの間にかこれが忘れ去られてしまっていたということですね。

（特別調査委員会報告書の結語）

> 毎年，全社員に配布されている当社の「経営計画書」の冒頭には，大方針として「義を明らかにして，利を計らず。我々は，お客様との信頼関係を築いて収益の極大化を図る。」とされ，経営理念には「常にお客様のニーズに合ったクオリティの高い商品，サービス，情報を提供する」と高らかに宣言されている。
>
> ところが，今回の不適切な保険金請求事案は，これらの崇高な理念に真っ向から反する背信行為であり，顧客の信頼を裏切って，自社の収益獲得を優先したとの非難を逃れ得ない。かような行為が繰り返されれば，いずれ保険料率の上昇を招きかねず，そうなると保険ユーザー全体の不利益にもつながるという意味で一層罪深い。

（出典：特別調査委員会　調査報告書（2023年６月26日）第10　結語から抜粋）

日々の忙しさ，気の緩み，さらに，さまざまな問題（後継者の話，今後の事業展開をどうやっていくか等々）の中で，いつの間にか本当にやりたいこと，やるべきことを見失ってしまうということはよくある話です。

利益や資金というのは，「やりたいことを実現するための必要な要素であるが，あくまでも一要素に過ぎないこと」がいつの間にか忘れられてしまうのでしょう。だからこそ，会社の中に仕組みとして取り込んでしまうことが重要です。それがまさに経営管理体制の構築なのです。

本書では，スタートアップステージから抜け出し，次のステージに差し掛かる頃，一定数の経営者が当たり前のように目指す株式上場を念頭に，株式上場準備ステージにおける経営管理体制の構築ステップを確認していきます。

3. ミドルステージにおける「経営管理体制構築のポイント」とは

前著『スタートアップ企業の経営管理を学ぶ』に続き，今回は「株式上場（主に東証グロース市場）を目指す会社」が直面する経営管理上の課題を取り扱っていきます。

本書では，スタートアップ時期を抜け，株式上場に向けて監査法人との監査契約を検討する段階から，グロース市場に上場し，プライム市場に向けて準備する段階くらいまでのステージをミドルステージと呼びます。設立から10年程度が経過し，売上が毎年1.5～2倍程度増加しているような状況をイメージしてください。このミドルステージに入ると機能分化が進み，その過程で経営者が担ってきた経営企画と経営管理のうち，経営管理を別の経営幹部（いわゆるCFO）に委ねるようになります。

これは，経営者のリソース配分という面から捉えると，以下のように説明できます。

経営者のリソースを「①メモリー＝思考領域，何を考えるか？」「②時間＝思考時間」「③労力＝エネルギー＝思考の深さ」「④お金」に区分するとします。

スタートアップステージでは，①～③を使って，④を稼ぐというリソース配分が多いでしょう。これに対し，ミドルステージに入ると④を使って，①～③を有効活用することが重要になります。この切り替えができずに，成長が鈍化しているケースが多いです。

経営管理を別の幹部（いわゆるCFO）に委ねるときにも，上記のリソース配分を意識します。いかに経営管理を経営者のリソースから切り離して経営企画に重点を移していくか，そのための経営管理体制をどのように構築していくかを考えましょう。

今回，本書で「経営管理体制」を取り扱うにあたり，ベースとなるテーマは「チームCFOの構築」です。１人のスーパーCFOを求めがちですが，その１人にもしものことがあるとすべてが止まってしまいます。したがって，本書ではCFO機能についてチームCFOの構築をお勧めしています。そして，次のステージも見据え，再現性（他者でも実現可能な仕組みに昇華すること）を意識しておくとよいでしょう。30年・50年と続く会社を念頭にバトンをつないでいきましょう。

前著でお伝えしたとおり，経営には２つの側面があります。１つは経営企画的な側面，つまり「やりたいこと，行きたいところへの道順を考える側面」であり，もう１つは経営管理的な側面，つまり「道順どおりに，行くための技術，運転技術の側面」です。

どこに行くか，そのための行き方を考えることも重要ですが，行くための運転技術（経営管理）も欠かせません。運転技術が未熟なために，行きたいところへたどり着けないというのは非常に残念なことです。

まずは，「経営管理体制の構築＝チームCFOの構築」に着手するにあたって，どこから手を付けるかについて考えてみましょう。経営全般に関わるため，当然多岐にわたり，悩みどころです。

本書では，ビッグモーター社の事例でもご紹介したとおり，多くの成長企業がつまずいている以下の５つのポイントをつぶしていきます。

❶ 採算管理（売上だけではなく，利益と資金をコントロールすることが重要）
❷ 取引先との良好な関係
❸ 社員との良好な関係

❹ 内部者による不正（内部統制）

❺ 経営者による粉飾（コーポレートガバナンス）

具体的な内容は，前著に記載のとおりですが，おさらいとして，次項で簡単に説明します。

4. 経営管理体制構築の5つの視点

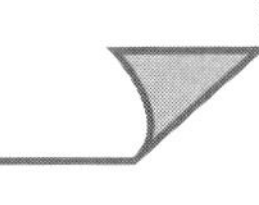

先に挙げた経営管理体制構築の５つの視点について，もう少し掘り下げて説明していきましょう。

❶ 採算管理（売上だけではなく，利益と資金をコントロールすることが重要）

資金は会社の栄養であり，事業投資の源泉です。会社を成長させるために，事業に投資して資金を増やし，増やした資金をさらに事業に投資していくことになります。

その資金の源泉になるのは，基本的に売上のみです。もちろん，資本金として株主から出資してもらった資金や，借入金として金融機関から借り入れた資金も一時的には事業投資に利用可能です。しかし，これらの資金は（投資契約書や金銭消費貸借契約書等の約定に従い）何らかの形で還元あるいは返済していくものなので，制限のない資金としては売上のみです。

したがって，資金繰りの基本は，売上ですべての支出を賄うことです。プロジェクト（またはプロダクト）の数が増えていく過程で，いつの間にか，売上だけがひとり歩きして，全体の利益･資金と個々のプロジェクトの利益（粗利）のつながりが把握できなくなるケースがあります。

売上さえ獲得すれば，利益や資金はついてくる感覚を持っていませんか？

残念ながら，売上の獲得が必ずしも利益や資金の増加につながるわけではありません。売上ですべての支出を賄うことができているかどうか，採算がとれているかどうかをチェックすることが重要です。

この採算管理が甘いと資金繰りが悪化し，事業が成長していきません。売上だけが増えて，採算が悪化している状態は成長ではなく，単なる膨張です。売上が増えれば，必然的に利益も資金も増えると考えるのは間違いです。売上と同じように，利益や資金もコントロールしないと増えません。

そして，事業規模が大きくなるにつれて，コントロールは精密性が求められます。1億円の利益を稼ぐのに売上5億円で済むのと，売上100億円を要するのでは意味合いが異なります。もし1億円の損失が出たときに，それをカバーするために追加で売上5億円獲得すればよいか，売上100億円を獲得しなければいけないかと考えれば明白です。売上100億円で利益1億円というビジネスモデルを拡大してしまい，売上1,000億円で利益10億円という状況はリスクの塊以外の何者でもありません。

効率的に利益を稼ぐという視点は常に重要です。規模の経済が働かない，(規模の拡大に伴い）営業利益率が向上しない売上増加になっていないかを検証し，売上の獲得と並行して，利益や資金も戦略的に管理しましょう。

❷ 取引先との良好な関係

取引を開始するときは，誰もがトラブルが起こるとは思っていません。しかし，仕事を受注したり仕事を発注したりして，プロジェクトがスタートした後に，思いもよらないトラブルが発生するものです。

トラブルが起きたときに，当初取り決めた内容にしたがって「こういう約束でしたよね」という前提から協議をスタートするのと，取り決めがなく「ちゃんと話していませんでしたが，実は私はこういうつもりでした」からスタートするのとでは，大きく結果が異なります。当然ですが，前者のほうがトラブル解決につながりやすいはずです。

そういう意味で，良好な関係のときにしっかりと協議し，契約書（契約関係を文書化した書類）として，まとめておくことはとても重要です。

ただ，会社が成長・拡大し，個々の取引に関与するメンバーが増えるにつれ，ルールの徹底も難しくなります。経営者も個々の契約書の管理まで目が行き届かなくなりがちです。

いつの間にか，先方の用意した契約書ひな形で，自社に一方的に不利な条項を残したまま，何の交渉もせず締結してしまう，ということも起こりえます。メンバーによっては契約交渉自体を面倒な業務，不要な業務と考えてしまうこともあるようです。しかし，「お互いに，具体的な仕様なども含め，納得した内容で契約書を締結することで，その後も（取引先と）大きなトラブルなく，長いお付き合いができるのだ」と考えれば，結果的には効率的な営業活動だったと捉えられるでしょう。同じく，仕入先等の協力会社との関係もトラブルなく良好であれば，納品物の品質・納期・採算面でも良い効果をもたらすことになります。

ミドルステージでは，さらに関与するメンバーや取引先が増えてきますので，サプライチェーンを念頭に，組織的な仕組みづくりを心がけましょう。例えば，海外協力工場における低賃金で劣悪な環境での労働や児童労働，あるいは輸入原材料に関する不正や虚偽表示なども課題に挙がってくるかもしれません。また，海外展開の拡大に合わせて，他社の商標やノウハウの侵害，自社の商標やノウハウの侵害にも留意していきましょう。

❸　社員との良好な関係

社員採用に関しても，トラブルが起きる前提で採用することはまずありません。しかし，組織の中には予想外のトラブルの火種が潜んでいるものです。

最初にしっかりと条件等について話し合い，かつ文書を交わしていれば，トラブルが起きた時に解決しやすくなります。退職の意向を社員が表明したときに「退職にあたって，これはダメ，あれはダメ」と協議を始めても，なかなか円満に協議を終えることは難しいです。最悪の場合，「元社員による営業秘密の漏洩で取引に影響が……」ということも起きかねません。

また，定期的に不満の解消を心がけていれば，社員との関係は良好となり，離職率の低下にもつながります。結果的に，効率的な採用活動と考えることができます。社員が意欲的に働くことで，サービスの品質・納期・採算面でも良い効果をもたらすことになるでしょう。

会社の成長・拡大に伴い機能分化が進み，経営者ではなく中間管理職が現場をマネジメントしていくことになります。加えて，男性の育休取得，精神疾患による休職，介護退職，副業絡みの就業規則違反，労働時間管理の厳格化，さらには各種ハラスメント等労務管理の難易度はますます上がっています。

このような状況をふまえ，ミドルステージでは，さらにきめ細かく対応していくことが求められます。

❹ 内部者による不正（内部統制）

本書では，不正と粉飾との違いを，経営者が主導しているかどうかで区別することにします。不正は，経営者以外の役員や社員等が主導し経営者は知らない，つまり経営者は被害者の立場にある行為とします。これに対して，粉飾は経営者が主導する行為とします。

前著では「幹部社員による横領」の事例を挙げましたが，それ以外にも「ハラスメント」や「インサイダー取引」などでマスコミに取り上げられるケースが増えています。これらも会社にとって身内の恥となるので，株式上場していないケースでは，よほどのことがない限り公表しないと考えると，実際は数倍から数十倍の発生件数であると推測できます。

企業法務に詳しい弁護士さんと話しても，幹部社員による不正事件は本当に多いという認識です。

会社が小規模で，かつ成長していない段階では不正はすぐに発覚します。裏を返せば，成長している会社こそ不正が長期化・深刻化しやすいということです。成長拡大している中で，その中心となる幹部社員がパワハラなどで離脱することになると，成長が止まるだけでなく，最悪の場合，倒産してしまうこともあります。

また，不正を起こした当事者との関係を想起しても，不正を発見し，懲戒解雇するというのは，事業発展に忙しい中で建設的な時間の使い方ではありません。そもそも不正に走るような隙を与えないことが，不正に走る社員にとっても経営者にとっても望ましいのです。

まずは，会社の成長・拡大に伴い，不正が起きる可能性が高まっていることを自覚してください。そして，不正が起きたら早期に発見できる体制，できれば未然に不正を防止する体制を構築しましょう。

内部者による不正が起きないようにすることは，社員を守ることであるとしっかりと認識しておくことが重要です。

内部者不正は，最初はちょっとしたきっかけから起きることが多いです。例えば，「幹部社員から見て，使えない部下がいて，その部下を指導するという口実の下，ちょっと自分のストレスのはけ口として利用する」ということから始まり，そのうち，どんどんエスカレートしてしまい，取り返しがつかなくなってしまうというケースです。最初のきっかけを与えてしまったのは経営者です。最初から悪事を働こうという社員はほとんどいないです。

❺ 経営者による粉飾（コーポレートガバナンス）

粉飾は，本来の経営の姿を歪めることであり，利害関係者への背信です。粉飾を予防する環境を整備していくことが，経営管理体制構築において重要です。

最近では，米国型の「経営者を監視するコーポレートガバナンスの考え方」が注目されており，金融庁の指導の下，東証が，ガイドラインとなる「コーポレートガバナンス・コード」を公表し，上場会社にとっては必要不可欠の取組みとなっています。

ミドルステージにおいて前記５つの視点を念頭に置き，経営管理体制を構築すること，すなわち，「チームCFOの構築」により，会社はさらなる成長ステージに進んでいくことができます。

経営に正解はありませんし，経営管理体制にも正解はありませんが，共通する留意点はあります。これらを意識することで，あなたの事業を成長させていきましょう。

5. 経営管理体制構築をストーリーで学ぶ

これまで経営管理体制の構築を後回しにしたばかりに，あと一歩のところで上場のタイミングを逃してきた会社や，不祥事に巻き込まれて倒産寸前まで追い込まれた会社，人員不足を補うために大量採用に踏み切り人事トラブルに発展した会社等をみてきました。

上場を目指さないにしても，事業を成長・拡大していくためには，できるだけ早いタイミングで経営管理体制の整備，すなわち，「チームCFOの構築」に着手していくことをお勧めします。

経営管理についてイメージができないと，体制を構築することもできません。また，早く整備するに越したことはありませんが，会社の成長フェーズによって重点的に整備すべき項目が異なることも事実です。ガチガチに整備しすぎてしまうと運用のためのコストが膨大となって効率が下がり，本業の業務を圧迫してしまうこともあります。

そこで，本書では，経営管理体制の構築について，具体的にイメージできるように，ある人物と会社を例に挙げ，上記５つの視点に基づいて，どんなことを検討していけばよいのかを紹介していきます。また，これにより，経営管理体制は身近なもので成長ステージに合わせて少しずつ整備・運用していくものと理解できます。ストーリーの形で会社の成長過程を追うことで，どのように経営管理体制の構築を進めたらよいか具体的にイメージできるはずです。あなたの事業の成長フェーズと照らし合わせながらご覧ください。

それでは，本書に登場する主人公をご紹介します。

STORY

高橋光さん（44歳）は，2006年４月に大学の理工学部を卒業後，ゲーム制作会社K社に入社した。小さい頃から根っからのゲーム好き。人と接することは得意ではなかったが，ゲームのこととなればずっと話をしていられた。

職場では，ゲームのプログラマーとなり，20代中盤頃から新規の企画にも携わらせてもらえるようになった。

ゲームクリエイターとして勤務し10年ほどたった頃，趣味の延長で近所の子どもたちに無料でプログラミングを教え始める。独身の高橋さんは，甥っ子と触れあう中で，子どもたちのために自分ができることを探っていきたいと考えるようになったのだ。

プログラミング教室の子どもたちと接しながら感じたのは，「どんなものを作りたい？」「好きに作ってみたら？」と言っても，なかなか自分を表現できない子どもが多いことだった。自分で課題を設定したり表現したりすることに慣れていない子どもたちを目のあたりにし，高橋さんはプログラミング教室の重要性を実感し始める。

高橋さんは，子どもたちにプログラミングを学ぶ機会を提供することで，好奇心と想像力を養って豊かな人生を歩んでほしいと願い，プログラミング教室事業に本腰を入れることにした。

会社設立から７年が経過した現在，プログラミング教室は東京・神奈川で９教室，そのほかに「放課後等デイサービス事業者」などの法人からの受託によるプログラミング講座も展開している。また，システム開発プログラミング受託事業は，台湾・中国（上海）に拠点を拡大した。さらにプログラマーの育成事業も立ち上げ，売上高は10億円を超えた。

講師の中から社内業務を担えると見込んで採用した山田徹さんは，社長秘書を経て，グループ全体の管理部長に成長していた。また，IT企業でのマーケティング戦略部門の経験を買われて入社した南香織さんは，教室事業の責任者となった。さらに，２年前に入社した内海正雄さんが，経理マネージャーとして活躍していた。

高橋さんは会社の一層の成長に向け，株式上場が武器になるという予感を持っていた。また，会社の成長ステージに合わせた経営管理体制を構築するうえでも，株式上場を目指すことは有用なのではないかと考え始めていた。そこで，経営者仲間を通じて上場している会社の経営者を紹介してもらい，いろいろと話を聞いてみた。まだまだ「自社にとって株式上場は有用だ」と確信を持てる状況ではないが，監査法人のショートレビューを受けると「（監査法人が）株式上場に向けて必要となることを洗い出してくれる」と知り，まずはテストスタートという位置づけで，監査法人のショートレビューを受けてみることとした。

現状の経営管理部門の組織図は以下のとおりです。

Ⅲ 株式上場準備初期段階

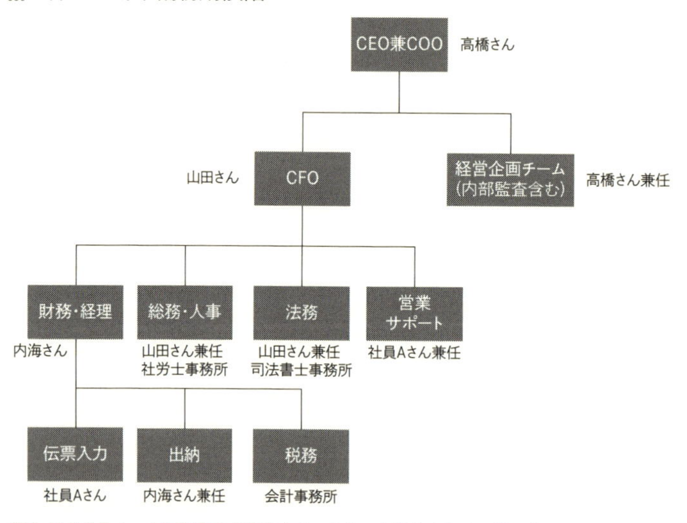

（注）子会社分も，上記担当者が実施する。なお，台湾と上海は一部アウトソースを利用している。

ちなみに，今後の経営管理部門の変遷は以下のようになります。

Ⅲ 株式上場準備中盤

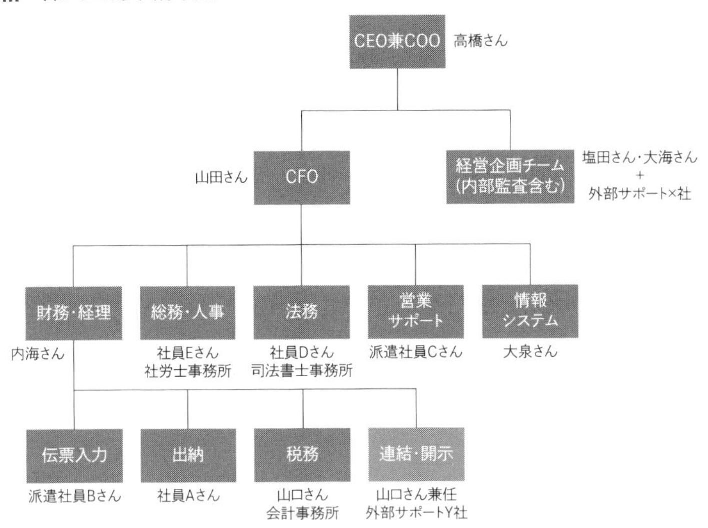

(注) 子会社分も，上記担当者が実施する。なお，台湾と上海は一部アウトソースを利用している。

Ⅲ 株式上場準備終盤

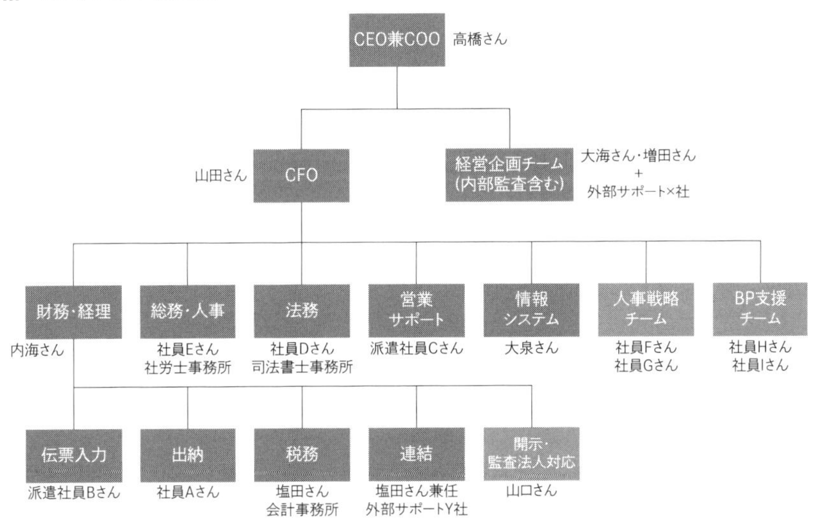

(注) 子会社分も，上記担当者が実施する。なお，台湾と上海は一部アウトソースを利用している。

Ⅲ　株式上場準備ステージ

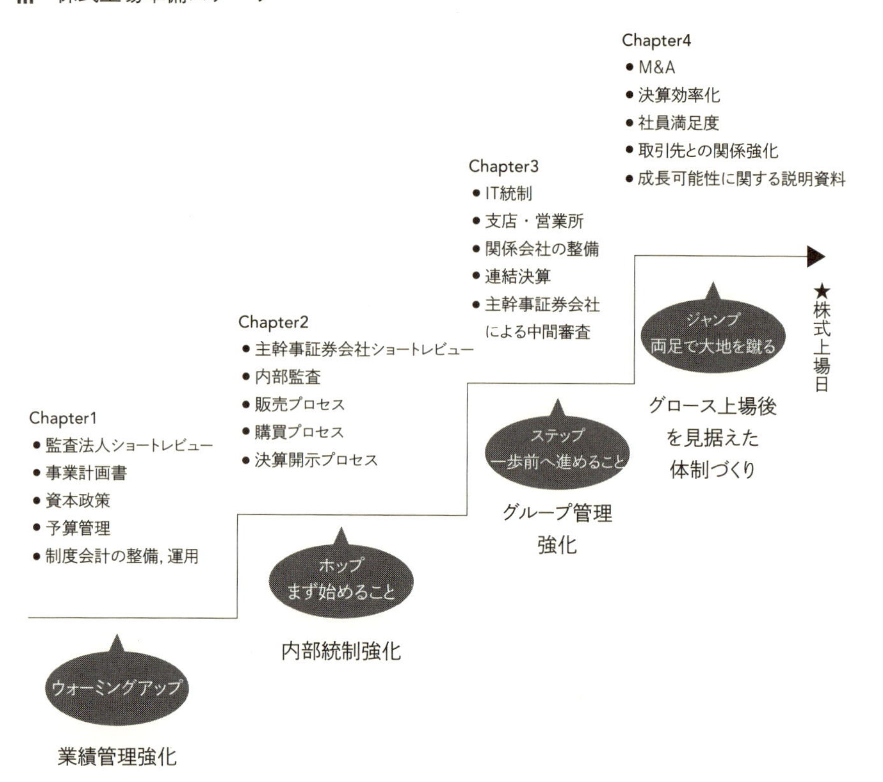

前著のおさらい 「経営管理」とは

経営管理とは，『日本大百科全書』（小学館）によると「経営体の各種業務の遂行が，経営目的に沿ってもっとも効果的に達成されるよう，諸種の施策を体系的に講ずること」と定義されています。この表現だけでは，もしかしたら具体的なイメージはわきにくいかもしれません。

もう少し身近なものに置き換えて考えてみましょう。

例えば，経営体は「会社」，経営目的は「経営者がやりたいこと」としましょう。

そうすると，経営とは「経営者がやりたいことを実現するために，会社に必要なヒト・モノ・カネ・ノウハウ等を集めて，有効活用する方法」と表現できます。

さらに，経営には「経営企画」と「経営管理」という２つの側面があります。

経営企画と経営管理との関係を，ドライブ（自動車で遠出すること）に例えて考えてみましょう。

ドライブは，目的地を定め，その目的地に向かって計画的にルートを企画（ルートデザイン）し，運転技術を駆使して（マネジメント）進んでいきます。

同様に，会社も，経営目的を定め，その経営目的に向かって計画的に経営を企画（ルートデザイン）し，運営技術を駆使して（マネジメント）進んでいきます。

つまり，主に思考しデザインする経営企画と実行しマネジメントする経営管理に分けられるのです。

まとめると，多少乱暴な表現かもしれませんが，本書では，経営管理とは，「経営者がやりたいことを実現するための会社の効率的な運営技術」と定義します。

事業－企業－経営の関係を図式化すると，下図のとおりです。

なお，図には，経営していくうえでの「２つの条件」も記載しています。１つは「経営者の資質」，もう１つは「業界特性」です。

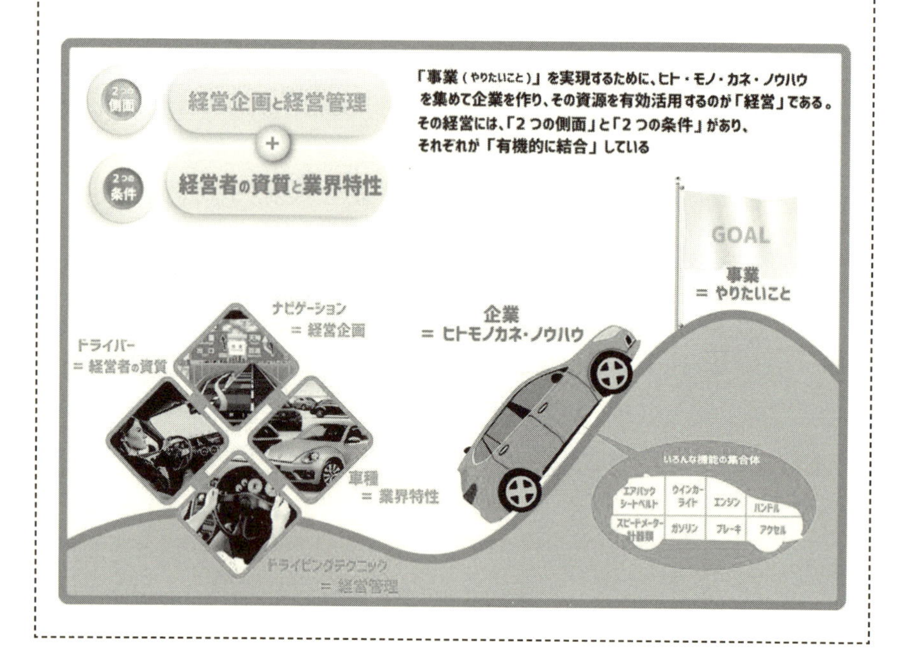

Chapter 1

業績管理強化

1.　監査法人ショートレビュー

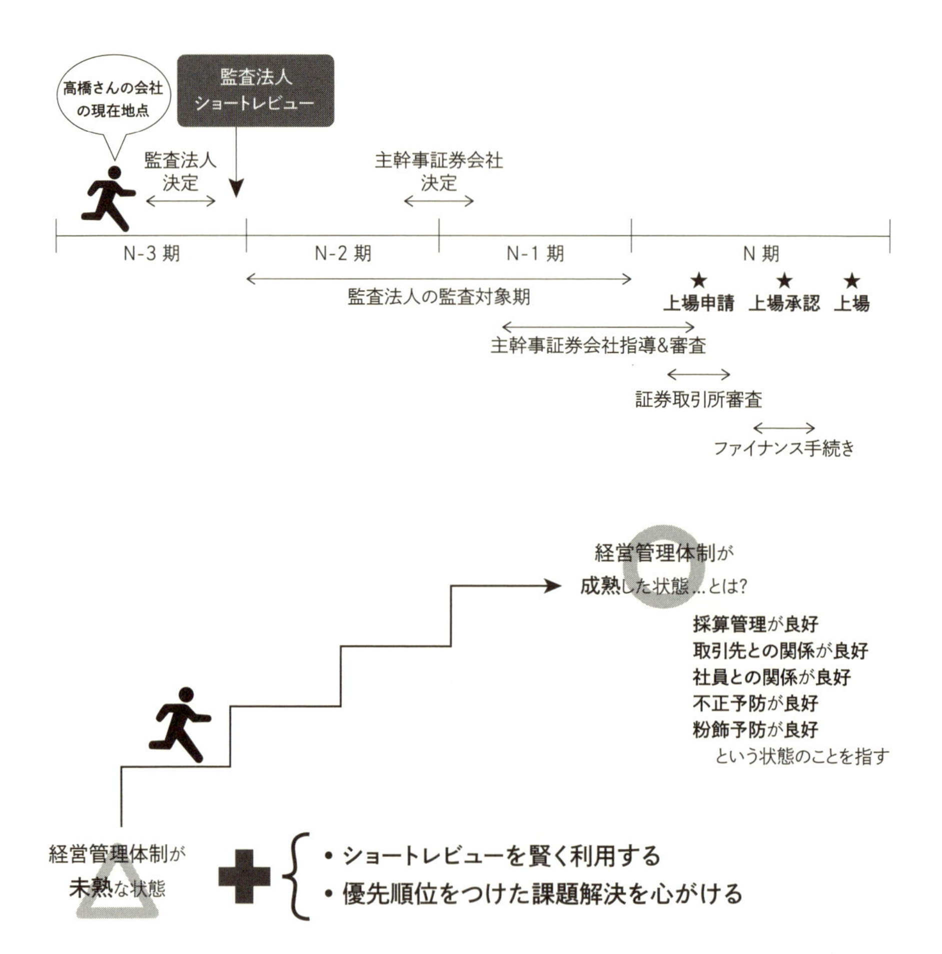

押さえておきたい基礎単語

● **監査法人**

他人の求めに応じ報酬を得て，財務書類の監査または証明を組織的に行うことを目的とし，公認会計士法に基づき公認会計士５名以上が共同して設立する法人をいう（公認会計士法第１条)。

● **監査法人ショートレビュー**

株式上場を検討している会社に対して，監査法人が株式上場に向けての課題を洗い出し報告する調査のことである。予備調査，短期調査，クイック・レビューなどの名称で呼ばれることもある。

● **主幹事証券会社**

上場時に会社が「市場で販売したい自社の株式」を一般投資家に販売してくれる幹事証券会社のうち，中心的な役割を果たす証券会社のことを指す。例えば，東証に上場する場合，会社は上場申請書類を東証に提出することになるが，その申請手続き（申請にあたっての事前審査を含む）を指導するのが主幹事証券会社である。主幹事以外の幹事証券会社は，株式の販売を受け持つだけで，上場前の手続きはすべて主幹事証券会社が担当する。

STORY

高橋さんは，会社のさらなる成長に向け，株式上場を視野に入れて，監査法人のショートレビューを受けることにした。監査法人についてインターネットで検索してみると，国内には，世界の４大会計事務所と提携してグローバルに展開している「いわゆる４大監査法人」と呼ばれる大手監査法人や，それ以外にも準大手，中小の監査法人が多数あることがわかった。

高橋さんはこれまで監査法人とは接点がなく，どのように選定すべきか途方に暮れた。

人脈を駆使して相談を重ねた結果，４大監査法人の１つであるα監査法人，中堅で株式上場実績が豊富なβ監査法人，そして，大手監査法人出身で株式上場経験豊富な公認会計士が設立した比較的小規模なγ監査法人の３法人に打診し，それぞれの話を聞くこととした。選定に際しては，株式上場実績，業界やビジネスモデルへの理解度，担当者との相性（フィーリング），監査報酬などを総合的に比較した。

株式上場実績や業界・ビジネスモデルへの理解度では，大手のα監査法人が他の２法人より一歩リードしている印象を受けた。監査報酬は，α監査法人と中堅のβ監査法人がほぼ同額であり，比較的小規模なγ監査法人がやや低めの提示をしていた。担当者との相性については，α監査法人の担当者がスピード感を持って対応しており，自社の風土に最も合う印象を受けた。

これらの要素を慎重に検討した結果，最終的にα監査法人にショートレビューを依頼することとした。

ショートレビューを受けるにあたり，高橋さんは先輩経営者Aさんから話を聞きました。

＜登場人物＞
Aさん：売上100億円の部品メーカーの社長
Bさん：同社の創業者で，同社会長
Cさん：同社のCFO

Aさんは，売上100億円の部品メーカーの現社長です。創業者で現会長のBさんは，息子への事業承継を希望していますが，息子はまだ若いため，２年前に短期リリーフとして金融機関出身のAさんを社長候補に迎えました。予定どおり２年後に，Aさんは社長に，Bさんは会長に，Bさんの息子が専務取締役となりました。Bさんは息子への事業承継のために，Aさんは短期リリーフでの手柄を得るために，両者の思惑が一致し，株式上場を目指しています。

Aさんは，東証グロース市場への株式上場自体を目的としているため，早く簡単に上場することを優先しようと考えています。また，会長Bさんからは，上場準備に際し，お金は極力かけないように厳命されました。

Aさんは株式上場の経験はないものの，前職の仕事柄，上場関係者との付き合いがあり，中途半端に情報を持っていることから，安易に上場準備をスタートしました。

まずは，上場準備の責任者となるCFOとして，会計士資格を有しているものの，上場準備の実務を知らない50代のCさんを採用しました。

次に，監査役には，金融機関勤務時代の同僚を据えました。もちろん，上場準備経験もない上に，会社の事業にも詳しくありません。ただ，うるさいことを言わないという観点を重視しました。

そして，ショートレビューを受けるために，2社の監査法人に相談しました。Bさんは，最初の監査法人は，真面目でうるさそうだと感じました。もう1つの監査法人のほうが，細かいことを言わず早く簡単に上場できそうだったので，そちらに依頼することとしました。

監査法人のショートレビューでは，「仕入先が特定の業者に集中している」という点が記載されていました。後々クリティカルな課題となる指摘でしたが，当時は，AさんもBさんもこの重要性を認識せずに，何の手も打ちませんでした。

CFOのCさんは，監査法人から提示されたショートレビューの結果を受け，指摘された課題について優先順位をつけることなく，取り組みやすそうなものから対応を始めました。

そうこうするうちに，直前々期（N-2期）が終わりに近づき，

- 期首残高に影響する売上計上タイミングとエビデンスの確定
- 原価計算に利用する商品別作業時間の集計
- 連結決算に利用する子会社決算の会計処理の統一

といった重要な課題に対応できていないことが発覚しました。Aさんは慌ててCさんを追及しましたが，何も解決しませんでした。

そこで，関係者からのアドバイスもあり，やむなく上場時期を1年延期することにしたのです。

このことから，高橋さんは，株式上場自体を目的とすることは危険であると理解しました。

Aさんの事例から学ぶべき重要なポイントは2つです。

(1) ショートレビューを賢く利用する

高橋さんが話を聞いたAさんや，その会社の創業者であるBさんは，2人とも思惑は異なるものの，早く株式上場することばかりに気を取られていることがうかがえます。口うるさくないかどうかが監査法人選びの基準になっていたり，監査法人からのリスク指摘を重要視しなかったりする点からも，ショートレビューを軽んじているといえるでしょう。

株式上場はあくまでも会社成長のための手段の1つであり，ゴールではありません。ショートレビューは，10年，20年，100年と成長する会社を作るための経営基盤強化の一環として捉えましょう。せっかくの課題の洗い出しの機会ですから，賢く利用してください。

有意義なショートレビューとするためには，事前に最低限の内部資料等を準備し，監査法人のショートレビューが本質的な問題（具体的な論点）を議論できる場となるように，環境を整えましょう。そして，洗い出された課題については，真摯に監査法人の声を聞き，経営基盤の強化につなげるチャンスにしてください。

ショートレビューに際して，監査法人から依頼される資料の一例は以下のとおりです。すべてを完璧に用意することは求められていませんが，何も資料がないと指摘も表面的・形式的なものになり，受ける意味が薄れてしまいます。

準備資料の一例

□組織図（ない場合はデスクの配置図等）
□社内規程・マニュアル
□決算書及び勘定科目内訳書（直近2期）
□法人税申告書（直近2期）

□市場動向を分析している資料 □中長期利益計画 □短期利益計画（月次予算を含む） □設備投資計画 □予算・実績分析資料 □部門別損益の管理資料 □取締役会等への月次・四半期・年次報告資料
□株主総会・取締役会議事録 □株主名簿 □登記簿謄本
□取引先との契約書 □組織別の大まかな人員数（上記組織図に記載があれば省略） □社員との契約書
□ネットワーク構成図（物理構成図） □社内システムの一覧表（システム名・関連する勘定科目等）
□業務フロー図 □典型的な売上取引に関する受注〜売上計上・入金までの証憑一式 □典型的な仕入取引に関する発注〜仕入計上・支払までの証憑一式

(2) 優先順位をつけた課題解決を心がける

また，Cさんが監査法人からのショートレビュー結果を受けたのちに，優先順位をつけて課題解決に取り組んでいれば，もう少し結果は違っていたでしょう。

通常，膨大な課題が列挙されるので，気持ちが焦り，解決しやすい課題から取り組みたいと考えてしまうのもわからなくはありません。しかし，それでは結局重い課題への着手が後回しになってしまいます。課題を網羅的に把握し，取りこぼしを回避するとともに，洗い出した課題にしっかりと優先順位をつけて取り組んでいきましょう。

優先順位づけに際しては，１つ１つの課題が独立しているのではなく，複雑に絡み合って本質的な経営課題となっているケースが多いことを意識してください。そのうえで，監査法人と協議し，優先順位をつけて，課題解決に取り組みましょう。

深掘り解説▶▶ (1) 5つの視点での補強

Prologueで説明した5つの視点をショートレビューの課題に組み込むことで，より本質的な経営課題の解決に結びつけることができます。

❶ 採算管理

Aさんの事例にある「期首残高に影響する売上計上タイミングとエビデンスの確定」ができていないことは，まさに採算管理の基本となるルールが確立していないことを表しています。

また，採算管理に関する指摘がなかったとしても，例えば，事業が拡大し，プロジェクトの数が増えてくると，エクセル等での採算管理は非効率になります。現在は多くのクラウド型ツールが市販されているため，ショートレビューを機にシステムを導入するのも一案です。

❷ 取引先との良好な関係

契約書体系の整備や標準化という課題を指摘された場合，表面的には，社内の事務作業の課題のように考えられます。しかし，標準化を突き詰めていくと，取引先との良好な関係がなければ成果がでないことに気づきます。

また，取引先との良好な関係に関する指摘がなかったとしても，例えば，協力会社の業務負荷の軽減を念頭に，ペーパーレス化の一部として取引先との受発注システムの導入，あるいは改善に取り組むのもよいでしょう。自社にとっても，電子契約をはじめとする受発注システムを使うことで，収入印紙や印刷代，郵送代などのコスト削減や業務効率向上などが可能となります。

❸ 社員との良好な関係

Aさんの事例にある「原価計算に利用する商品別作業時間の集計」は，まさに社員との良好な関係づくりの一環として捉えることができます。

ミドルステージで生じがちな「社員との良好な関係づくり」における課題は下記のとおりです。

- 社員数も増え，働き方も多様化し，働く場所も複数になったため，今までの勤怠管理では社員の勤務実態を正確に把握できなくなり，「未申告の時間外労働」が発生してしまう。
- 36協定の特別条項（月45時間を超える残業）の発動回数は原則として年6回とされているが，人事部門側の労働時間のモニタリングが機能せず，さらに社員側の油断から偶発的に超過し，36協定違反が起こってしまう。
- 代休取得と振替休日等の運用が機能せず，結果的に割増賃金計算に誤りが発生してしまう。
- 管理監督者の定義が曖昧となり，管理監督者と一般職社員との処遇差が僅差の場合や部下なし管理監督者などが放置され，実質的な管理監督者が合理的な水準に達していない。
- 人員計画（採用計画，離職防止，リテンション，事業の安定運営）が作成されていない，あるいは実質的に機能していない。

❹ 内部者による不正（内部統制）

Aさんの事例にある「連結決算に利用する子会社決算の会計処理の統一」は，子会社による不正を防止する契機と捉えることができます。まさに本質的な課題は内部統制であり，内部統制強化の基本は，幹部育成にあります。ショートレビューを機に，形式的になっていた会議体の見直しに着手するのも一案です。毎週・毎月の定例会議の質を上げることで，幹部クラスの意識を高め，内部統制の強化（内部者不正の予防）を図りましょう。

さらに，形骸化しがちな稟議制度や相互チェック機能なども，このタイミングで改めて実効性を確認してみてもよいでしょう。

❺ 経営者による粉飾（コーポレートガバナンス）

月次決算の早期化が課題として指摘された場合，表面的には経理人材のスキル不足が原因のように見えます。しかし，根本的な問題は組織全体の決算開示体制にあります。具体的には，経営者による粉飾行為を見逃したり，助長したりするリスクがある体制になっていないかが問われています。

この課題を解決するには，例えば会計システムをバージョンアップする方法が考えられます。これにより，属人的な業務の削減，作業時間の短縮，ケアレスミスの防止が可能になるほか，財務に関するタイムリーな意思決定が実現します。また，上場直前の経理部門は極めて多忙になることが予想されるため，会計システムの入れ替えを検討している場合は，できるだけ早期に実施することが望ましいでしょう。

深掘り解説▶▶ (2) 株式上場経験者がいない場合の３つのワナ

さらに，Aさんの会社のように，上場経験者がいない状態で株式上場の準備を進める場合，陥りやすい３つのワナにも十分注意が必要です。

① ツール等をゼロから作ることのワナ

コストを抑える目的で，管理部のツール（規程やフローチャートなど）をゼロから作成しようとするケースもありますが，たとえ株式上場や内部統制整備の経験がある人でも，膨大な時間がかかるためお勧めできません。

② 理想的な管理体制を目指すことのワナ

株式上場準備において，理想的な管理体制を整えることは決して悪いことではありません。しかし，理想を追求しすぎて費用対効果を無視した管理体制を構築すると，結果的にコストが増大し，事業拡大にブレーキを掛ける可能性があります。

③　株式上場を外部に丸投げすることのワナ

株式上場経験者の不足を補い，株式上場を早期に実現しようとして，外部のコンサルティング会社に準備を「丸投げ」するケースが見受けられます。しかし，この方法にはいくつかの課題があります。例えば，コンサルタントが会社の事業内容を理解するまでに時間を要することや，上場申請書類作成に必要な元資料は結局，自分たちで準備しなければならないことが多い点です。その結果，社内の工数が増える可能性があります。さらに，社内に経験や知識が蓄積されないため，上場後の運営において苦労するケースも少なくありません。

３つのワナの対処法は以下のとおりです。

株式上場は，事業（やりたいこと）を実現するための手段であり，最終的なゴールではないことを改めて認識しましょう。将来の会社の成長を見据えると，自社のリソースを活用しながら管理体制を構築することが基本です。その中で，必要に応じて外部のサポートやノウハウ，ツールを活用し，費用対効果を無視した過剰な管理体制にならないよう，バランスをとることが重要です。

また，株式上場準備を進める中では，多くの課題が浮かび上がることが予想されます。こうした課題を取りこぼさないよう，拾い上げる仕組みを整えるとともに，定期的に優先順位を見直すことが大切です。

監査法人からのショートレビューを受けるにあたり，高橋さんからは，次のような質問がありました。

Q　監査法人選定のポイントを教えてください

A　まず最初に，上場会社等監査人名簿に登録されている監査事務所を選ぶことを第一条件としましょう。この名簿は「金融商品取引法」に基づき法定化されており，上場会社を監査していない監査事務所が新たに上場会社と監査契約を結ぶ場合，登録に相当な時間がかかり，場合によっては登録ができないケースも少なくありません。

また，監査事務所（以下，監査法人）を選定する際には，次の３つのポイントを考慮しましょう。

① 実績

監査法人の株式上場準備会社に対する主な役割は会計監査の実施ですが，同時に，監査の対象となる財務諸表等の作成に関して指導・助言も行います。さらに，株式上場後に適用される内部統制報告制度（J-SOX）にも対応した社内管理体制の整備が必要となりますので，その指導・助言の実施も役割といえるでしょう。そのため，さまざまな業種の株式上場について指導・助言を実施した経験を持っている監査法人かどうかが選択のポイントとなります。

② 業界・ビジネスモデルへの理解

次に重要なのが，自社が属する業界と自社のビジネスモデルを理解しているということです。必要な組織や管理体制等は，業界特有の慣習や企業のビジネスモデルによって異なります。監査法人の担当者の業界・ビジネスモデルへの理解が浅いと，株式上場準備がスムーズに進まないリスクがあります。

③ フィーリング（相性）

そして，意外と見落としがちなのが，フィーリングが合うかどうかです。株式上場は，タイトなスケジュールの中で，経験したことのない新たな業務を膨大にこなさなければなりません。監査法人は，その苦しいともいえる状況で，同じ目標に向けて二人三脚で歩むパートナーです。担当者と合わない，親身になってくれない，といった理由で準備が滞ることがないようにしましょう。

Q そもそも，監査法人のショートレビューとはどのようなものでしょうか？

A 監査法人が行うショートレビューは，株式上場を検討している会社に対して，株式上場に向けての課題を洗い出し報告する調査のことです。予備調査，短期調査，クイック・レビューなどの名称で呼ばれることもあります。

株式上場するためには，上場前の２期間（期首残高を考慮すると３期間）につき監査法人（正確には，上場会社等監査人名簿に登録されている監査事務所）による財務諸表監査を受ける必要がありますが，ショートレビューは，その前準備として実施されます。

ショートレビューでは，現行の組織や管理体制を確認し，上場基準に照らして，経営管理体制・利益管理制度・関連当事者等との取引・業務管理体制・会計及び開示などの課題を洗い出します。

監査を受ける側（上場を目指す会社）の立場からすると，ショートレビューを受けることで，自社が上場に向けて，いつまでに・何をしなければならないのか，要改善事項の全体像が見えてきますので，上場準備を効率的に進めることができます。

一方で，監査する側（監査法人）の立場からすると，ショートレビューで洗い出された課題の改善状況を鑑みて，次のステップに進むかどうかを判断することになります。

ショートレビューの次のステップは，期首残高監査に関する監査契約，次に（上場申請書類に必要な）2期間の金融商品取引法に準ずる監査に関する監査契約となります。また，上場後，あるいは会社法上の大会社に該当することになった場合は，会社法に基づく監査に関する監査契約も締結することになります。したがって，あまり未整備な状況でショートレビューを受けると，課題の改善に時間を要し，監査契約に至らないケースもあります。

ショートレビューを受ける時期は，上場前の2期間（期首残高を考慮すると3期間）につき監査を受けることから，上場の目標年度から逆算して3期以上前になりますが，自社の整備状況を鑑み，ショートレビューを実施する監査法人と事前に協議して時期を決定しましょう。

ショートレビューの費用は，一般的に150～400万円程度ですが，調査の範囲や調査工数などによって異なります。

なお，監査法人が実施するショートレビューには，上記のとおり，上場に際して重要とされるコーポレートガバナンスや組織・規程の整備などの経営管理体制，中期事業計画，予算，月次決算制度などの利益管理制度，関連当事者等との取引に関する考え方などが含まれます。これらは，会社が個人的経営を脱却し，組織的な経営に移行するために重要な要素です。したがって，ショートレビューは，株式上場のためだけでなく，企業経営の基盤をより強固なものにしたいと考えている，すべての経営者にとって参考になります。

Q 株式上場のスケジュールの概要を教えてください

A 上場準備開始から上場日までの期間は，会計監査の期間や上場審査の期間を考えると，最低3年前後を要します。

この3年前後の期間は，「直前々期」「直前期」「申請期」の3期間に分けられ，申請期を「N期」として，直前期を「N-1期」，直前々期を「N-2期」と表現します。

なお，会計監査はN-1期とN-2期が対象となります。

●N-2期より前

監査法人等の外部関係者を選定したり，社内でのプロジェクト・チームを設置したりして，N-2期から本格的に上場準備をスタートできる体制を整える期間です。ショートレビューもこの期に実施します。図では仮に「N-3期」と表現します。

●N-2期

この時期（N-2期の期首残高）から監査期間となります。したがって，この期間にショートレビューで指摘された事項の改善が図られていることが望ましいです。

●N-1期

この期間は，上場会社として適格かどうかを審査する，いわば試運転期間です。並行して証券取引所への申請書類の作成や主幹事証券会社の指導（または中間審査）が始まるなど，多忙な時期です。なお，主幹事証券会社の役割についてはChapter 2で詳しく説明します。

●N期

証券取引所への申請までの期間は，N-2期から積み上げられている経営管理体制等の運用実績を継続しつつ，主幹事証券会社の最終審査への対応や証券取引所への申請書類の作成などを進めます。証券取引所への申請後，上場承認までの期間は，証券取引所による上場審査への対応とともに，公募（売出し）価格の検討や有価証券届出書・目論見書の作成などを行います。

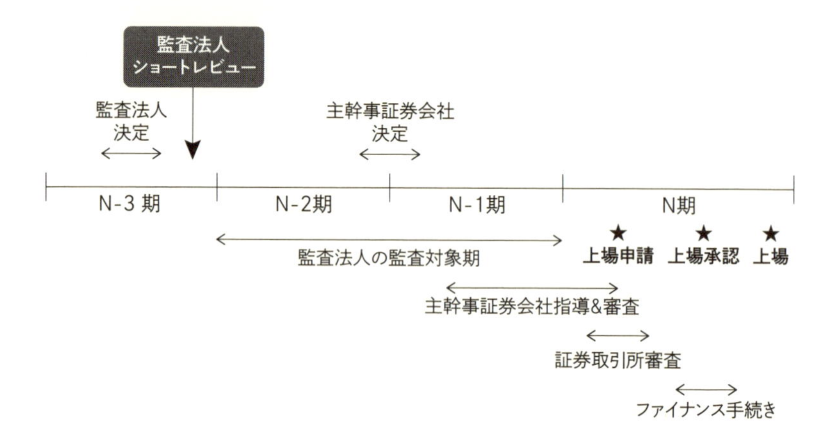

なお，もう少し詳しい株式上場スケジュールは，アガットコンサルティングの特設サイト（https://www.cfolibrary.jp/lp/SuBAL_shiryo2/）からダウンロードすることができます。ご興味のある方はトライしてみてください。

Q 株式市場の区分について教えてください

A 2022年４月，東証は，「東証一部」「東証二部」「東証JASDAQ（ジャスダック）」「東証マザーズ」の４つの市場区分を「プライム」「スタンダード」「グロース」の３市場に再編しました。

● プライム市場

グローバル市場向け。グローバルな投資家との建設的な対話を中心に据えた企業向けの市場です。

● スタンダード市場

中堅企業向け。公開された市場における投資対象として，十分な流動性とガバナンス水準を備えた企業向けの市場です。

● グロース市場

新興企業向け。高い成長可能性を有する企業向けの市場です。

上記をふまえ，市場の特性や形式要件，企業の戦略その他の事情などを総合的に考慮したうえで，上場する市場を選択しましょう。

３つの市場の上場基準の概要は以下のとおりです。

（東証「各新市場区分の上場基準」より）

なお，東証以外の国内証券取引所としては，東海地方に名古屋証券取引所（以下，名証），九州地方に福岡証券取引所（以下，福証），北海道地方に札幌証券取引所（以下，札証）があります。

それぞれの取引所は本則市場（一般市場）と本則市場以外の市場（新興企業向け市場など）に分かれています。

東証は，日本の上場企業数の大部分を占める，国内最大の証券取引所です。名証・福証・札証は地方証券取引所として，地域経済・地域企業のサポート役としての役割を果たしています。

大阪証券取引所（以下，大証）は，2013年に東証と統合して株式会社日本取引所グループの傘下に入り，東証・大証を傘下に持つ日本取引所グループと，３証券取引所（名証，福証，札証）が併存する現在の姿に至りました。大証は市場デリバティブ専門取引所に位置づけられ，旧大証の現物市場は東証に移管された一方，東証が持っていたデリバティブ市場は大証に移管されました。

プライム市場の上場基準

JPX

コンセプト

- 多くの機関投資家の投資対象となるのにふさわしい時価総額（流動性）
- より高いガバナンス水準の具備と投資家との建設的な対話の実践
- 持続的な成長と中長期的な企業価値の向上への積極的な取組み

上場基準の概要

項目	考え方・狙い	概要（※） 項目	新規上場基準	上場維持基準
流動性	➢ 多様な機関投資家が安心して投資対象とすることができる潤沢な流動性の基礎を備えた銘柄を選定する。	株主数	８００人以上	８００人以上
		流通株式数	２０，０００単位以上	２０，０００単位以上
		流通株式時価総額	１００億円以上	１００億円以上
		売買代金	時価総額２５０億円以上	平均売買代金０．２億円以上
ガバナンス	➢ 上場会社と機関投資家との間の建設的な対話の実効性を担保する基盤のある銘柄を選定する。 ※ガバナンス・コード（一段高い水準の内容を含む）全原則の適用	➢ 投資家との建設的な対話の促進の観点から、いわゆる安定株主が株主総会における特別決議可決のために必要な水準（3分の2）を占めることのない公開性を求める		
		流通株式比率	３５%以上	３５%以上
経営成績 財政状態	➢ 安定的かつ優れた収益基盤・財政状態を有する銘柄を選定する。	収益基盤	最近２年間の利益合計が２５億円以上 ―――― 売上高１００億円以上かつ時価総額１，０００億円以上	－
		財政状態	純資産額５０億円以上	純資産額が正であること

（※）市場コンセプトを反映したこれらの基準のほか、株式の譲渡制限、証券代行機関の選定などの共通の基準を設ける

スタンダード市場の上場基準

JPX

コンセプト

- 公開された市場の上場会社にふさわしい時価総額（流動性）
- 上場会社に期待される基本的なガバナンス水準の具備
- 持続的な成長と中長期的な企業価値の向上への積極的な取組み

上場基準の概要

項目	考え方・狙い	概要（※） 項目	新規上場基準	上場維持基準
流動性	➢ 一般投資者が円滑に売買を行うことができる適切な流動性の基礎を備えた銘柄を選定する。	株主数	４００人以上	４００人以上
		流通株式数	２，０００単位以上	２，０００単位以上
		流通株式時価総額	１０億円以上	１０億円以上
		売買高	－	月平均１０単位以上
ガバナンス	➢ 持続的な成長と中長期的な企業価値向上の実現のための基本的なガバナンス水準にある銘柄を選定する。 ※ ガバナンス・コード全原則の適用	➢ 上場会社として最低限の公開性を求める（海外主要取引所と同程度の基準を採用）		
		流通株式比率	２５%以上	２５%以上
経営成績 財政状態	➢ 安定的な収益基盤・財政状態を有する銘柄を選定する。	収益基盤	最近１年間の利益が１億円以上	－
		財政状態	純資産額が正であること	純資産額が正であること

（※）市場コンセプトを反映したこれらの基準のほか、株式の譲渡制限、証券代行機関の選定などの共通の基準を設ける

グロース市場の上場基準

JPX

コンセプト

- ■ 高い成長可能性を実現するための事業計画の策定及びその進捗の適時・適切な開示
- ■ 事業実績の観点から相対的にリスクが高い会社に対する資金供給
- ■ 相対的に小規模の上場会社を念頭においた最低限の流動性（時価総額）の基礎

上場基準の概要

項目	考え方・狙い	概要（※１）
事業計画	➢ 高い成長可能性を実現するための事業計画を有し、投資者の適切な投資判断が可能な銘柄を選定する。	➢ 次の要件のいずれにも該当していること ・事業計画が合理的に策定されていること ・高い成長可能性を有しているとの判断根拠に関する主幹事証券会社の見解が提出されていること ・事業計画及び成長可能性に関する事項（ビジネスモデル、市場規模、競争力の源泉、事業上のリスク等）が適切に開示され、上場後も継続的に進捗状況が開示される見込みがあること ➢ 高い成長可能性の健全な発揮を求める観点から、以下の基準を設ける 項目／新規上場基準／上場維持基準 時価総額／－／上場１０年経過後４０億円以上
流動性	➢ 一般投資者の投資対象となりうる最低限の流動性の基礎を備えた銘柄を選定する。	項目／新規上場基準／上場維持基準 株主数／１５０人以上／１５０人以上 流通株式数／１，０００単位以上／１，０００単位以上 流通株式時価総額／５億円以上／５億円以上 売買高／－／月平均１０単位以上
ガバナンス	➢ 事業規模、成長段階を踏まえた適切なガバナンス水準にある銘柄を選定する。 ※ ガバナンス・コード基本原則のみの適用	➢ 上場会社として最低限の公開性を求める（海外主要取引所と同程度の基準を採用）（※２） 項目／新規上場基準／上場維持基準 流通株式比率／２５%以上／２５%以上

（※１）市場コンセプトを反映したこれらの基準のほか、株式の譲渡制限、証券代行機関の選定などの共通の基準を設ける
（※２）ベンチャー企業による議決権種類株式を利用した新規上場については現行制度どおり

Q 監査法人から労務デューデリジェンスを受けたほうがよいと言われました。労務デューデリジェンスとは，どのようなものでしょうか？

A デューデリジェンスとは，主にM&Aで買い手企業が売り手企業のリスクを確認するために行う調査のことで，財務・法務・労務などの問題点を洗い出す作業を指します。ただし，この手法は株式上場を目指す際にも活用されています。

労務デューデリジェンスは，人事・労務分野に特化した調査で，通常，社会保険労務士や弁護士が担当します。主な調査項目は以下のとおりです。

- ●会社風土：経営理念，社風，組織体制，権限など
- ●雇用関係：労働契約の整備状況や雇用形態
- ●人事労務関連規程：労使協定や36協定（残業時間の管理方法など）
- ●保険制度：労働保険・社会保険
- ●休暇制度：人事制度，賃金制度，退職金制度
- ●リスク管理：ハラスメント，解雇・懲戒，安全衛生管理など

調査方法としては，以下を行います。

1．資料収集と精査：事前に依頼した資料やデータを収集し，内容を確認
2．担当者へのヒアリング：資料やデータだけではわからない点を補足調査
3．現地訪問（必要に応じて）：外部に持ち出せない資料の確認や課題の整理

調査は通常1 ～ 2週間で終了し，その後，報告が行われます。労務デューデリジェンスは，早い段階で労務管理上の問題や潜在的なリスク，隠れ債務を特定するために非常に有効な手法です。

これらをふまえて，高橋さんは以下の選択をしました。

（高橋さんの選択）
✓監査法人のショートレビューにおいて，「放課後等デイサービス事業者への講師派遣は労働者派遣事業に該当し，厚生労働大臣の許可が必要となる可能性がある」と指摘を受けた。これを受け，労働者派遣事業の免許を取得し，事業内容に応じて派遣契約と業務委託契約を適切に使い分けることとした。また，講師メンバーとの契約についても，業務委託契約だけでなく，必要に応じて雇用契約を併用する方針である。
✓同様に，監査法人の指摘を受けて，就業規則などの人事関連規程を見直し，営業秘密の漏洩等への対応を強化することとした。
✓一方で，社員との良好な関係づくりも考慮し，時間単位の有給取得やお誕生日休暇などの福利厚生の充実を並行して進めることとした。
✓ショートレビュー報告書に記載されていた課題は一覧表に整理して，優先順位をつけて取り組むこととした。

COLUMN

未上場会社の株式管理　～未上場株式にまつわる誤解～

川上慎太郎司法書士・行政書士事務所
代表　川上慎太郎

多くの未上場会社は，株式を自由に譲渡することを制限しています。未上場会社の大多数は同じ一族が経営するオーナー企業であり，顔の見えない外部の株主が，株主総会を中心とする会社運営に参入することを望んでいないためです。

この点において，株式市場で自由な売買が可能な上場会社とは大きな違いがあります。

未上場会社の株式にまつわる誤解　その１

「未上場株式は譲渡が禁止されているので，少数株式を社員へ譲渡しても問題ない」

本当のところは……

未上場会社の株式は，自由な譲渡を制限されているのであって，譲渡自体を禁じられているわけではありません。譲渡先さえ見つかれば，株式の譲渡は可能です。

株式を譲渡したい株主は，会社に対して株式の譲渡を承認するように請求を行います。ここでポイントとなるのは，譲渡承認と併せて，会社が株式の譲渡を承認しないのであれば，会社が買い取る若しくは買取人を指定するように請求できるということです。（会社法第138条第１号ハ）

そして，このような請求を受けた会社の取りうる選択肢は，以下の３つです。

①　譲渡を承認する。
②　譲渡を拒否して会社が買い取る。
③　譲渡を拒否して指定買取人を指名する。

なお，会社は，通常，譲渡承認請求を受けてから２週間以内に譲渡承認の可否を通知しなければなりません。もし，この期間内に株主に対して通知をしなければ，譲渡を承認したものとみなされてしまいます。（会145条１号）

未上場会社の株式にまつわる誤解　その２

「経営陣であるオーナー一族が３分の２以上の株式を保有しているから，少数株主の存在は会社経営に影響を及ぼさない」

本当のところは……

株主の固有の権利として，１株でも株式を保有していれば認められる権利があり，当該権利の行使は会社経営に大きな影響を及ぼすことがあります。

議決権を有する総株主の議決権の過半数を有する株主が株主総会に出席し，当該出席株主の議決権の３分の２以上の賛成がなければ，定款変更等の重要事項を決定することができません（株主総会の特別決議）。このような意味においては，「オーナーが３分の２以上の株式を保有していること」が「会社の経営権を握っていること」になります。しかしながら，株主の権利には，配当や残余財産の分配を求める「自益権」のほかにも会社経営に関与する「共益権」があり，１株あるいはごく少数の株式であっても行使できるものもあります。

非公開会社の共益権

単独株主権の例（※１株でも株式を保有していれば行使できる権利）

株主総会の議決権	（会社法308条１項）
取締役の違法行為差止請求権	（会社法360条）
株主総会決議取消権	（会社法831条）
株主総会議事録閲覧請求権	（会社法318条４項）
計算書類の閲覧請求権	（会社法442条３項）

少数株主権の例（※一定の株式を保有している株主が行使できる権利）

株主総会の議題提案権（取締役会設置会社）	総株主の議決権の１/100以上又は300個以上（会社法303条）
業務執行に関する検査役の選任請求権	総株主の議決権の３/100以上又は発行済株式の３/100以上（会社法358条１項）
会計帳簿閲覧請求権	総株主の議決権の３/100以上又は発行済株式の３/100以上（会社法433条１項）
役員の解任請求権	総株主の議決権の３/100以上又は発行済株式の３/100以上（会社法854条）
株主総会の招集請求権	総株主の議決権の３/100以上（会社法297条）

少数株主が，正当な権利の行使と称して，会社運営の瑕疵を追及するようなことがあれば，当然会社運営に大きな支障が出てしまいます。

未上場会社において外部の者へ株式を譲渡することは，特に慎重であるべきです。また，経営戦略上，第三者へ株式を譲渡する場合においても，速やかに株主名簿の書換手続を行うことに加えて，株式譲渡の際に，株主間契約や種類株式を活用する等により譲渡した株式が無制限に分散しないように配慮しましょう。

2. 事業計画書

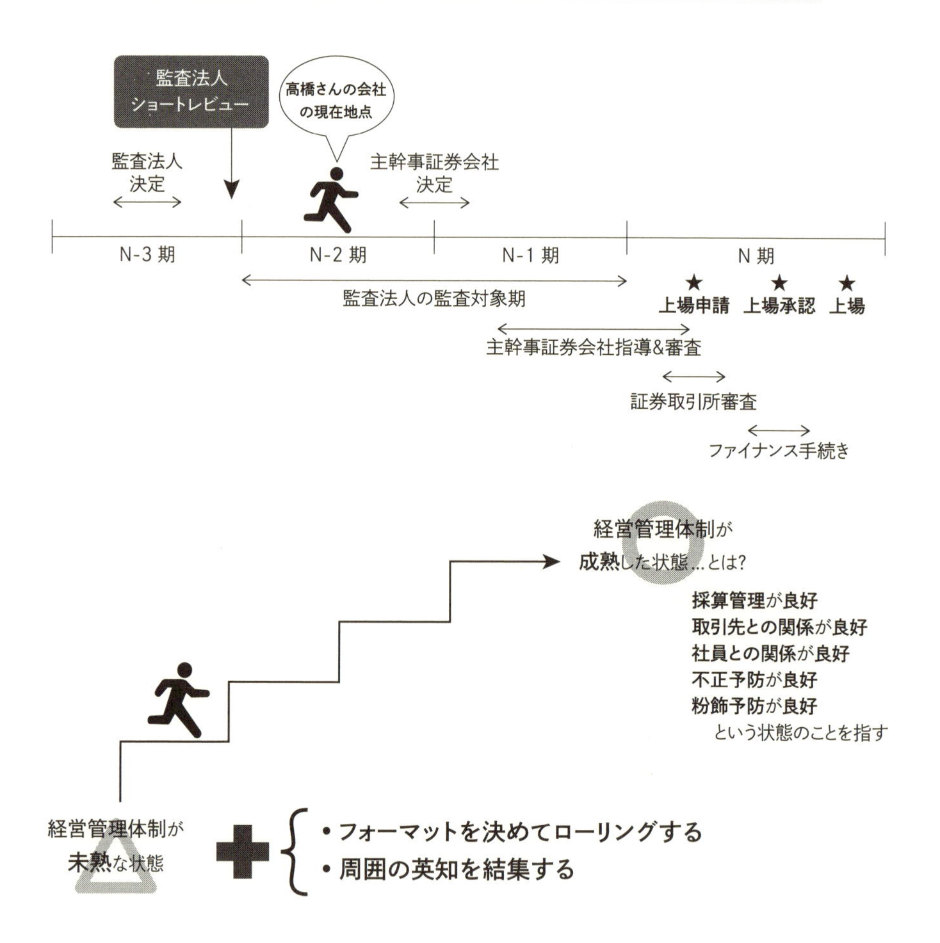

監査法人
ショートレビュー
高橋さんの会社
の現在地点
監査法人
決定
主幹事証券会社
決定
N-3 期
N-2 期
N-1 期
N 期
監査法人の監査対象期
★
上場申請
★
上場承認
★
上場
主幹事証券会社指導&審査
証券取引所審査
ファイナンス手続き
経営管理体制が
成熟した状態…とは?
採算管理が良好
取引先との関係が良好
社員との関係が良好
不正予防が良好
粉飾予防が良好
という状態のことを指す
経営管理体制が
未熟な状態
・フォーマットを決めてローリングする
・周囲の英知を結集する

押さえておきたい基礎単語

● **事業計画書**

事業内容や企業の戦略・収益見込みなどを説明するための書類である。事業を今後どのように展開していくのかを可視化したものといえる。経営者の頭の中にある事業プランは，そのままでは誰かに伝えることはできない。事業計画書として見える化することによって，他者と共有することができる。

● **KPI**

Key Performance Indicatorの略で，会社の最終目標到達までの各プロセスにおける達成度を示す指標である。会社が最終的な目標を達成するためには，個々のプロセスを１つ１つクリアしなければならないことから，プロセスの評価や達成度計測を行うためにKPIが利用される。営業部署では，営業案件数・見込み客の成約率などがKPIとして利用されることが多い。

＼ STORY ／

これまでも高橋さんは社内向けに事業計画書を作成していたが，上場にあたっては「なぜ，株式上場を目指すのか？」「上場後にどのように事業を拡大していくのか？」について関係者と共有する必要があると感じた。監査法人や投資家など外部関係者にも説明することを念頭に，３か年を見通した本格的な事業計画書を作成するつもりである。

とはいえ，本格的な事業計画書とはどういったものだろうか。インターネットで検索するも，いまいちしっくりくる解答が得られない。高橋さんは自問自答しながらも，「ひとまずできるところから進めていこう」という姿勢で作業を進めていた。

事業計画書作成にあたり，高橋さんは先輩経営者Dさんから話を聞きました。

Dさんは，売上30億円のデザイン制作会社を経営しています。５年前，外部コンサルタントとともに初めて事業計画書を作成しましたが，その計画書は期待どおりに機能しませんでした。Dさんは，その原因を「社内外への事業計画書の周知が十分ではなかったこと」と分析しています。

翌年，その反省をふまえ，事業計画書の作成段階から幹部メンバーを巻き込む体制を整えました。この取組みにより，社内全体が主体的に事業計画書の作成に関わることができました。また，計画書を形だけのものに終わらせないため，フォーマットを決め，毎年内容を更新（ローリング）する仕組みを導入しました。

具体的には，「株式上場申請書類を意識したフォーマット」を使用して事業プランを文章化することで，頭の中だけでは見えなかった問題点や懸念点を明確化しました。さらに，幹部メンバーとの議論を通じ，それらの課題をサービス向上につなげる工夫を重ねました。また，投資家候補や金融機関などの外部関係者に説明の場を設けることで，社内外からの多様な意見を計画書に反映させる仕組みを整えました。

現在，このローリングの仕組みは導入から3年が経過し，ようやく社内に定着してきたとDさんは実感しています。

Dさんの事例から学ぶべき重要なポイントは2つです。

(1) フォーマットを決めてローリングする

Dさんが実用的な事業計画書を作成できた要因の1つが，フォーマットを決めて，毎年ローリングすることを丁寧に実践できた点です。やみくもに経営者の脳内設計を計画書に書き起こすだけでは，記載すべき項目が抜け落ちているなど，上場を目指すミドルステージの会社としては不足のある事業計画書になってしまう可能性があります。一方，テンプレート項目を埋める方式で作成すれば，現在は記入できない項目があったとしても，将来記入可能になったときに書き加えるだけで，大きな抜け落ちがない事業計画書が完成します。

事業計画書を書き始める段階で，用意すべきテンプレート項目として有用なのは，「成長可能性に関する説明資料」と「申請書類Ⅰの部，Ⅱの部」のフォーマットです。この２つは，株式上場を目指す会社がいずれ提出を求められる書類です。上場を達成した会社が共通してクリアしてきた課題の詰め合わせで，株式上場に向けて取り組むべき課題・分析項目・指針が網羅されているともいえます。

初期段階では，見通しが立たず埋まらない項目は空欄で構いません。翌年以降のローリングに取り組む中で埋めていきましょう。

「フォーマットを決めて，毎年ローリングしていく」際の留意点が３つあります。

①　トップライン（売上）と営業利益率にこだわる

事業･財務戦略を立てる際には，トップラインと営業利益率にこだわりましょう。売上だけ・営業利益だけに集中していると，「売上は増えているが営業利益は増えていない」「営業利益は増えているが，固定費の増加や業務効率の低下で営業利益率は落ちている」といったことになりかねません。これでは，本当の意味での会社の成長とはいえません。また，利益目標を固定値ではなく率で設定しておくと，例えば，新型コロナウイルスの影響といった不測の事態でも，一定の目標として継続活用していくことが可能です。

②　KPIを設定する

KPIを設定することで，実績との比較・検証がしやすい仕組みを作りましょう。変化の激しい時代に対応するためには，KPIを適切に設定し，翌年の計画に改善点を反映できるよう工夫することが重要です。

例えば，売上を目標にする場合，売上を「単価×数量」に分解し，それぞれに関連性の高いKPIを設定すると，実績との比較・検証が容易になります。このように細分化することで，具体的な改善点を見つけやすくなります。

なお，KPIの意味や具体例は後述のコラムで解説します。

③　シミュレーション機能を付加する

財務戦略を立てる際，数値フォームは，貸借対照表（以下，BS）・損益計算書（以下，PL）・キャッシュフロー計算書（以下，CF）のシンプル版に，営業利益率などの比率を織り込み，シミュレーション機能を付加しましょう。PLだけを詳細に作り込むケースが見受けられますが，中期的な計画作成の段階では，販管費を詳細に作り込むことは現実的ではありません。項目は大きな区分ごとでよいので，「％表示」を組み込みましょう。これにより，ローリング時の将来予測見直しにも役立てることができます。また，３か年計画の場合，１年目は月ごとで作ることをお勧めしますが，２～３年目は年度版のみでも構いません。むしろ，利益計画にとどめず，総資産や設備投資額・借入額などを俯瞰できるBS計画・お金の動きを俯瞰できるCF計画・いつどのような投資家からどのくらいの出資を受けるかを表現する資本政策までを作ることで，より包括的で全体感のある事業計画書を目指しましょう。

(2)　周囲の英知を結集する

Ｄさんは，５年前の経験をふまえ，周囲の英知を結集することを大切にしました。作成初期段階から幹部メンバーを巻き込み，多角的な視点で事業計画書作成に向き合いました。

そもそも，事業計画書は，経営者が実現したい事業（やりたいこと）の戦略や戦術，収益見込み等を説明する書類であり，経営者が主体的に作るものです。しかし，立案から完成までをすべて経営者だけで抱え込んでしまうと，他者には伝わりにくい独りよがりの計画書になってしまう可能性があります。それを回避するために，社内メンバーの英知を結集させましょう。その際に注意すべき点が，メンバーが思い描く事業プランを取りまとめるのではなく，経営者の事業プランを練り上げるためにメンバーに壁打ち相手になってもらうことです。壁打ち相手は，社内外のどちらでも構いません。

また，外部アドバイザーに依頼する場合は，受け身になりすぎないよう心がけましょう。外部アドバイザーがいくらきれいに作っても，計画内容が経営者の意向に沿っていなければ意味がありません。

多くの助けを借りることで，経営者だけでは思いつかないアイデアや広い視野で自社の事業プランを練ることができる反面，ネガティブな意見に直面することもあるでしょう。しかし，ネガティブな意見をすべて受け入れることは，不可能であり，事業計画書作成においては不要な作業です。自ら掲げた事業プランに対して，自分の腹を据える作業と捉えましょう。

事業計画書は，経営者が理想やビジョンを実現するための重要なツールです。「株式上場に必要だから作成する」といった姿勢では，その意義を十分に活かせません。計画を整理する中で，株式上場が不要と判断した場合，「上場しない」という選択肢を検討することも重要です。

作成までのスケジュールイメージは以下のとおりです。

① 事業計画全体像ラフ案の作成

経営者が中心となって作成します。整合性の確認は，外部アドバイザーと一緒に行うとよいでしょう。

② 関係部署への事業計画書の作成状況の説明と協力要請の場を作る

完成したラフ案を基に，幹部クラスと定例会ですり合わせを行います。

③ 数値計画への落し込み（子会社を含む）

幹部クラスの事業部長が中心となって，PL計画・BS計画・CF計画を３～５か年分作成します。

④ 事業計画書への統合

ラフ案と現段階の事業計画書との整合性をとって，取りまとめます。

⑤ 事業計画書の磨き上げ

完成した事業計画書を投資家等に見せ，さらなるバージョンアップを図ります。

⑥ 事業計画書のローリングへの対応

毎年ローリングさせるためにも，標準テンプレートの形式に落とし込みます。資料作成者へのスキルトランスファーの実施もこの時期に行います。

Ⅲ　事業計画書作成のポイント

IPOで必要となる書類

- 成長可能性に関する説明資料
- 申請書類Ⅰの部, Ⅱの部
  各種説明資料

ポイント①フォーマットを決めてローリング

- 重複する項目が多い

事業計画書

- ビジョン, ミッション
- 行動指針
- 3ヵ年利益計画
- 単年度予算
- 資本政策
- 市場分析, 競合分析
- 自社の強み, 弱み
- 会社の概要, 沿革

ポイント②英知を集結する

- 経営者が主体となって作る
- さらに壁打ちで補強

壁打ちの壁

社内役員・社員
投資家
銀行
採用予定者
その他
⋮

深掘り解説▶▶　5つの視点での補強

5つの視点を事業計画書に盛り込めるようになると，さらに計画に深みが増します。

❶ 採算管理

採算管理の観点から，汎用的なテンプレートを活用し，毎年ローリングしていく際の留意点3つ，「トップライン（売上）と営業利益率にこだわる」「KPIを設定する」「シミュレーション機能を付加する」を念頭に置きましょう。

さらに，事業計画書，特にPL計画・BS計画・CF計画を検証し，部門ごとの営業利益率，粗利率，労働分配率（粗利額に対する人件費の割合）などの指標につき，悲観シナリオ・楽観シナリオ，その中間の3パターンを用意し，関係者と共有するのも一案です。

予期せぬことは必ず起きます。また，低空飛行が続き，資金も枯渇してくると冷静な判断力を失うため，3パターンのシナリオをあらかじめ考えておくことは重要です。

❷ 取引先との良好な関係

取引先，特に協力会社との関係は事業推進にあたり重要な要素になります。この機会にさらに良好な関係を目指し，協力会社との連携強化，研修等の共同開催，協力会社親睦会の設置などの施策を盛り込んでみてもよいでしょう。

❸ 社員との良好な関係

人材育成は，組織全体の強化につながります。この機会に，社員との関係を見直してみましょう。社員満足度調査の実施や人事評価制度との連携を図るなどが一案として挙げられます。

❹ 内部者による不正（内部統制）

会社規模の拡大に伴い，不正のリスクが高まることを意識しましょう。事業計画書の作成を機に，不正の防止や発見が可能な体制を整えることが重要です。また，内部統制を定着させるためには，社員への意識づけと内部統制推進メンバーの育成が欠かせません。

❺ 経営者による粉飾（コーポレートガバナンス）

粉飾は，本来の経営の姿を歪めることであり，利害関係者への背信です。コーポレートガバナンスは常に保たれているか，経営者が独走しない体制づくりを意識しましょう。

さらに，高橋さんからは，次のような質問がありました。

Q KPI・KGIとは何でしょうか？

A KPIは，Key Performance Indicatorの略で，目標に対しての達成度を意味しており，目標を達成するための方法やプロセス，進捗を管理するために使われる指標です。目標に対するプロセス，つまり中間の指標であるため部門やチーム，業務ごとに設定されます。

KGIはKey Goal Indicatorの略であり，最終的な目標を意味しており，会社や事業部など組織全体の大きな目標がKGIとして設定されます。

KPIとKGIは，必要なプロセス（KPI）を達成したら最終目標（KGI）が実現できるという相関関係になります。例えば，KGIとして「営業利益率15％」を設定した場合，それを実現するために必要なプロセスがKPIになります。

KPIは，次の図のように要素に分解し，部門やチーム，業務ごとに，例えば「仕切単価（平均単価）３％増加」や「新規獲得数 年100件」というように設定していきます。

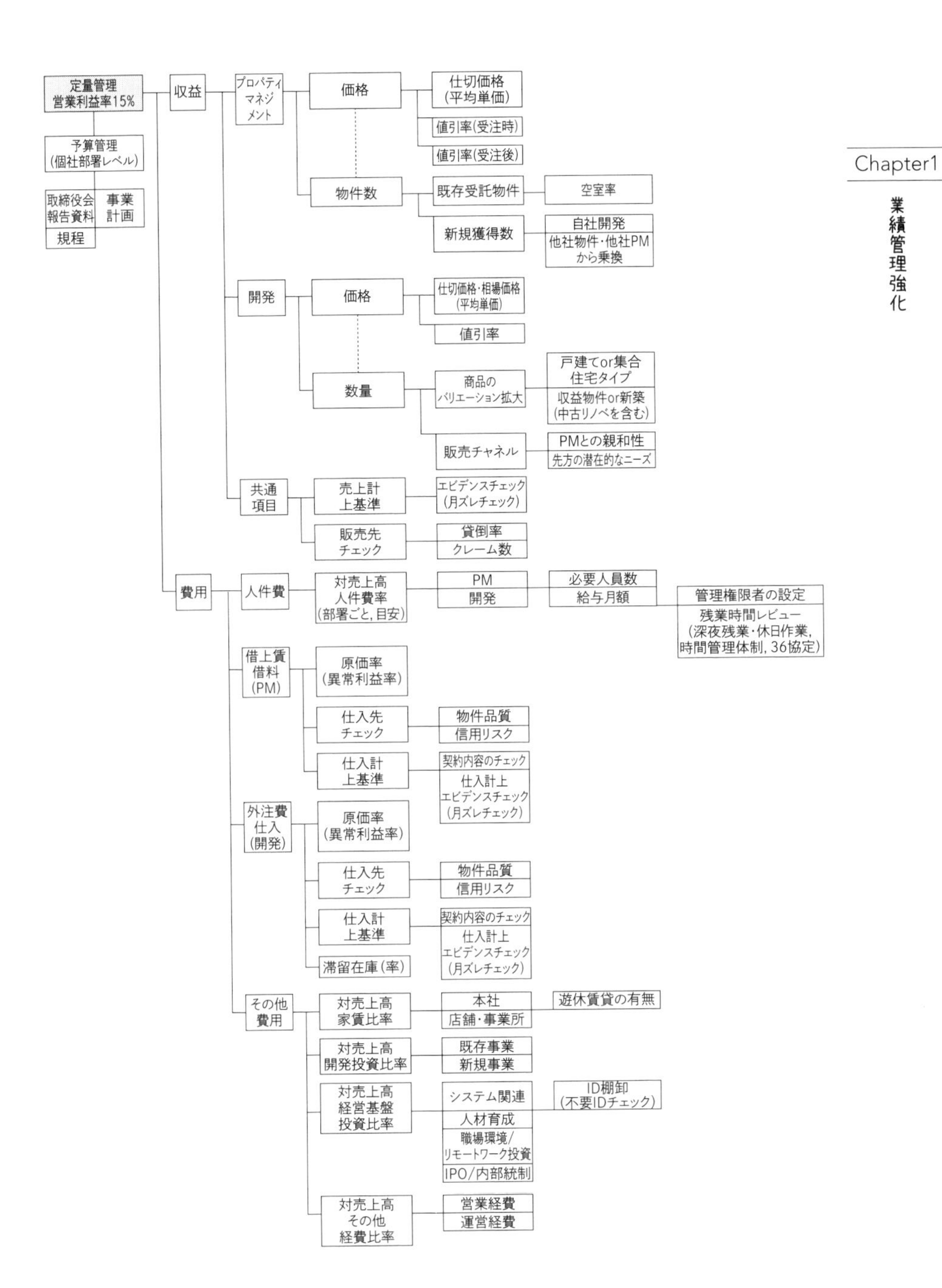
定量管理
営業利益率15%
予算管理
(個社部署レベル)
取締役会
報告資料
事業
計画
規程
収益
プロパティ
マネジ
メント
価格
仕切価格
(平均単価)
値引率(受注時)
値引率(受注後)
物件数
既存受託物件
空室率
新規獲得数
自社開発
他社物件・他社PM
から乗換
開発
価格
仕切価格・相場価格
(平均単価)
値引率
数量
商品の
バリエーション拡大
戸建てor集合
住宅タイプ
収益物件or新築
(中古リノベを含む)
販売チャネル
PMとの親和性
先方の潜在的なニーズ
共通
項目
売上計
上基準
エビデンスチェック
(月ズレチェック)
販売先
チェック
貸倒率
クレーム数
費用
人件費
対売上高
人件費率
(部署ごと,目安)
PM
開発
必要人員数
給与月額
管理権限者の設定
残業時間レビュー
(深夜残業・休日作業,
時間管理体制,36協定)
借上賃
借料
(PM)
原価率
(異常利益率)
仕入先
チェック
物件品質
信用リスク
仕入計
上基準
契約内容のチェック
仕入計上
エビデンスチェック
(月ズレチェック)
外注費
仕入
(開発)
原価率
(異常利益率)
仕入先
チェック
物件品質
信用リスク
仕入計
上基準
契約内容のチェック
仕入計上
エビデンスチェック
(月ズレチェック)
滞留在庫(率)
その他
費用
対売上高
家賃比率
本社
店舗・事業所
遊休賃貸の有無
対売上高
開発投資比率
既存事業
新規事業
対売上高
経営基盤
投資比率
システム関連
ID棚卸
(不要IDチェック)
人材育成
職場環境/
リモートワーク投資
IPO/内部統制
対売上高
その他
経費比率
営業経費
運営経費

Q　ミッション・ビジョンについて教えてください

A　ミッション・ビジョンは，ピーター・F・ドラッカーが提唱した企業経営の基本方針です。

ミッションは，企業が日々果たすべき使命や存在意義を示します。これにより，企業がどのような価値観に基づいて活動しているかが明確になります。不測の事態が起きたとしても，ミッションが指針となることでブレない意思決定が可能です。また，ミッションは社員の統率やモチベーションの向上に寄与し，企業の姿勢を社会にアピールする重要な役割も果たします。例えば，企業が「社会に貢献する」「顧客に価値を提供する」といった理念を掲げることで，社員と社会の期待をつなげることができます。

ビジョンは，企業が目指す理想の未来や将来像を表します。ミッションを実行した結果，企業がどのような状態を目指しているのかを具体的に言語化するものです。例えば，「○○と呼ばれる企業を目指す」「自社サービスを通じて○○な社会を実現する」といった形で表現されることが多いです。ビジョンは，社員にとって日々の仕事の指標となるだけでなく，投資家や顧客にとっても企業の方向性を理解しやすくします。全社でビジョンを共有することで，組織としての一体感が生まれ，目標達成に向けた推進力が高まります。

社員がミッション・ビジョンを体現して商品やサービスを提供することで，顧客との接点で企業らしさが際立ちます。その結果，顧客からの信頼を得るとともに，ブランドイメージの向上にもつながります。

Q　事業計画書作成の効用について教えてください

A　事業計画書とは，事業内容や企業の戦略・収益見込みなどを説明するための書類です。企業の事業を今後どのように展開していくのかを可視化したものといえます。経営者の頭の中にある事業プランを事業計画書として「見える化」することによって初めて，他者と共有することができます。一般的に事業計画書作成の効用は以下のとおりです。

①　やるべきことが明確になる

事業計画は数字で語られがちです。というのも，売上や利益率といった数字は誰にでもわかりやすく，適切な数値であれば納得されやすいものだからです。しかしながら，成長ありきで数字を作るのは誰にでもできること，言い換えれば，単なる絵空事です。売上を伸ばすといっても，営業担当者を2倍に増員する，販促費を数倍に上積みするような手法ではコスト増につながり，結果的に期待した利益率を実現できない可能性があります。それよりは，マーケティングオートメーションのようなテクノロジーを活用して見込み客を増やして成約率を高めるといった手法のほうが，回りくどいように思えても計画達成に近づくかもしれません。このように，作成した事業計画書を用いて事業部門と議論や対話をし，どのような武器を持つと計画達成の実現度を高められるか，その結果として社員が何をすべきかを明確にできることが効用といえるでしょう。

② 社員に考える癖がつく

事業計画書は，経営者の事業プランを文書化するものですから，基本的にトップダウンで取り組むことをお勧めしますが，一部，ボトムアップの要素も織り込むことで，社内への周知が促進される効果が期待できます。その際，トップダウンで一方的に数字を押しつけるのではなく，担当役員や管理職，さらには社員に至るまでを巻き込んでいくことで，社員の成長にもつながります。売上伸長やコスト効率の改善といったアイデアを出しあう，リソースや強みの横展開について議論するといったプロセスを通じて，初めて社員に考える癖がつくといえるでしょう。

なお，想定されるデメリットとして，①数字が嫌いなクリエイターメンバーからの反発，②数字に過敏になっている赤字部門のモチベーション低下などがあります。①については，管理職やリーダーの数値責任を明確化し，クリエイターを数値目標でガチガチに管理しないこと，②については，単純に部門損益で評価するのではなく，KPIの設定を工夫することなどが考えられます。

Q 「成長可能性に関する説明資料」とは何でしょうか？

A 「成長可能性に関する説明資料」とは，東証グロース市場への上場時に（上場後も1年に1回以上の頻度で）提出が義務づけられている資料です。東証グロース市場は，近い将来のプライム市場へのステップアップを視野に入れた成長企業向けの市場です。そのため，申請会社には高い成長性を求めています。投資家に合理的な投資判断を促す観点からも，「事業計画及び成長可能性に関する事項」を継続的に開示する必要があるのです。

記載項目は，ビジネスモデル・市場環境・競争力の源泉・事業計画・リスク情報の５つです。

上場する際に提出する「届出書・目論見書」などの資料とは異なり，「成長可能性に関する説明資料」は事実を淡々と記載するだけでなく，自己評価と今後の見通しを加えることに特徴があります。

項目		記載のポイント
ビジネスモデル	事業の内容	製商品・サービスの内容，特徴，事業ごとの全社業績における寄与度。今後必要となる許認可等の内容や取得に係るプロセス。
	事業の収益構造	収益・キャッシュフロー獲得の方法や，主な費用の内容・構成等。収益構造に重要な影響を与える条件が定められている契約の内容。
市場環境	市場規模	具体的な市場の内容（顧客の種別，地域など）及び規模。
	競合環境	競合の状況，自社のポジショニング，シェア。
競争力の源泉	経営資源・競争優位性	成長ドライバーとなる技術・知的財産，ビジネスモデル，ノウハウ，ブランド，人材（経営陣等）等の状況及びそれらの競争優位性。
事業計画	成長戦略	ビジネスモデル，市場環境，競争力の源泉をふまえた経営方針・成長戦略。実現するための具体的な施策の内容。
	経営指標	経営上重視している指標。当該指標を採用した理由，実績値及び具体的な目標値。
	利益計画及び前提条件	中期利益計画を公表している場合（公表する場合）は，その内容及び前提条件。
	進捗状況	前回記載した事項の達成状況，更新内容。次に開示を行うことを予定している時期。
リスク情報	認識するリスク	成長の実現や事業計画の遂行に重要な影響を与える可能性があると認識する主要なリスク。
	リスク対応策	主要なリスクへの対応策。

Q 「申請書類Ⅰの部，Ⅱの部」とは何でしょうか？

A 「新規上場申請のための有価証券報告書（Ⅰの部）」「新規上場申請のための有価証券報告書（Ⅱの部）」を指します。証券取引所への提出資料で，上場審査において中核をなす重要な審査書類です。

● Ⅰの部

企業情報，提出会社の保証会社等の情報，特別情報，株式公開情報の4つから構成されています。Ⅰの部は各取引所において必ず提出を求められる書類です。名称のとおり，株式上場後は「有価証券報告書」として毎期作成していくことになります。また，上場時ファイナンスの際に財務局に届出する「有価証券届出書」のベースともなります。会社の内容を適切に投資家に開示する最も重要な資料となります。

● Ⅱの部

Ⅱの部は，上場申請理由から始まり，企業グループの概況，事業の概況，経営管理体制，株式等の状況，経理・財務の状況，予算統制，業績の推移，今後の見通しなどの多くの記載項目があり，Ⅰの部と比較すると，より詳細な記述を求められます。なお，新興企業向けの市場（東証グロース，名証ネクスト，札証アンビシャス，福証Q-Board）では不要とされ，代わりに「各種説明資料」という（Ⅱの部よりも）簡易的な書類を提出します。

これらをふまえて，高橋さんは以下の選択をしました。

（高橋さんの選択）

✓3か年の事業計画書作成にあたり，部門長以上の幹部クラスを巻き込んで，準備を進めることとした。幹部クラスのメンバーに検討を進めてもらうにあたっては，ミッション・ビジョンとの整合性と経営管理の5つの視点を重視するように伝えた。

✓作って終わりの計画となってしまっては絵に描いた餅になってしまう。ローリングしていくことを意識し，属人化を排除し，継続して運用していくために標準的なテンプレートを活用することにした。さらに，数値目標は固定値ではなく％表示にすることで，不測の事態で実績が計画数値と大きく乖離した時にも，目標数値として継続して利用できるよう工夫した。

✓仮説を立てること，実績と比較して検証することに重点を置くこととした。具体的には，トップライン（=売上）だけではなく，営業利益率にも目標（＝仮説）を立て，実績と比較して検証することとした。

✓資金残高は，預金から借入金を差し引いた金額（ネットキャッシュ）を意識するため，前期の同数値から2億円積み増して「預金残高－借入残高＝10億円」を当期末の目標に設定した。

✓テンプレートにしたがい，すべての項目を埋めてはみたものの，まだブラッシュアップの余地があると高橋さんは認識している。ただ，一旦全項目を埋めたことで，全体感とどこが不足しているのかを幹部メンバーと共有できた点においては前進したと感じている。

出来上がった事業計画書の利益計画部分は，以下のとおりである。なお，第8期は損益着地予想数値である。

Ⅲ 4期比較表

単位：千円

	第8期	第9期	第10期	第11期
売上高	1,190,002	1,686,802	2,274,600	3,458,882
売上原価	523,601	693,981	923,151	1,400,271
売上総利益	666,401	992,821	1,351,449	2,058,611
売上総利益率	56.00%	58.86%	59.41%	59.52%
販管費-人件費	337,919	459,763	586,176	823,280
労働分配率	50.71%	46.31%	43.37%	39.99%
売上高人件費率	28.40%	27.26%	25.77%	23.80%
販管費-広告宣伝費	9,600	19,400	17,400	17,700
売上高広告宣伝費率	0.81%	1.15%	0.76%	0.51%
販管費-その他経費	188,541	297,116	376,889	503,126
売上高その他経費率	15.84%	17.61%	16.57%	14.55%
営業利益	130,341	216,543	370,984	714,505
営業利益率	10.95%	12.84%	16.31%	20.66%

Ⅲ 第8期部門別利益計画表

単位：千円

	教室事業	施設向け講師派遣事業	経営管理部門	AGATE計	システム開発事業	SES事業	SuBAL計	SuBAL台湾	SuBAL上海	アカデミー事業	連結相殺消去	合計
売上高	200,000	152,000	0	352,000	300,001	300,001	600,002	176,000	62,000	0	0	1,190,002
売上原価	70,000	53,200	0	123,200	120,000	180,000	300,001	88,000	12,400	0	0	523,601
売上総利益	130,000	98,800	0	228,800	180,000	120,000	300,001	88,000	49,600	0	0	666,401
売上総利益率	65.00%	65.00%		65.00%	60.00%	40.00%	50.00%	50.00%	80.00%	#DIV/0!		56.00%
販管費-人件費	45,092	51,648	85,673	182,412	50,359	40,071	90,429	40,071	25,006	0	0	337,919
労働分配率	34.69%	52.27%		79.73%	27.98%	33.39%	30.14%	45.53%	50.42%	#DIV/0!		50.71%
売上高人件費率	22.55%	33.98%		51.82%	16.79%	13.36%	15.07%	22.77%	40.33%	#DIV/0!		28.40%
販管費-広告宣伝費	4,200	1,200	1,200	6,600	1,200	1,800	3,000	0	0	0	0	9,600
売上高広告宣伝費率	2.10%	2.32%		3.62%	2.38%	4.49%	3.32%	0.00%	0.00%	#DIV/0!		2.84%
販管費-その他経費	40,625	23,320	39,045	102,990	48,790	18,410	67,200	9,021	9,330	0	0	188,541
売上高その他経費率	20.31%	15.34%		29.26%	16.26%	6.14%	11.20%	5.13%	15.05%	#DIV/0!		15.84%
営業利益（共通販管費の部門配賦前）	40,083	22,632	▲125,918	▲63,202	79,652	59,720	139,371	38,908	15,264	0	0	130,341
営業利益（共通販管費の部門配賦前）率	20.04%	14.89%		-17.96%	26.55%	19.91%	23.23%	22.11%	24.62%	#DIV/0!		10.95%
共通販管費の部門配賦（注1）	21,163	16,084	▲125,918	▲88,672	31,744	31,744	63,488	18,623	6,560	0		▲0
営業利益	18,920	6,549	0	25,469	47,908	27,976	75,883	20,285	8,703	0	0	130,341
営業利益率	9.46%	4.31%		7.24%	15.97%	9.33%	12.65%	11.53%	14.04%	#DIV/0!		10.95%
	10.58%	10.58%		-25.19%	10.58%		10.58%	10.58%	10.58%	#DIV/0!		

（注1）経営管理部門費用は，部門売上高の比で按分

Ⅲ 第９期部門別利益計画表

単位：千円

	教室事業	施設向け講師派遣事業	経営管理部門	AGATE計	システム開発事業	SES事業	SuBAL計	SuBAL台湾	SuBAL上海	アカデミー事業	連結相殺消去	合計
売上高	250,001	226,800	0	476,801	450,000	400,001	850,001	237,000	123,000	45,000	▲45,000	1,686,802
売上原価	87,500	79,380	0	166,880	180,000	240,000	420,000	118,500	24,600	9,000	▲45,000	693,981
売上総利益	162,501	147,420	0	309,921	270,000	160,000	430,000	118,500	98,400	36,000	0	992,821
売上総利益率	65.00%	65.00%		65.00%	60.00%	40.00%	50.59%	50.00%	80.00%	80.00%		58.86%
販管費-人件費	55,135	65,317	103,938	224,390	70,026	50,532	120,558	55,274	49,346	10,195	0	459,763
労働分配率	33.93%	44.31%		72.40%	25.94%	31.58%	28.04%	46.64%	50.15%	28.32%		46.31%
売上高人件費率	22.05%	28.80%		47.06%	15.56%	12.63%	14.18%	23.32%	40.12%	22.65%		27.26%
販管費-広告宣伝費	4,200	8,000	1,200	13,400	1,200	2,400	3,600	0	1,200	1,200	0	19,400
売上高広告宣伝費率	1.68%	3.53%		2.81%	0.27%	0.60%	0.42%	0.00%	0.98%	2.67%		1.15%
販管費-その他経費	51,065	23,810	78,840	153,715	58,855	27,680	86,535	10,618	17,448	28,800	0	297,116
売上高その他経費率	20.43%	10.50%		32.24%	13.08%	6.92%	10.18%	4.48%	14.18%	64.00%		17.61%
営業利益（共通販管費の部門配賦前）	52,101	50,293	▲183,978	▲81,584	139,919	79,389	219,308	52,608	30,406	▲4,195	0	216,543
営業利益（共通販管費の部門配賦前）率	20.84%	22.18%		-17.11%	31.09%	19.85%	25.80%	22.20%	24.72%	-9.32%		12.84%
共通販管費の部門配賦（注１）	26,559	24,094	▲183,978	▲133,325	47,806	42,494	90,300	25,178	13,067	4,781		▲ 0
営業利益	25,542	26,199	0	51,741	92,113	36,894	129,008	27,430	17,339	▲8,975	0	216,543
営業利益率	10.22%	11.55%		10.85%	20.47%	9.22%	15.18%	11.57%	14.10%	-19.94%		12.84%
	10.62%	10.62%		-27.96%	10.62%		10.62%	10.62%	10.62%	10.62%		

（注１）経営管理部門費用は，部門売上高の比で按分

Ⅲ 第10期部門別利益計画表

単位：千円

	教室事業	施設向け講師派遣事業	経営管理部門	AGATE計	システム開発事業	SES事業	SuBAL計	SuBAL台湾	SuBAL上海	アカデミー事業	連結相殺消去	合計
売上高	300,000	342,000	0	642,000	600,000	600,000	1,200,000	273,300	159,300	87,300	▲87,300	2,274,600
売上原価	105,000	129,960	0	234,960	240,000	360,000	600,000	122,985	35,046	17,460	▲87,300	923,151
売上総利益	195,000	212,040	0	407,040	360,000	240,000	600,000	150,315	124,254	69,840	0	1,351,449
売上総利益率	65.00%	62.00%		63.40%	60.00%	40.00%	50.00%	55.00%	78.00%	80.00%		59.41%
販管費-人件費	65,038	84,044	120,097	269,179	95,272	75,081	170,353	72,640	61,969	12,034	0	586,176
労働分配率	33.35%	39.64%		66.13%	26.46%	31.28%	28.39%	48.33%	49.87%	17.23%		43.37%
売上高人件費率	21.68%	24.57%		41.93%	15.88%	12.51%	14.20%	26.58%	38.90%	13.79%		25.77%
販管費-広告宣伝費	4,200	6,000	1,200	11,400	1,200	2,400	3,600	0	1,200	1,200	0	17,400
売上高広告宣伝費率	1.40%	1.75%		1.78%	0.20%	0.40%	0.30%	0.00%	0.75%	1.37%		0.76%
販管費-その他経費	60,960	40,743	98,800	200,503	78,840	32,620	111,460	14,337	21,490	29,100	0	376,889
売上高その他経費率	20.32%	11.91%		31.23%	13.14%	5.44%	9.29%	5.25%	13.49%	33.33%		16.57%
営業利益（共通販管費の部門配賦前）	64,802	81,254	▲220,097	▲74,041	184,688	129,899	314,587	63,339	39,595	27,506	0	370,984
営業利益（共通販管費の部門配賦前）率	21.60%	23.76%		-11.53%	30.78%	21.65%	26.22%	23.18%	24.86%	31.51%		16.31%
共通販管費の部門配賦（注１）	27,956	31,870	▲220,097	▲160,271	55,912	55,912	111,824	25,468	14,845	8,135		▲ 0
営業利益	36,846	49,384	0	86,230	128,776	73,987	202,763	37,871	24,750	19,370	0	370,984
営業利益率	12.28%	14.44%		13.43%	21.46%	12.33%	16.90%	13.86%	15.54%	22.19%		16.31%
	9.32%	9.32%		-24.96%	9.32%		9.32%	9.32%	9.32%	9.32%		

（注１）経営管理部門費用は，部門売上高の比で按分

Ⅲ　第11期部門別利益計画表

単位：千円

	教室事業	施設向け講師派遣事業	経営管理部門	AGATE計	システム開発事業	SES事業	SuBAL計	SuBAL台湾	SuBAL上海	アカデミー事業	連結相殺消去	合計
売上高	500,000	750,000	0	1,250,000	850,001	860,000	1,710,001	286,440	172,440	100,001	▲60,000	3,458,882
売上原価	175,000	262,500	0	437,500	340,000	498,800	838,801	126,034	37,937	20,000	▲60,000	1,400,271
売上総利益	325,000	487,500	0	812,500	510,000	361,200	871,201	160,406	134,503	80,001	0	2,058,611
売上総利益率	65.00%	65.00%		65.00%	60.00%	42.00%	50.95%	56.00%	78.00%	80.00%		59.52%
販管費-人件費	100,068	150,201	170,509	420,777	129,970	110,337	240,307	79,823	67,270	15,103	0	823,280
労働分配率	30.79%	30.81%		51.79%	25.48%	30.55%	27.58%	49.76%	50.01%	18.88%		39.99%
売上高人件費率	20.01%	20.03%		33.66%	15.29%	12.83%	14.05%	27.87%	39.01%	15.10%		23.80%
販管費-広告宣伝費	4,200	6,000	1,200	11,400	1,500	2,400	3,900	0	1,200	1,200	0	17,700
売上高広告宣伝費率	0.84%	0.80%		0.91%	0.18%	0.28%	0.23%	0.00%	0.70%	1.20%		0.51%
販管費-その他経費	81,080	44,350	148,780	274,210	118,500	42,680	161,180	15,606	22,920	29,210	0	503,126
売上高その他経費率	16.22%	5.91%		21.94%	13.94%	4.96%	9.43%	5.45%	13.29%	29.21%		14.55%
営業利益（共通販管費の部門配賦前）	139,652	286,949	▲320,489	106,113	260,030	205,784	465,814	64,977	43,113	34,488	0	714,505
営業利益（共通販管費の部門配賦前）率	27.93%	38.26%		8.49%	30.59%	23.93%	27.24%	22.68%	25.00%	34.49%		20.66%
共通販管費の部門配賦（注１）	45,538	68,308	▲320,489	▲206,643	77,415	78,326	155,741	26,088	15,705	9,108		0
営業利益	94,114	218,642	0	312,756	182,615	127,457	310,072	38,889	27,408	25,380	0	714,505
営業利益率	18.82%	29.15%		25.02%	21.48%	14.82%	18.13%	13.58%	15.89%	25.38%		20.66%
	9.11%	9.11%		-16.53%	9.11%		9.11%	9.11%	9.11%	9.11%		

（注１）経営管理部門費用は，部門売上高の比で按分

3.　資本政策

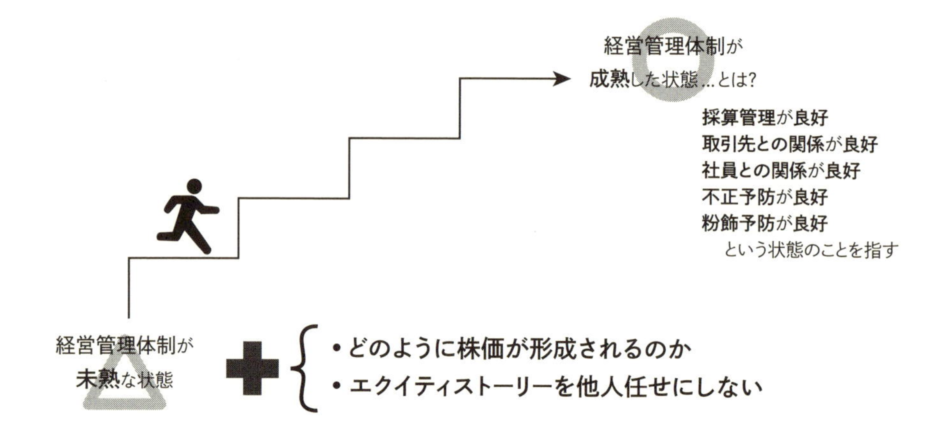

押さえておきたい基礎単語

● **資本政策**

事業計画を達成するための資金調達及び株主構成計画をいう。自社の株式を商品と捉えて，商品（株式）をいつ，いくらで，誰に，いくつ販売するかについての計画である。

● **エクイティストーリー**

どのステージでどのような株価で誰に何株を配分していくかという筋書きのことである。エクイティストーリーの役割は，企業の価値や魅力を投資家に伝えて，株式を購入してもらうことである。

● **時価総額**

現在の株価に発行済株式数を掛けて求められるもので，企業を評価する上での重要な指標である。企業価値のうち，株主に帰属する部分を指すことから株式価値（株主価値）とも呼ばれる。

\ STORY /

高橋さんは，３か年計画の作成と並行して，株式上場の前後において外部から株主を募ることを想定し，資本政策にも取り組むこととした。しかし，これまでの経営では，どの時点で，どのような投資家に株主になっていただくのが理想かといった点を考えたことはなかった。

高橋さんは今まで考えたことのなかった自分以外の株主について検討する日々を送った。検討する要素は多岐にわたる。「外部株主が存在することの当社にとってのメリット・デメリットは？」「投資家にとって当社の株主になるメリット・デメリットは？」「今後の事業成長・拡大を見据えて，どのような株主にどのタイミングでジョインしてもらうか？」などさまざまな思いが交錯した。

社内のメンバーにも相談することができず，資本政策案の策定は遅々として進まない状況が続いた。

資本政策の策定にあたり，高橋さんは先輩経営者Eさんから話を聞きました。

＜登場人物＞
Ｅさん：人材サービス会社の創業者で同社会長
Ｆさん：同社の社長
Ｇ社　：シリコンバレーで有名なVC（ベンチャーキャピタル）

Ｅさんは，創業以来，ある業界に特化した人材サービス事業を展開していました。売上20億円を超えた頃から次のステップを見据え，テック企業（IT）への転換に取り組み始めました。少しずつサービスコンテンツも固まりつつあるタイミングで，大手IT企業の子会社の社長を経験したＦさんを招聘し，副社長に据えました。

Ｆさんは前職での人脈を活かし，シリコンバレーで有名なVC（ベンチャーキャピタル）であるＧ社から約10億円を調達することに成功しました。

Ｅさんも F さんの手腕を高く評価し，自分は会長となり，Ｆさんを社長に昇格させ，事業運営も任せることにしました。

資金調達から数年間，大量の人材を採用し，開発と営業に邁進しましたが，思いの外，売上が増えず，２年くらいで資金も残り僅かとなってしまいました。Ｆさんは，また資金調達すればよいと主張しますが，Ｅさんが複数の外部専門家に意見を聞いたところ，否定的な意見が多数でした。

主な理由は，以下のとおりです。

① 前回の資金調達時の株価があまりにも高いこと

資金調達という目の前の目標にしか興味のないＦさんは，業績に見合わない株価をＧ社に提示していました。Ｅさんが把握していない場面で，不透明で薔薇色な計画をＧ社に説明して，多額の資金調達に漕ぎ着けていたのです。

② 前回の資金調達時に公平とは言い難い出資契約を結んでいること

Ｅさんの会社が発行したのは，普通株式ではなく種類株式です。出資契約には，「他社から出資を受ける場合はＧ社の事前承諾を要する」と記された条項があったため，実質的に，Ｇ社あるいはＧ社の許容する投資家以外から資金調達することは難しい状況です。

③ Ｇ社との関係が良好ではないこと

Ｅさんは資金調達にあたり，出資比率には注意を払っているつもりでした。Ｇ社の出資比率が高くなり，支配権を奪われることを回避しようと考えていたのです。しかし，どのように株価が形成されるのか，（次回以降のステージで）どの株価で誰に何株を配分していくのか，などについて専門家を交えて協議などはせずに，基本的にＦさんに任せている状況でした。

このことから，高橋さんは，自社の資金調達を他人任せにすることは危険であると理解しました。

Eさんの事例から学ぶべき重要なポイントは2つです。

1つは，「どのように株価が形成されるのか」を理解することです。もう1つは，「どのステージでどのような株価で誰に何株を配分していくのか」というエクイティストーリーを他人任せにしないことです。

(1) どのように株価が形成されるのか

株価とは，株式1株当たりの値段です。したがって，株価に発行済み株式数を掛け合わせると株式価値になります。さらに有利子負債と事業外資産（事業に直接関係していない預金や不動産・絵画・車両・有価証券など）を加減したものが企業価値になります。

一般的には，以下のように表現されます。

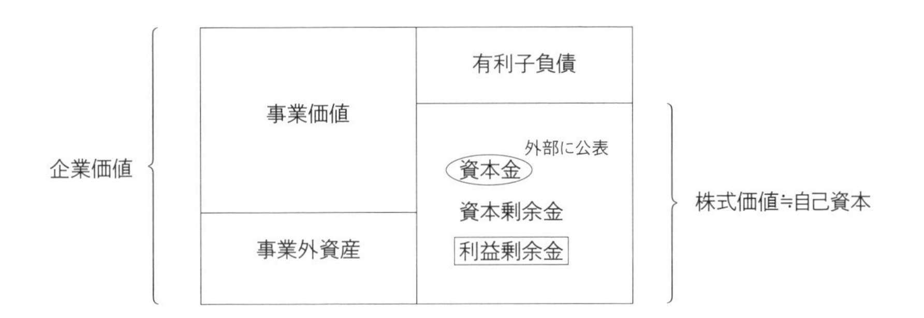

株価は，いくつかの手法で理論価格を算出できますが，その時々の経済状況や市場動向，業績動向等によって変化しますので，理論価格はあくまでも理論上のものです。

上場会社の場合，証券取引所で株式が売買されるので，売りたい投資家（株主）と買いたい投資家（出資者）の需給バランスにより株価が形成されます。

未上場会社の場合も，基本的には会社（出資を受け入れる側）と出資者との協議により，株価を決めていくことになります。協議の際に参考とされるのが，理論価格です。理論価格を算定するための代表的な手法は，以下のとおりです。上記で説明した企業価値を算定し，有利子負債と事業外資産を加減して株式価値を導き出し，発行済株式数で割ることで株価を計算します。

言葉では少しわかりづらいかもしれませんので，簡単な計算問題を用意しました。ご興味のある方は，アガットコンサルティングの特設サイト（https://www.cfolibrary.jp/lp/SuBAL_shiryo2/）からダウンロードしてトライしてみてください。

Ⅲ 理論価格の算定手法

算定方法	特徴	適用例
純資産方式	企業の財産価値としての純資産に着目して企業価値を算定する方法 ＜算定式＞ 企業価値＝時価評価した純資産額	含み資産が大きい会社，保有する資産価値が大きい会社または資産価値の測定を重視するケースに，よく適用される
ディスカウンテッド・キャッシュ・フロー（DCF）方式	将来その企業が生み出すキャッシュ・フローを現在価値に割り引いて企業価値を算定する方法 ＜算定式＞ 企業価値＝将来獲得キャッシュ・フロー合計額を現在価値に割り引いて算定する	成長著しい会社や収益力の高い会社の評価方法としてよく適用される
類似会社比準方式	評価会社と同業種の上場会社の株価と財務指標を比較して企業価値を算定する方法 ＜算定式＞ 企業価値＝比較会社の株価を基準として，比較会社の指標と評価会社の指標を比例調整して算出する	比較可能な上場会社がある場合に適用される （類似上場会社のビジネスリスクや成長性に対する市場の見方を反映している点では，株式上場準備会社に妥当な評価方法）
併用方式	前記の複数の方式を一定の割合で併用する方法	合理性のある複数の算定方法があり，そのすべてを考慮したい場合に適用される

(2) エクイティストーリーを他人任せにしない

エクイティストーリーとは，どのステージでどのような株価で誰に何株を配分していくかのストーリーです。

事例のＥさんの会社が２度目の資金調達に苦労する最大の原因は，志の異なるFさんに１度目の資金調達を全面的に任せてしまった点です。エクイティストーリーの役割は，企業の価値や魅力を投資家に伝えて株式を購入してもらうことです。エクイティストーリーを他人に任せるという行為は，自社の価値や魅力を投資家に伝えるという一番重要なポイントをおざなりにしてしまっているのです。

しかし，一口に企業の価値や魅力を投資家に伝えると言っても，どんな投資家に（誰に），株式単価はいくらか，資金調達の時期はいつかを考え抜くことになり，容易ではありません。

① どんな投資家に（誰に）

事業資金を提供してくれる人であれば誰でもよいと考えるのは危険です。出資は借入と異なり，一度受け入れると簡単にリセットすることができません。借入の場合は，繰り上げ返済すれば契約を終了できますが，出資では株式を買い戻したいと思っても，出資者の同意が必要です。さらに，同意が得られたとしても，買取価格が当初の出資額と異なることが多く，やり直しがききません。また，Ｅさんの例のように，１回目の出資を高額で受けたことで，２回目以降の出資を引き受けてくれる投資家が見つからないケースもあります。適切な投資家を選ぶことは非常に重要です。

私は，自社のファンになってくれる人を探すという視点を持つことをお勧めしています。また，新たな株主が加わることで，他社からの見方も変わるということも念頭に置くとよいでしょう。そして，株式保有比率にもこだわりましょう。経営権の確保は重要です。投資家は自社の成長をともに歩むファン・パートナーでありつつも，意図せず経営の主導権を失うという事態は避けるべきです。

上記事項に留意して，今後も長い付き合いとなる投資家選びは，慎重に行いましょう。

② 株価はいくらか

株価形成のスピードをきちんと思い描いておくことが重要です。1年後，2年後……の純資産額と将来利益を予測すると，出資時期に見合った株価を想定することができます。

株価は，一時的な業績悪化で下がる時期があったとしても，中期的には右肩上がりの上昇曲線を意識しましょう。それにより，既存の株主が出資した時よりも高い株価で売却することができます。それが株主との良好な関係の基礎となります。さらに，その既存株主との良好な関係が新たな株主を呼び込む土台となります。

③ 資金調達の時期はいつか

株主が自由に株式を売却できる，あるいは配当を受け取れるという観点から東証グロース市場への上場時期を1つのマイルストーンに設定しましょう。そこから逆算して，何回資金調達するか，その時期はいつにするかを検討していきます。出資を受け入れるにあたっては，最初の接触から最終的な出資受入れまでの期間を少なくとも6か月，通常8 ～10か月と想定し，準備を進めましょう。

エクイティストーリーの目的は，あくまでエクイティファイナンスの成功です。そのため，日本取引所グループ（JPX）が策定した『不祥事予防のプリンシプル』などを参考に，投資家の目線に立って会社の説明を行いましょう。

以上3点に留意して，エクイティストーリーを自分の中で腹落ちするまで，徹底的に反芻し，さらに適切なアドバイザーとの壁打ちでチェックしましょう。

なお，一般的な資金調達方法と目的のマトリックスは以下のとおりです。

Ⅲ 資金調達方法と目的

		目的				
		株主構成是正	発行済株式数増加	発行済株式数減少	資金調達	インセンティブプラン
資金調達方法	**株式移動（売買，贈与）** ● すでに発行している株式を売買あるいは贈与すること ● 既存の株主構成を是正することができる	○				
	株主割当増資 ● 既存株主に対し，均等に株式を割り当てて増資すること ● 発行済株式数の増加や資金調達に用いられる		○		○	
	新株予約権 ● 新株予約権者があらかじめ定められた条件で株式を取得することができる権利のこと ● 取締役や社員に対するインセンティブプランとして用いられる（注）	○	○		○	○
	新株予約権付社債 ● 新株予約権が付いた社債のこと	○	○		○	
	第三者割当増資 ● 既存株主以外の第三者に株式を割り当てて増資すること	○	○		○	
	自己株式の取得 ● 会社が自社の株式を買い取ること ● 既存の株主構成や持株比率の是正に用いられる	○				
	株式分割 ● 1株を2株以上に分割すること		○			
	● 株式併合 ● 2株以上を1株に併合すること			○		
	上場時の公募・売出し ● 上場時の公募は，市場を通じて一般投資家に株式を割り当てて，増資すること。売出しは，すでに発行している株式を（市場を通じて）売り出すこと	○	○		○	

（注）新株予約権のうち，社員や役員等に付与するものをストックオプションと呼ぶ（Q「ストックオプションとは何でしょうか？」(p.78) で詳しく説明)。

ここで，エクイティストーリーづくりのヒントになる資金調達事例を１つご紹介しましょう。情報キュレーションサービスのGunosy（グノシー）の法人設立から東証マザーズ（当時）上場までの資金調達の動きを，公開情報を基に整理してみました。なお，わかりやすさを重視するため，株式分割，新株予約権の発行等，意図的に反映させていない情報がありますので，あらかじめご了承ください。

私が興味を覚えた点は，以下のとおりです。

- 法人設立時の株価は１万円でスタートし，８万円→16万円→200万円と右肩上がりで上昇している株価の動き
- 戦略的パートナーの出資時期や出資割合と，その前後でのベンチャーキャピタルへの出資との関係

Gunosy（グノシー）の法人設立から東証マザーズ（当時）上場までの資金調達の動き

＜１＞創業

2012年11月～2012年12月

	株数変動	株価	持株数累計	持株数シェア	投資CashFlow	投資CashFlow累計
	株	千円	株	%	千円	千円
	a	b	c	d	e=a*b	f
福島社長	170	10	170	33%	▲1,700	▲1,700
従業員	340	10	340	67%	▲3,400	▲3,400
木村取締役						
他役員						
協力者						
戦略的パートナー						
ベンチャーキャピタル						
一般投資家						
合計	510	／	510	100%	▲5,100	▲5,100

＜２＞木村取締役，その他協力者参入

2013年２月

	株数変動	株価	持株数累計	持株数シェア	投資CashFlow	投資CashFlow累計
	株	千円	株	%	千円	千円
	a	b	c	d	e=a*b	f
福島社長			170	19%		▲1,700
従業員	70	80	410	45%	▲5,600	▲9,000
木村取締役	205	80	205	23%	▲16,400	▲16,400
他役員	50	80	50	6％	▲4,000	▲4,000
協力者	70	80	70	8％	▲5,600	▲5,600
戦略的パートナー			0	0％		
ベンチャーキャピタル			0	0％		
一般投資家			0	0％		
合計	395	／	905	100%	▲31,600	▲36,700

＜3＞創業メンバーから木村取締役へ一部持分の譲渡

2013年2月

	株数変動	株価	持株数累計	持株数シェア	投資CashFlow	投資CashFlow累計
	株	千円	株	%	千円	千円
	a	b	c	d	e=a*b	f
福島社長	▲125	80	45	5%	10,000	8,300
従業員	▲250	80	160	17%	20,000	11,000
木村取締役	375	80	580	63%	▲30,000	▲46,400
他役員			50	5%		▲4,000
協力者	10	80	80	9%	▲800	▲6,400
戦略的パートナー			0	0%		
ベンチャーキャピタル			0	0%		
一般投資家			0	0%		
合計	10		915	100%	▲800	▲37,500

＜4＞木村取締役 追加出資

2013年5月

株数変動	株価	持株数累計	持株数シェア	投資CashFlow	投資CashFlow累計
株	千円	株	%	千円	千円
a	b	c	d	e=a*b	f
		45	4%		8,300
1	160	161	13%	▲160	10,840
312	160	892	73%	▲49,920	▲96,320
		50	4%		▲4,000
		80	7%		▲6,400
		0	0%		
		0	0%		
		0	0%		
313		1,228	100%	▲50,080	▲87,580

＜5＞ベンチャーキャピタルによる出資

2013年7月

	株数変動	株価	持株数累計	持株数シェア	投資CashFlow	投資CashFlow累計
	株	千円	株	%	千円	千円
	a	b	c	d	e=a*b	f
福島社長			45	3%		8,300
従業員			161	11%		10,840
木村取締役			892	64%		▲96,320
他役員			50	4%		▲4,000
協力者			80	6%		▲6,400
戦略的パートナー			0	0%		0
ベンチャーキャピタル	175	2,000	175	12%	▲350,000	▲350,000
一般投資家			0	0%		0
合計	175		1,403	100%	▲350,000	▲437,580

＜6＞木村取締役 持分の一部売却

2013年12月

株数変動	株価	持株数累計	持株数シェア	投資CashFlow	投資CashFlow累計
株	千円	株	%	千円	千円
a	b	c	d	e=a*b	f
		45	3%		8,300
		161	11%		10,840
▲30	3,300	862	61%	99,000	2,680
		50	4%		▲4,000
		80	6%		▲6,400
		0	0%		0
30	3,300	205	15%	▲99,000	▲449,000
		0	0%		0
0		1,403	100%	0	▲437,580

＜7＞戦略的パートナー（KDDI）による出資

2013年12月

	株数変動	株価	持株数累計	持株数シェア	投資CashFlow	投資CashFlow累計
	株	千円	株	%	千円	千円
	a	b	c	d	e=a*b	f
福島社長			45	3%		8,300
従業員			161	10%		10,840
木村取締役			862	52%		2,680
他役員			50	3%		▲4,000
協力者			80	5%		▲6,400
戦略的パートナー	250	4,800	250	15%	▲1,200,000	▲1,200,000
ベンチャーキャピタル			205	12%		▲449,000
一般投資家			0	0%		0
合計	250		1,653	100%	▲1,200,000	▲1,637,580

＜8＞戦略的パートナー(KDDI), ベンチャーキャピタルによる追加出資　2014年5月～2014年6月

株数変動	株価	持株数累計	持株数シェア	投資CashFlow	投資CashFlow累計
株	千円	株	%	千円	千円
a	b	c	d	e=a*b	f
		45	2%		8,300
		161	9%		10,840
		862	47%		2,680
		50	3%		▲4,000
		80	4%		▲6,400
105	6,500	355	19%	▲682,500	▲1,882,500
80	6,500	285	15%	▲518,700	▲967,700
		0	0%		0
185		1,838	100%	▲1,201,200	▲2,838,780

<9>持分の移動

2014年8月

	株数変動	株価	持株数累計	持株数シェア	投資CashFlow	投資CashFlow累計
	株	千円	株	%	千円	千円
	a	b	c	d	e=a*b	f
福島社長			45	2%		8,300
従業員			161	9%		10,840
木村取締役			862	47%		2,680
他役員	1	6,500	51	3%	▲6,500	▲10,500
協力者	▲40	6,500	40	2%	260,000	253,600
戦略的パートナー	8	6,500	363	20%	▲52,000	▲1,934,500
ベンチャーキャピタル	31	6,500	316	17%	▲201,500	▲1,169,200
一般投資家			0	0%		0
合計	0		1,838	100%	0	▲2,838,780

<10>株式上場

2015年4月

	株数変動	株価	持株数累計	持株数シェア	投資CashFlow	投資CashFlow累計
	株	千円	株	%	千円	千円
	a	b	c	d	e=a*b	f
福島社長	▲5	13,984	40	2%	69,920	78,220
従業員	▲104	13,984	57	3%	1,449,442	1,460,282
木村取締役	▲210	13,984	652	30%	2,936,640	2,939,320
他役員	▲6	13,984	45	2%	83,904	73,404
協力者	▲5	13,984	35	2%	69,920	323,520
戦略的パートナー			363	17%	0	▲1,934,500
ベンチャーキャピタル			316	14%	0	▲1,169,200
一般投資家	680	13,984	680	31%	▲9,504,226	▲9,504,226
合計	350		2,188	100%	▲4,894,400	▲7,733,180

注）当表は，公開情報をもとに分かりやすくまとめたものです。
なお，分かりやすさを重視するため，株式分割，新株予約権の発行等，意図的に反映させていない情報があります。予めご了承ください。

あなたはどう感じたでしょうか？

エクイティストーリーに正解はありませんので，自社に適した，納得のいくストーリーを描いてみましょう。

以上が資本政策にあたって留意してほしい２つのポイントでした。ここからは，さらに余裕があれば盛り込んでほしいポイントを説明します。

深掘り解説▶▶　５つの視点での補強

５つの視点を資本政策にも盛り込めるようになると，さらに深みが増します。

❶　採算管理

事業展開していくうえで，成長資金の予測と，適時に適切な金額を確保することが重要になります。出資を受けることになれば，将来的に配当支払も想定しておく必要があります。また，出資先から役員が派遣されることになれば，取締役会設置会社として取締役会が少なくとも３か月に一度開催され，取締役会の資料作成等の準備にも人手やコストを割くことになります。出資を受け入れることで資金が増えると同時に，上記のような資本コストも発生することを念頭に置きましょう。

❷ 取引先との良好な関係

これを機に，取引先との良好な関係づくりを再検討する機会を設けましょう。取引先向けの持株会制度の設定や新株予約権の付与により，取引先との関係改善，取引強化・取引継続などへの効果が期待できます。

❸ 社員との良好な関係

一見，社員とは縁遠く感じてしまう資本政策ですが，社員との良好な関係づくりに活かす良い機会です。具体的には，退職金代わりの株式報酬型ストックオプションの付与・従業員（社員）持株会・資産形成の支援やインサイダー研修などが挙げられます。資本政策にも，福利厚生や社員引き留め，インセンティブの要素を絡めることで，社員との良好な関係づくりにつなげましょう。

❹ 内部者による不正（内部統制）

幹部社員に株式やストックオプションを付与することは，会社経営への参画意識を高めるという観点で有用です。さらに優秀な人材を確保しやすくなるというメリットもあります。将来的なインセンティブを広くアピールできるので，幹部社員の外部調達などへの活用も期待できます。一方で，あまり業績との連動を強めると，不正の温床となることもあります。株式とストックオプションの使い分け，現金報酬と株式報酬の割合などに留意しましょう。

❺ 経営者による粉飾（コーポレートガバナンス）

Ｅさんの事例にもあるとおり，１回の資金調達で多額の資金を得ようと考えると，身の丈以上の計画を約束することになります。達成に向けての義務感や焦りから事実とは異なる情報を株主に与えてしまうかもしれません。２回目，３回目の資金調達を常に見据える計画性が，事実を曲げない心を支えてくれます。

さらに，高橋さんからは，次のような質問がありました。

Q　ストックオプションとは何でしょうか？

A　ストックオプションとは，会社の役員や社員などに対して，会社の株式をあらかじめ定めた価格（権利行使価額）で購入できる権利を付与するものです。ストックオプションの発行時点では，実際の株式などを渡したりすることはありません。与えるものは権利です。

例えば，現在の会社の株価が「１株＝10,000円」だとしましょう。そこで，以下のような権利を役員に与えます。

会社の株式を「１株＝10,000円」で取得することができる権利

さて，会社が成長し，例えば５年後に株価が100倍の「１株＝1,000,000円」になっていたらどうでしょうか？ １株1,000,000円の価値があるものを10,000円で入手できるのです。つまりストックオプションを行使することで大きな利益を手にすることができます。逆に，会社が全く成長せずに，例えば５年後に株価が「１株＝100円」になっていたらどうでしょうか？ １株100円の価値があるものを10,000円で入手することは通常はないでしょう。この場合，権利を行使しないという選択をすることになります。

このように，ストックオプションは，会社の価値（株価）が高くなればなるほど権利行使者が得る利益も多くなります。つまり，会社の価値（＝株価）の向上と役員などの権利行使者の利益が比例する構造となっています。そのため，とても有用なインセンティブ報酬制度といえます。

ただし，税務上留意が必要となる点もあります。ストックオプションの契約内容により，権利行使者が得る利益に対する課税関係が変わります。主に給与所得として課税されるか，株式譲渡益として課税されるかに分かれ，現状の税制では後者のほうが税率が低いため，手取り額が増えることになります。

課税関係の基本類型としては，４つになります。

⑴　いわゆるストックオプション税制と呼ばれる税制上の優遇措置を受けるための要件を満たしているストックオプションかどうかで区分します。要件を満たしているものを「税制適格ストックオプション」といいます。

⑵　税制非適格ストックオプションは，さらに大きく３つに区分します。

①　権利付与時に，権利を無償で付与する「税制非適格ストックオプショ

ン（無償・有利発行型）」

② 権利付与時に，権利を有償で付与する「税制非適格ストックオプション（有償型）」

③ さらに有償型のうち，発行会社が信託会社を通じてストックオプションを付与する「税制非適格ストックオプション（信託型）」

上記４つの課税関係については，国税庁が「ストックオプションに対する課税（Q＆A）」を公表していますので，興味のある方は確認してみてください。

なお，税制は刻々と変化しますので，実際のストックオプション導入にあたっては専門家に相談して取り組むことをお勧めします。

Q 種類株式とは何でしょうか？

A 種類株式とは，株主の権利内容について会社の定款で特別な条件をつけた株式を指します。普通株式は，すべての株主に平等の権利を有するように定められていますが，種類株式では，株主が所有している株式の種類によってそれぞれ異なる権利を有します。普通株式よりも優先的な取扱い，もしくは劣後した取扱いを受ける株式です。

種類株式を発行する会社側には，大きく２つの利点があります。

１つ目は，投資家に有利な条件を付与した種類株式を設計することで資金調達がしやすくなるという点です。

２つ目は，株主による会社経営への介入を防げる点です。議決権制限株式，取得条項付株式，全部取得条項付株式などを活用することで，配当金の受取りや売買によるキャピタルゲインなど，経済的利益のみを目的とする投資家を経営に関与させない形で株主にすることが可能です。

しかし，行き過ぎた種類株式によって，株主平等原則が危ぶまれる実例も出てきています。2021年５月27日付けの日本経済新聞の記事によると，米フェイスブック（現在のメタ）と米グーグルの親会社アルファベットの株主総会では，平等な議決権を求める株主提案の提出が恒例行事になっています。フェイスブックは，議決権個数が１票の「A株」と，10票の「B株」の２種類を交付しています。B株はマーク・ザッカーバーグ最高経営責任者（CEO）ら創業メンバーが保有しています。同氏の株式保有比率は13%を下回りますが，議決権比率は約53%と，実質的にザッカーバーグ氏らが株主提案を覆せる計算になります。アルファベットも創業者２人で議決権の過半を支配できる仕組みを持ちます。技術の移り変わりが激しいテック業界において，短期的な株主還元にこだわる株主に振り回されずにすむ種類株式は便利なツールといえます。しかし，圧倒的な議決権支配は，「一般株主の利益が見捨てられかねない」「一般投資家の株価下落時のリスクが，権利と比較して大きすぎる」という危うさも持ち合わせています。上場以来，グーグルの株価は40倍強（株式分割考慮），フェイスブックの株価は８倍強と，株主に大きな利益をもたらしています。ですが，成長が止まり株価に停滞感が出れば，グーグルやフェイスブックでも株主の圧力が強まるでしょう。自社の成長と株主平等原則の両者を置き去りにしない視点が求められます。

Q　従業員持株会とは何でしょうか？　そもそも必要なのでしょうか？

A　従業員持株会とは，社員の福利厚生の増進や経営への参画意識向上を図るために，給与や賞与から一定の金額を天引きし，組合を通じて社員が自社の株式を取得するという仕組みです。自社の株式取得に際し，会社側は拠出金の給与控除や奨励金などのインセンティブをつけることで，社員に購入を促すことができます。例えば，給与から天引きする金額を10,000円で設定し，奨励金を10％とすると，社員は10,000円で11,000円分の株式を毎月購入できるということです。

従業員持株会を導入する会社側のメリットは以下のとおりです。

１つ目は，安定株主づくりです。会社の経営には基本的に賛同していると考えられる社員に株式を取得してもらうことで，長期的に安定して株式を保有する安定株主を得ることができます。これにより，短期的に市場に左右されにくく，中長期的な施策を行えます。また社外からの敵対的買収への防衛策としても有効な手段になります。

２つ目は，経営への意識が高まることです。社員が自社の株式を保有することで自社の業績への意識が高まり，仕事へのモチベーションにつながる傾向があります。保有する株式の価値を高めたいと考えるからです。

一方，デメリットもいくつかあります。

１つは担当者の事務負担の増加です。持株会は給与と賞与から天引きとなるため，毎月の管理に加え，新規の加入手続きや退職の手続き，金額の変更など，担当者の事務負担が増えることになります。

そのほかに，業績不振時の配当の負担や経営者の意向に沿わない株主権行使のリスクなどもあります。

従業員持株会の設立に必要な期間はおよそ２か月（民法上の組合による方式を選択した場合）です。設立までの流れは以下のとおりです。

1. 従業員持株会規則，運営細則の作成
2. 設立発起人，理事及び監事の選任
3. 取締役会で承認を得る
4. 理事長印の作成・預金口座の開設
5. 会社と持株会の覚書締結
6. 社員説明会の開催
7. 入会申込書，株式購入資金の拠出

留意点としては，「配当金の支払い基準・退職などで持株会を脱退する場合の買取価格・持株会への参加条件」を明確に示すことです。社員の不信感を防ぎ，会社の経営を安定させるためにも，ルールをしっかりと示すことが大切です。

Q 株式分割について教えてください

A 株式分割とは，資本金を変えずに，１株をいくつかの株に分割することを意味します。１株当たりの価値は小さくなりますが，理論上は会社の実態は変わらず，株式の価値の総量は変化しません。

株式分割を行う会社側のメリットは主に２つです。

１つ目は，１株当たりの価値が小さくなるので小口の投資家などにも出資してもらえる可能性が高まり，株価形成や株主構成の選択肢が増える点です。

２つ目は，資金調達がしやすくなる点です。株式の流動性の向上により，投資対象としての会社の評価，そして株式自体の需要が高まります。

なお，株式分割は，適切なタイミング・適切な株式数で行うのであれば，上記のようなメリットを享受できますが，株式分割のタイミングが悪かったり，株式分割を頻繁に実施しすぎたり，分割割合が極端に多すぎたりすると，株式の価値が薄まって信頼性が低下し，投資家からはマネーゲームとして株式分割を行っているのではないかと疑われかねません。長期的な視点で計画的に慎重に検討しましょう。

Q 財産保全会社について教えてください

A 財産保全会社とは，オーナーが直接，上場予定会社の株式を所有するのではなく，オーナーが持つ別会社を介して，上場予定会社の株式を所有する場合の当該別会社のことです。資産管理会社とも呼ばれます。オーナー一族は財産保全会社の株式を所有することで，間接的に上場予定会社の株式を所有します。

上場準備会社の資本政策において，オーナーが所有する株式の一部を財産保全会社に譲渡することで，相続による株式の散逸を防ぐことが可能です。また，自社株式を個人で所有したままの場合と，財産保全会社を設立した場合では，以下の図のように相続税と配当金課税の取扱いが異なります。

なお，税制は刻々と変化しますので，必要に応じ専門家に相談して最新情報を確認してください。

	個人所有	財産保全会社
相続税	所有している上場株式の株価が相続税評価額になるため，多額の相続税がかかる	上場株式を財産保全会社経由で所有するため，相続税評価額が下がり，節税になる
配当金課税	保有割合が３％以上の場合，個人の所得税等は総合課税（最高税率55％）の対象となる 配当金×税率（約55％）	法人税なので，実効税率35％。さらに株式保有割合に応じて一部が課税対象外となる 配当金×税率（約35％）

これらをふまえて，高橋さんは以下の選択をしました。

（高橋さんの選択）

✓高橋さんは，先輩たちのアドバイスを参考に，最終的には「子どもたちにプログラミングを学ぶ機会を提供することで，好奇心と想像力を養って豊かな人生を歩んでほしい」という会社設立当初の思いに立ち返り，その実現のために，高橋さんが主体的に動ける株式保有比率の維持を優先することとした。

✓具体的には，東証グロース上場までは株主としての戦略的パートナーは置かず，メガバンク系のVCからの出資（株式保有比率約３％）を受け入れることで信用力の補完とガバナンスの強化を図るとともに，株価形成への協力を仰ぐこととした。また，東証グロース上場後は，会社の理念（好奇心と想像力を養って豊かな人生を歩むためのサービス提供）に共感してくれる個人株主を増やしていくことを想定し，その布石として，現時点での会社の身近なサポーターである社員と取引先に株主となってもらうこととした。

✓従業員持株会と取引先持株会を設立し，主幹事証券会社に運営を委託した。

✓また，高橋さんの株式保有比率が当面は高水準となることを想定し，高橋さんの財産保全会社を設立し，節税メリットを享受できるように配慮した。なお，従業員持株会には参加できない役員には，ストックオプションを付与した。ただし，社外取締役と監査役は，その役割を考慮し，ストックオプションを付与していない。

✓作成した資本政策のポイントは，次のとおりである。

- 高橋さんの財産保全会社を作る。
- 東証グロース上場を第11期と定め，その時の時価総額を100億に設定。
- 現在お付き合いのある銀行の系列VCに出資を打診。
- 戦略的パートナーは，東証グロース上場までは置かないことに決定。
- 社員向けの福利厚生の一環として従業員持株会を設定。さらに，より直接的な報酬還元として，社員向けストックオプションも併用することとした。
- 社内取締役にはストックオプションを付与。
- 取引先向けの株式付与は，取引先持株会を通じて行うこととした。

なお，高橋さんが作成した資本政策案は，アガットコンサルティングの特設サイト（https://www.cfolibrary.jp/lp/SuBAL_shiryo2/）からダウンロードすることができます。ご興味のある方はアクセスしてみてください。

4.　予算管理

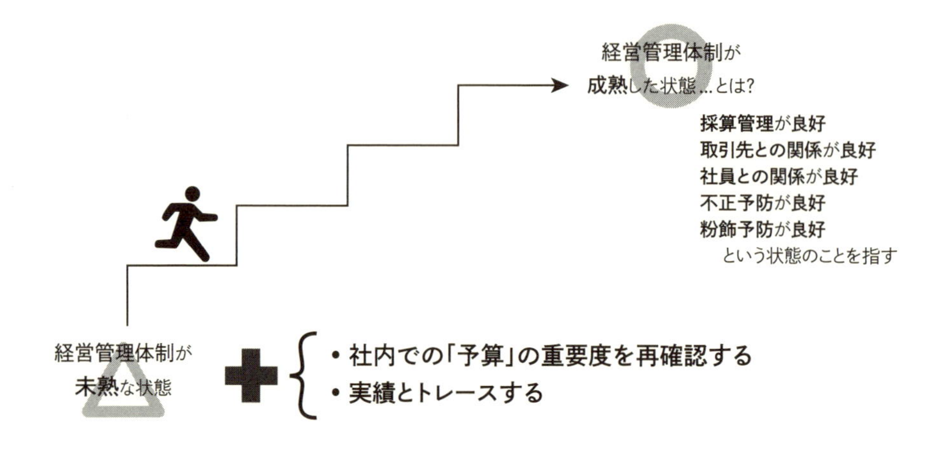

押さえておきたい基礎単語

● **予算**

一般的に，一定期間における企業の各業務分野の具体的な計画を貨幣的に表示し，総合編成したものを指す。通常は，損益予算・資金予算・資本予算の3つに区分され，統合したものを総合予算と呼ぶ。決算書との関係で説明すると，損益予算がPL予算，資金予算がCF予算，資本予算がBS予算となる。

● **予算管理**

一般的に，中期事業計画に基づいて（単年度の）予算を作成すること及びその予算と実績値を比較し，進捗や阻害要因を分析することを指す。

\ STORY /

高橋さんは，3か年計画作成にあたり，作って終わりの計画ではなく，ローリングしていくことを意識した。監査法人に相談したところ，そのためには予算管理が重要であるとアドバイスを受けた。

今までも売上予算を設定して幹部と共有してきたが，本格的な予算管理とは一体どのようなものか理解できていなかった。またしても，高橋さんは暗中模索する日々を迎えた。

本格的な予算管理を模索している中で，高橋さんはH社を経営している先輩経営者Ｉさんから話を聞きました。

H社は，東証マザーズ（当時）に上場して3年が経過しました。

上場準備に入る前までは，予算と実績の2軸で管理してきましたが，予算の精度が低いことが原因で，年に数回は予算の見直しを行っていました。社内では，「予算はとりあえず作成するもの」「予算と実績の乖離が見つかればその都度予算を見直す」という考えが蔓延し，「予算は達成するもの」という意識が低下していました。

Ｉさんは悪循環を脱するために，上場準備に入るのを契機に監査法人に相談し，原則として，「期初に作成した予算は修正しない」「万が一修正するとしても下期見直しの1回限り」というルールを決めました。

また，予算とは別に着地予想を設定し，着地予想は随時更新することにしました。

さらに，予算と実績の差異分析では，ただ差額を求めるだけにとどめず，差異が発生した原因についての考察コメントを記録することを意識しました。

その結果，徐々に予算精度も向上し，予算は達成するものという意識が社内にも浸透してくるとともに，着地予想として，事前に将来業績の見込み額を把握したことで，業績の上振れ・下振れの影響を早めに確認することができるようになったのです。

このことから，高橋さんは，予算を何度も修正することの危険性を理解しました。

Ｉさんの事例から学ぶべき重要なポイントは２つです。

(1) 社内での「予算」の重要度を再確認する

Ｈ社の予算精度向上を助けた要因の１つは，予算は達成するものという意識を社内で共有できたことです。毎年の習慣のような感覚でマンネリ化していたり，ビジネスモデルによっては見通しが立ちにくい等の理由から，予算への意識が低下したりしている場合もあるでしょう。しかし，「予算＝会社（経営者）の意思」と捉えて，熱を込めるのが重要です。

ここで，日本公認会計士協会東京会の調査研究部が実施している興味深い調査をご紹介します。『予算設定と達成率についてのアンケート調査（2013年）』です。

連結子会社を有する上場会社2,552社に対して，約30項目からなるアンケートを送付して，そのうち322件の会社から回答を得ています。アンケートには，「おおよそどの位の達成率を想定して予算の数値を決めていますか？」という質問が設定されています。

あなたはどう思いますか？　報告結果は「アンケートに回答した会社の68％が，９割以上達成できるものと想定して予算を組んでいる。さらに，８割以上の達成率を想定している会社も含めると，実に86％に上る」というものでした。

おおよそどの位の達成率を想定して予算の数値を決めていますか？

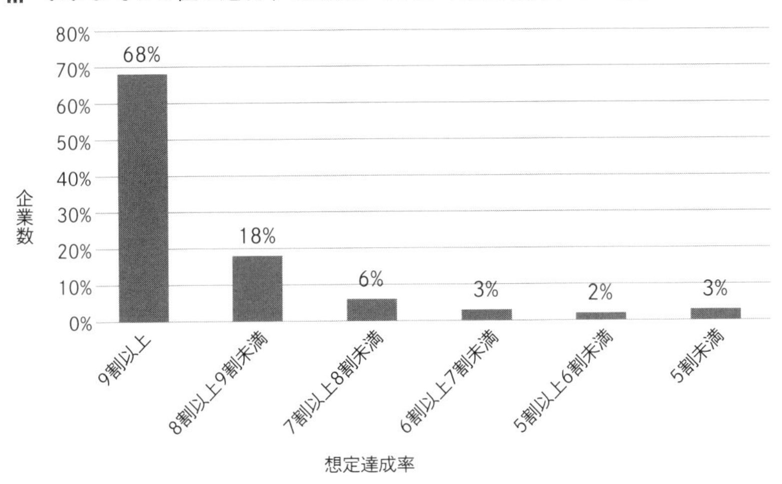

(出典：日本公認会計士協会東京会　調査研究部「公認会計士業務資料集III」)

次に「実際の予算達成率はどの位か？」を確認したところ，下記のグラフのような結果になりました。

予想の達成率を上回った会社の割合は？

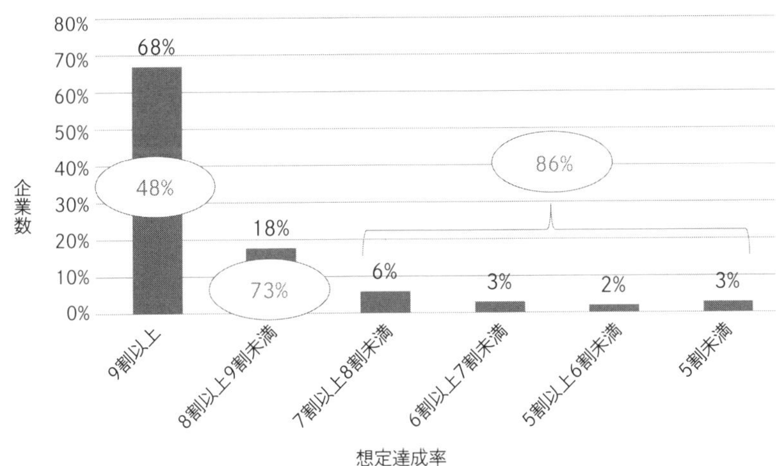

(出典：日本公認会計士協会東京会　調査研究部「公認会計士業務資料集III」)

予算達成率は，「9割以上達成できるものと想定して予算を組んだ」会社が48%，逆に「8割以上9割未満」の会社が73%，さらに「8割未満」の会社は86%です。

想定達成率が低い会社ほど，実際の予算達成率が高いという結果が出ました。

チャレンジングな予算を組んだ会社ほど達成率が高く，逆に保守的な予算を組んだ会社ほど達成率が低いということです。もちろん，想定達成率が低い会社といっても，連結子会社を有する上場会社ですので，ただやみくもに無謀な予算を打ち出しているのではなく，自社のこれまでの経験を生かした適切な予算を組んでいます。会社の意思として，ちゃんと上を目指す志を共有できれば，高い目標でも到達できるということでしょう。

なかなか面白い結果ではないでしょうか。会社も人間によって構成されていて，そのパフォーマンス次第で結果が大きく変化するということを如実に表しているように感じます。

予算は，取組み姿勢や位置づけを見直すことで，業績や組織運営全般に大きな影響を与える可能性があることがわかります。これらを考慮し，予算は会社の意志であり，会社として重要なものであると位置づけてしっかりと取り組みましょう。

少し横道に逸れますが，上記調査で「予算として最も重視している指標」も別途質問しており，「営業利益・経常利益・当期純利益」と回答した会社が79社で最も多いという結果となっていることも付記しておきます(売上ではない)。

(2) 実績とトレースする

予算を実績とトレースすることで，次年度以降の予算の精度を高めていきましょう。日本公認会計士協会東京会の調査結果にも表れていたとおり，予実分析を含めた予算管理は，活用次第で経営に大きなインパクトを与えることができます。

予実分析を行う際に，予算・実績・差異の金額を求めるだけで終わりにしてしまうケースが見受けられます。しかし，予実分析を実施する一番の目的は，次年度以降の計画や予算作成に活かすことです。予算と実績の差異がどこから・なぜ生じたのかを徹底的に分析しましょう。発生原因を特定することで，対策を導き，次の予算作成に結びつけることができます。

そのためにも，分析コメント欄を作ることをお勧めしています。面倒に感じるかもしれませんが，口頭説明で済ませずに，文章化することが重要です。コメントを毎月蓄積していくことで，来期の同時期の予算を組む時の参考になります。

差異の分析コメントは，下記のような基本形に基づいて書いてみましょう。

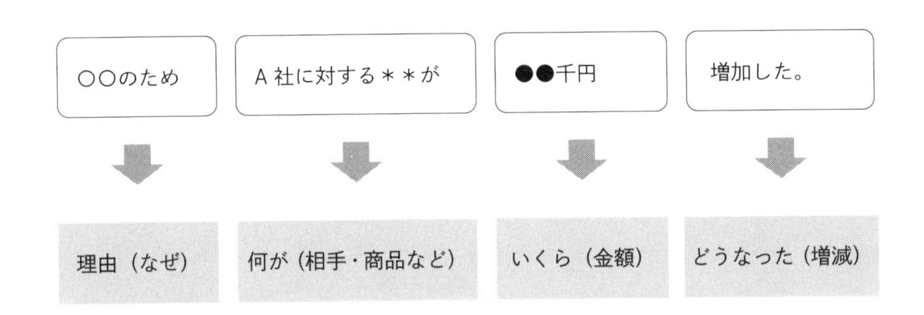

理由を書く際には，なぜなぜ問答で深掘りしていきます。例えば，当月の売上実績が売上予算よりも少なかった場合，その理由が「商品が売れなかったから」では深掘りが足りません。なぜ当月は商品が売れなかったのでしょうか？「想定よりも来客数が少なかった」「広告宣伝の結果が出なかった」「設定した販売額に問題があった」など，いくつかの仮説が立てられるはずです。それらの仮説を基に，さらに考察を深めましょう。前年同時期の来客数を調べて，毎年この時期は客足が伸びにくいと判明したならば，次年度以降の予算の組み方を見直すといった対処が必要になります。今年度だけの問題であれば，外的な要因も考えられるので，別の角度からの分析を進めましょう。なぜなぜ問答を使うと，数値の羅列で止まっていた予実分析が洗練され，自社専用の過去問題集が完成するはずです。

そして，予算管理の妙は１年後のキャッシュポジションを予算化することです。まずはPLの部門別予算と実績の比較から始めて，次にBS予算，CF予算の順に手をつけます。いきなりCF予算を立てるのが難しいと感じるのであれば，当面の間は資金計画実績表（直接法で作成したいわゆる，資金繰り表）と併用し，分析の練習をしてみましょう。

さらに，高橋さんからは，次のような質問がありました。

Q 予算の定義と構造について教えてください

A 一般的に，予算とは一定期間における企業の各業務分野の具体的な計画を貨幣的に表示し，総合編成したものを指します。

通常，予算は，損益予算・資金予算・資本予算の３つに区分され，これらを統合したものを総合予算と呼びます。決算書との関係で説明すると，損益予算がPL予算，資金予算がCF予算，資本予算がBS予算となります。

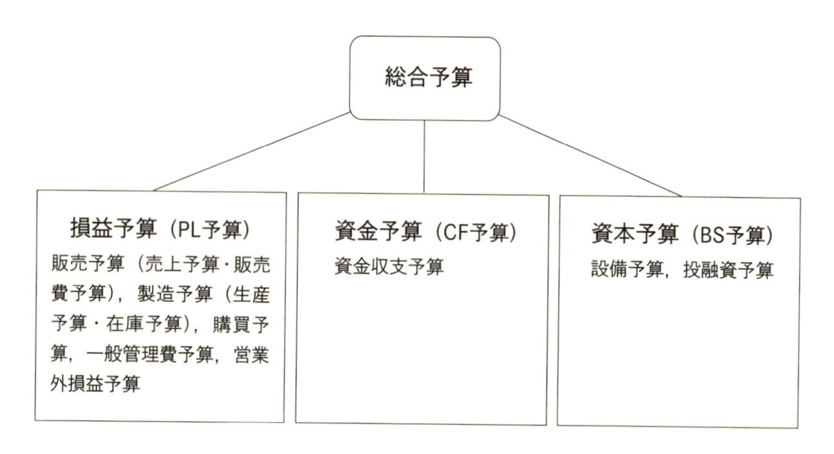

予算と事業計画との関係は，以下の図のとおりです。計画は予算及びその予算を達成するために取り組む方法や手順を含む概念です。

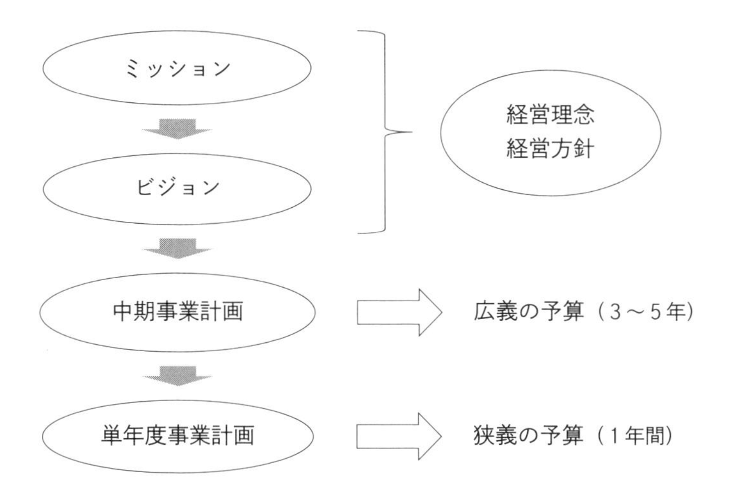

中期事業計画は，ミッション・ビジョンを達成するための具体的な計画であり，これを年度単位で作成したのが，単年度事業計画です。予算は，この中期事業計画と単年度事業計画に基づいて作成した財務三表（BS・PL・CF）の計画と，その計画達成に向けた各部門の数値計画です。

予算管理プロセスには，大きく分けて予算編成プロセスと予算統制プロセスがあります。前者は，予算編成方針の作成から予算確定までを指します。後者は，予算に基づいて期中の実績管理を行うことを指し，具体的には予算実績差異を分析し，分析結果に基づいて改善策を検討・実行します。

Q 予算編成プロセスとは何でしょうか？

A 予算編成プロセスは，通常，予算編成方針の策定・周知から始まり，各部門での予算案の作成，部門予算の妥当性と全体予算との整合性の検証，経営レベルの会議体での決議という流れで進みます。予算編成方針は，事業計画に基づく経営の方向性をメッセージとして打ち出すものであり，当期実績値の分析，来期計画や重点対応項目，具体的な数値目標等が含まれます。最終的な予算確定までには，各部門と経営レベルの会議体でのキャッチボールが繰り返され，2～4か月を要することが多いです。

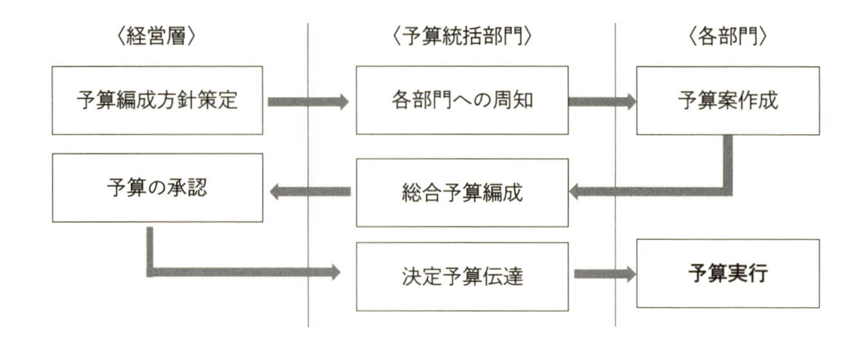

Q 予算統制プロセスとは何でしょうか？

A 予算統制プロセスは，PDCAサイクルに基づいて進められます。まず，予算と行動計画を作成（P）し，それに基づいて事業活動を実施（D）します。その後，予算と実績を比較（C）し，必要な改善を行い（A），その結果を来期の予算や行動計画に反映させます。

一般的には，月次で実績を収集し，予算との差異がある場合には改善策を策定・実行する「月次管理」を指します。このプロセスの中心となるのは，経営レベルでの会議体による予実差異分析の報告です。ただし，これらの会議は単なる報告の場にとどまらず，問題解決をサポートし，会社全体の動きと各部門の調整を図る重要な機会として活用されることが多いです。

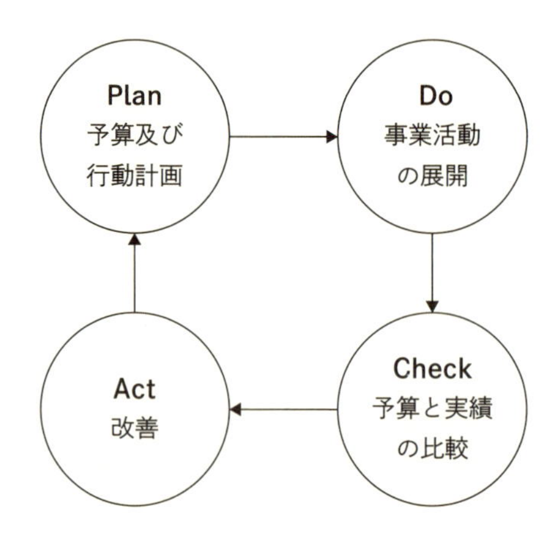

これらをふまえて，高橋さんは以下の選択をしました。

（高橋さんの選択）

✓高橋さんは，予算作成が義務的な作業となっていたのではないかと反省し，再度，内海さん・山田さん・南さんをはじめとする幹部メンバーに「予算は会社の意志であり，信じて，熱を込めることが重要である」と共有した。本当に実現したいことは何か，そこから逆算して今年１年でやるべきことは何か，そのために必要十分な予算とは何か，について再考してみた。

✓事業計画書に基づき，幹部メンバーと協議のうえ，第９期の予算を作成。売上と売上原価に関しては，教室事業は教室単位，講師派遣事業は派遣先単位，システム開発事業は案件単位，SES事業は派遣先単位の明細を作成した。

✓毎月の予実分析も，達成か否かという単純な結果だけにフォーカスしていたことを反省。今年は，結果の理由を深堀りすることで，当期の予算達成とともに，来期以降の予算精度の向上に活かしていくこととした。

5. 制度会計の整備・運用

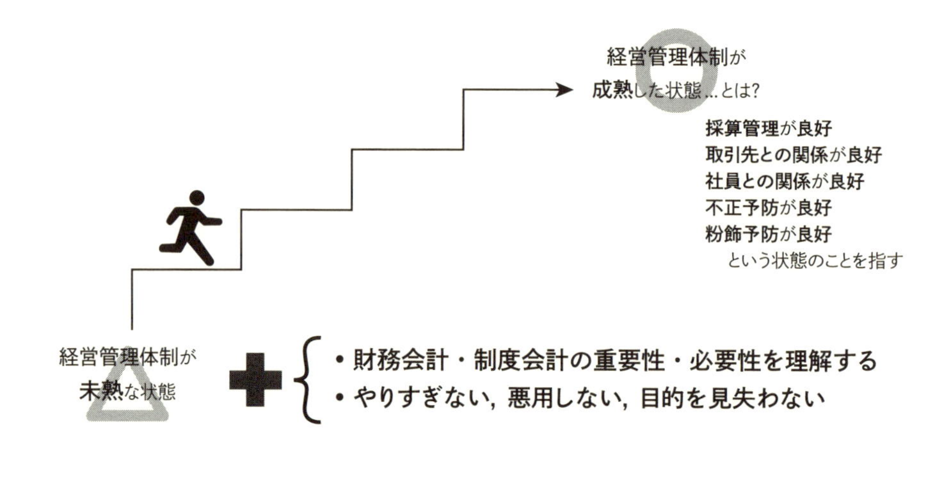

押さえておきたい基礎単語

● **財務会計**

管理会計と対比して使われる表現で，株主や金融機関といった外部に報告するための会計である。一方の管理会計は，経営に活かすために作成する社内向けの会計である。

● **制度会計**

財務会計のうち，法律・制度の枠組みの中で行われる会計のことを指す。日本では，会社法に基づく制度会計，金融商品取引法に基づく制度会計，法人税法に基づく制度会計の大きく3つに分類される。

\ STORY /

監査法人からのショートレビュー報告書で，教室事業における資産除去債務の計上と，システム開発事業での原価計算に間接費の配賦を含めるよう求められた。高橋さんは，これらが制度会計の導入に伴い求められることだと聞いてはいたものの，制度会計に対する理解が曖昧な状態だった。

「制度会計とは具体的に何をすればよいのか？」「経営管理上，どのように位置づけるべきなのか？」「教室事業の資産除去債務の計上や，システム開発事業の間接費配賦をいつまでに整理する必要があるのか？」といった疑問が次々と浮かび，何から手をつければよいかわからない状態だった。

制度会計導入にあたり，高橋さんは先輩経営者Jさんから話を聞きました。

Jさんは，イベント機材のレンタル事業を中心に，一部，イベント業務の受託サービスも展開しています。イベント業務の受託サービスは，イベントの開催期間によって，作業日数が短いものは2週間，長いものは6か月と異なるため，売上請求も，イベント終了時に一括請求するものから，毎月稼働見合いで請求するものまで，いくつかのパターンが混在していました。

株式上場準備の過程で，監査法人から売上計上基準の見直しを要請され，Jさんは社内での協議の結果，イベント業務の受託サービスに関しては，イベント終了時に売上計上する方法への統一を決めました。

その際に「イベントが1か月を超えるものは，作業人件費も原価計算を実施して，売上に対応させるべきではないか？」と監査法人から指摘を受けました。しかし，

• 人件費が毎月ほぼ定額である
• 売上に占める割合も少なく，重要性がない

という2点を理由に監査法人と調整して，原価計算は実施しないこととし

ました。

Ｊさんは，同じ事業について売上計上基準が複数混在することは経営管理上も望ましくないと考え，監査法人の要請を念頭に見直しを実行しました。同じく監査法人から要請を受けた原価計算の実施については，イベント業務の受託サービスはあくまでも機材レンタルの付帯サービスと考えており，関与する人員も限られていることから，その部門に関してだけイベントごとの稼働時間管理を実施することは不要と考えていました。そこで，外部専門家を交え，監査法人への説明シナリオを作成し，監査法人との協議を重ね，最終的に原価計算不要につき了解を得ることができました。

このことから，高橋さんは，監査法人からの要請を鵜呑みにすることは危険であると理解しました。

Ｊさんの事例から学ぶべき重要なポイントは２つです。

⑴　財務会計・制度会計の重要性・必要性を理解する

そもそも，財務会計の定義や制度会計の重要性・必要性を理解できていなければ，Ｊさんの事例のように制度会計を活用することは難しいです。今一度，確認していきましょう。

財務会計は，管理会計と対比して使われる表現で，株主や金融機関といった外部に報告するための会計です。一方の管理会計は，経営に活かすために作成する社内向けの会計です。財務会計のうち，法律・制度の枠組みの中で行われる会計を制度会計と表現します。日本では，「会社法に基づく制度会計」「金融商品取引法に基づく制度会計」「法人税法に基づく制度会計」の大きく３つに分類されます。

一般的に，公認会計士による財務諸表監査が義務づけられている会社や株式上場を目指している会社を除いて，「会社法」や「金融商品取引法」に基づく

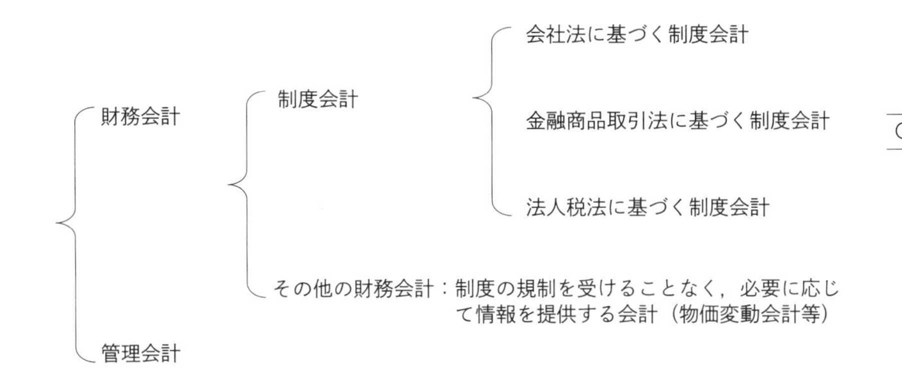

制度会計を実施している会社は少ないのが現状です。その理由は，多くの外部利害関係者（税務署や銀行など）が主に決算書を利用する場合，「法人税法」に基づく制度会計で十分対応できるからです。しかし，会社を成長させたり，株式上場を目指したりする場合には，「会社法」や「金融商品取引法」に基づく制度会計の導入が求められます。経営者としてもその概要を理解し，適切に対応することが重要です。

３つの制度会計の概要は以下のとおりです。

①　会社法に基づく制度会計

会社法は，1899年（明治32年）に制定された商法から，株式会社に関する部分が分離して誕生した法律です。この法律は，株主や債権者を保護することを目的としています。会社法に基づく制度会計では，配当可能利益の算定方法が規定されており，すべての会社に対して，営業上の財産および損益の状況を明らかにすることが求められています。具体的には，毎決算期に計算書類を作成し，会社の経営成績や財政状態を明確にすることが義務づけられています。

②　金融商品取引法に基づく制度会計

金融商品取引法は，投資家や将来の投資家となる可能性のある人々を保護することを目的とした法律です。この法律に基づく制度会計では，投資判断に必要な経営成績や財政状態を詳細に開示する方法が規定されています。

対象となるのは，上場企業や一定額以上の有価証券を発行・募集する株式会社などです。これらの企業は，会社法で求められる計算書類とは別に，「有価証券報告書」または「有価証券届出書」を作成し，内閣総理大臣に提出することが義務づけられています。

③ 法人税法に基づく制度会計

法人税法は，すべての収益事業を営む法人に対する課税を公平に行うことを目的とした法律です。この法律に基づく制度会計では，法人の課税所得を算定する方法が規定されています。

法人の課税所得は，会社法に基づく計算書類で確定した決算を基に，税法特有の調整を加えることで算出されます。

各法律の関係を理解することで，制度会計への理解が深まります。

まず，会社法と金融商品取引法の関係についてです。かつては商法と証券取引法の枠組みで制度会計が運用され，財務諸表（計算書類）に若干の相違がありました。しかし，現在では両制度に基づいて作成される財務諸表にほとんど違いがなく，最終的にはほぼ同じ財務情報が得られるようになっています。

次に，会社法と法人税法の違いについてです。会社法では，「株式会社の会計は，一般に公正妥当と認められる企業会計の慣行に従う」と規定されています（同法431条）。これは，企業会計原則や会計基準に基づくことを意味します。一方，法人税法では，「課税所得の計算は一般に公正妥当と認められる会計処理の基準に従う」と定められており（同法第22条第４項），一見すると会社法と同様のスタンスに見えます。しかし，実際には法人税法が認めていない会計処理も存在します。例えば，法人税法では賞与引当金，減損会計，資産除去債務の会計基準といった見積もりに基づく費用や損失計上を認めていません。このように，法人税法に基づく制度会計は，その目的の違いから会社法に基づく制度会計と相容れない部分があります。

Ⅲ 各法律の関係

	法人税法に基づく会計	会社法に基づく会計	金融商品取引法に基づく会計
目的	課税の公平性	株主及び債権者保護	投資家保護
特徴	税金計算	配当可能利益算定	投資判断に資する詳細な開示

相容れない部分あり　　ほぼ同じ情報

(2) やりすぎない，悪用しない，目的を見失わない

Ｊさんが自社における最適解を導き出すことができた理由の１つは，制度会計も経営管理上の１つの要素であり，会社経営の枠内で実施されることと理解できていたからです。監査法人からの見直し要請を鵜呑みにせずに，制度会計の重要性・必要性を理解しつつ自社ベースで捉えることができていました。ポイントは問題の本質を把握し，会社にとって，経営管理上どのように対応していくのがよいかを真摯に検討することです。監査法人のメンバーは，会社法・金融商品取引法の制度会計に精通するエキスパートである公認会計士ですが，会計の対象となっているのはあなたの会社であり，あなたの会社の取引です。会社のことを理解し，その取引を理解しているのは経営者をはじめとする会社のメンバーです。監査法人の意見を軽々と受け入れるのではなく，会社にとって，経営管理上どのように会計処理し，どのように開示していくのがよいかを検討しましょう。

最後に，念のため補足しておくと，監査法人の意見を軽々と受け入れないことと粉飾に手を染めることは全く異なります。粉飾は経営管理上も認められることではありません。

「会社法に基づく制度会計」「金融商品取引法に基づく制度会計」を導入するにあたり，一般的に課題となる事項は以下のとおりです。

■ 制度会計導入時の課題（例）

項目	一般的な課題
売上・売掛金・その他債権	売上計上基準の見直し 債権管理体制の確立
棚卸資産・売上原価	実在性の検証 原価計算制度の構築 棚卸資産評価基準の見直し
固定資産	固定資産の管理 減価償却費の計上見直し リース資産の計上見直し
仕入・買掛金・その他債務	仕入債務の計上タイミングの見直し 未払残業代の計上見直し
借入金・貸付金・（被）債務保証・金融商品等	関連当事者との関係見直し 有価証券等の時価評価
各種引当金	貸倒引当金の算定方法の見直し
法人税・税効果会計	税効果会計の導入 税金計算の内製化
純資産（資本政策含む）	ストックオプションの会計処理

（注）関連当事者については，P.223で解説しています。

さらに，高橋さんからは，次のような質問がありました。

Q 税効果会計について教えてください

A 「会社法に基づく制度会計」と「法人税法に基づく制度会計」の違いを調整し，税金費用を適切に期間配分する手続きが税効果会計です。簡単な設例でみていきましょう。

（設例）

- 法人税等の税率は40%とする。
- X２期に「会社法に基づく制度会計」において固定資産の減損損失500を計上しているが,「法人税法に基づく制度会計」では認められず,X３期に除却した際に同額を法人税法上の利益（課税所得）から減算している。
- 法人税等の税額計算は以下のとおりである。

〈法人税等の税額計算〉

	X１期	X２期	X３期
税引前当期損益	1,000	1,000	1,000
税務調整			
+）固定資産減損損失	0	500	▲500
課税所得	1,000	1,500	500
税率	40%	40%	40%
法人税等	400	600	200

上記設例にしたがって「税効果会計を適用しない損益計算書」を作成すると,以下のようになります。X１期～X３期まで税引前当期純利益は1,000であるにもかかわらず,税引後当期純利益は600，400，800とバラバラになっています。これでは「会社法に基づく制度会計」の当期純利益がこの会社の経営成績を適切に示しているとはいえません。

〈税効果会計を適用しない損益計算書〉

	X１期	X２期	X３期
税引前当期純利益	1,000	1,000	1,000
法人税等	400	600	200
税引後当期純利益	600	400	800

これに対し，上記設例について「税効果会計を適用した場合の損益計算書」

を作成すると以下のようになります。

税効果会計では，税金費用を適切に期間配分するため「法人税等調整額」と呼ばれる調整項目を使います。X２期において「会社法に基づく制度会計」では減損損失500を計上していますが，「法人税法に基づく制度会計」では500を課税所得に加算して500×40％＝200の税金を支払っています。この200の支払いは「会社法に基づく制度会計」では（X３期に除却した際に課税所得500を減算して税金が200少なくなるので）支払う税金の前払いに相当すると考えます。すなわち，X２期の税金費用を（前払いに振り替えて）200減らし，X３期に税金費用を前払いから振り替えて200増やします。

結果としてX１期～X３期までに発生した税金費用の合計1,200は，各期に（X１期400・X２期400・X３期400というように）適切に割り振られ，損益計算書は各期の業績をより適切に示すことになります。

〈税効果会計を適用した場合の損益計算書〉

		X１期		X２期		X３期
税引前当期純利益		1,000		1,000		1,000
法人税等	400		600		200	
法人税等調整額	0	400	▲200	400	200	400
税引後当期純利益		600		600		600

なお，税効果会計を適用すると，貸借対照表に「繰延税金資産」あるいは「繰延税金負債」が計上されることになります。繰延税金資産は，将来の法人税等の支払額を減額する効果を有し，一般的には法人税等の前払い額に相当するため，資産としての性格を有しています。また，繰延税金負債は，将来の法人税等の支払額を増額する効果を有し，法人税等の未払額に相当するため，負債としての性格を有しています。

税効果会計に関する具体的なルールは，「税効果会計に係る会計基準（企業会計審議会）」「税効果会計に係る会計基準の適用指針（企業会計基準委員会）」などに記載されています。

Q 資産除去債務について教えてください

A 資産除去債務とは，取得した有形固定資産を法令上の義務により将来除去する必要があるとき，将来発生する合理的に見積もり可能な費用のことです。「資産除去債務に関する会計基準（企業会計基準委員会）」では「有形固定資産の取得，建設，開発又は通常の使用によって生じ，当該有形固定資産の除去に関して法令又は契約で要求される法律上の義務及びそれに準ずるものをいう」と定義されています。

上記基準で定義されている有形固定資産には，建設仮勘定やリース資産，投資不動産も含まれます。有形固定資産の除去とは，具体例として売却，廃棄，リサイクルなどが挙げられます。

賃貸不動産における原状回復費用などをイメージしてもらうとよいでしょう。原状回復費用は，退去時に費用計上するのではなく，入居時に原状回復費用を見積もり，退去までの期間に按分して費用計上します。

資産除去債務は，原則的な処理に従うと，貸借対照表上，負債に表示するとともに，対応する固定資産を加算します。例えば，原状回復費用が200と見積もられた場合，その見積額を現在価値に直した金額が160とすると，160が資産除去債務（貸借対照表の負債科目）として計上され，対象となる固定資産（建物付属設備など）が160追加されます。

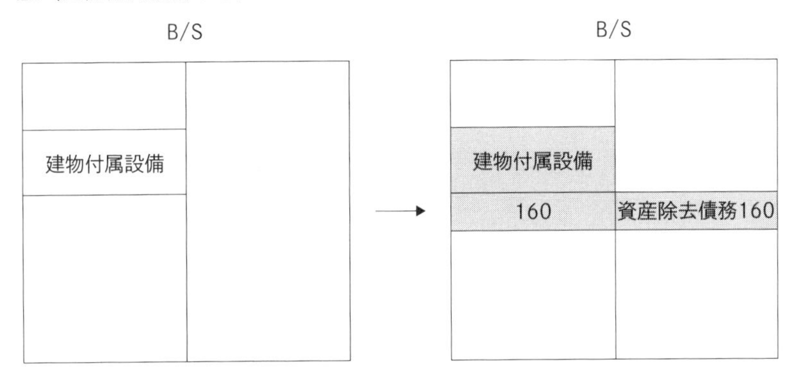

資産除去債務の会計処理に関する具体的なルールは，「資産除去債務に関する会計基準（企業会計基準委員会）」や「資産除去債務に関する会計基準の適用指針（企業会計基準委員会）」などに記載されています。

Q 減損会計について教えてください

A 減損会計とは，固定資産の収益性が低下し，その投資額を回収する見込みがなくなったときに，帳簿価額を一定の条件のもとで回収可能価額まで減額する会計上の手続きです。減損会計を行うことで，固定資産の実質的な価値が帳簿価額を大きく下回るという実態を財務諸表に反映することができ，適切な投資情報と信頼性のある財務諸表の提供につながります。

減損会計の対象となるのは，有形固定資産（土地・建物・機械等），無形固定資産（のれん・特許権・商標権・ソフトウェア等），投資その他の資産（長期前払費用等）です。しかし，他の基準（金融商品会計基準等）において減損会計に関する指針が定められている資産は，減損会計の対象から除外されます。

減損会計に関する具体的なルールは，「固定資産の減損に係る会計基準（企業会計審議会）」や「固定資産の減損に係る会計基準の適用指針（企業会計基準委員会）」などに記載されています。

Q リース資産の会計処理について教えてください

A リース取引は，一般的には以下のような種類に分類されます。

種類		概要
ファイナンスリース	所有権移転	• リース期間の中途において契約を解除できない • コストは借主がリース料として支払う（フルペイアウト） • 物件の所有権が借手に移転すると認められる
	所有権移転外	所有権移転ファイナンスリース以外のファイナンスリース取引
オペレーティングリース		ファイナンスリース取引以外のリース取引

リース取引の会計処理は，最近，大きな変更がありました。適用開始時期は原則として，2027年４月１日以後開始する事業年度の期首からとなります。

従来は，オペレーティングリース（借り手側の処理）は賃貸借処理とされていました。すなわち，リース料を支払う時に（リース料を）費用計上していく処理です。一方で,所有権移転ファイナンスリースはオンバランス処理(売買処理）とされていました。すなわち，自己資金で固定資産を購入した時と同様に処理する（BSに固定資産を計上し，減価償却していく）ことになります。

また，所有権移転外ファイナンスリースは，リース契約期間中のリース料が総額300万円以下の取引やリース期間が１年以内の取引に関しては賃貸借処理が認められていましたが，それ以外は，原則オンバランス処理（売買処理）とされていました。

新しい基準（現行の基準）では，オペレーティングリースを含めたすべてのリース取引が原則オンバランス処理（売買処理）となります。すなわち，リース契約時点での使用権資産とリース負債をBSに計上するとともに，リース料を支払うごとに減価償却費と支払利息を区別して費用処理することになります。さらにこの会計処理はリース契約期間の満了時まで続きます。なお、リース契約期間中のリース料が総額300万円以下の取引や、リース期間が１年以内の取引に関しては賃貸借処理が認めらます。

リース取引の会計処理に関する具体的なルールは，「リースに関する会計基準（企業会計基準委員会）」や「リースに関する会計基準の適用指針（企業会計基準委員会）」などに記載されています。

Q 制度会計上の原価計算は，経営管理に役立つのでしょうか？

A 参考となる事例をご紹介します。

日本のドラッカーと呼ばれ，多くの経営者が師事した一倉定氏の書籍『あなたの会社は原価計算で損をする』から引用します。ちょっと古い書籍ですが，本質は変わっていません。ちなみに，話は逸れますが，同氏の『一倉定の経営心得』は，経営者として事業を成長拡大させていくうえで一読の価値があります。

> 製品A・Bの２種類を主力として生産している会社が，製品整理を断行しました。２種類のうち収益性の低い方の生産を中止し，利益の大きい製品に集中しようという計画です。
> 単位当たり利益を比較するために，単位当たりの製造比例費・製造固定費・一般管理費販売費を計算しました。下図（表１）のとおり製品Aの単位当たり利益は９円，製品Bは４円のため，利益の大きかった製品Aのみの生産に切り替えました。しかし，完成した製品Aのみの新規損益計算書を確

認すると，利益が，以前の製品A・Bを生産していた頃の130円よりも低い30円に減少していました。この原因は，製造固定費を単位当たりで計算し，製品整理の意思決定に利用していた点でした。財務報告目的の観点からは全部原価計算の原則に従うことが求められていますが，製品整理の意思決定という観点からは，全部の原価ではなく製品A・Bの生産に直接かかわる原価（製造比例費）のみを集計し，判断することが望ましいです。

上記の事例からもわかるように，「財務報告のために必要な原価計算（制度会計上の原価計算）」と「経営意思決定に役立つ原価計算」は異なります。それぞれの目的の違いを理解し，適切に使い分けることが重要です。

（表１） X月 損益計算書

製品	売価 (円) a	製造 比例費 (円) b	製造 固定費 (円) c	一般管理費・ 販売費 (円) d	単位当たり 総原価 (円) e=b+c+d	単位当たり 利益 (円) f=a-e	生産販売 数量 (台) g	総利益 (円) h=e×g
A	100	70	14	7	91	9	10	90
B	160	120	24	12	156	4	10	40
計								130

（表２） 売上・原価・利益比例表

	A製品とB製品を10台 生産・販売した場合	A製品を20台 生産・販売した場合
売上の総額	2,600	2,000
	A=100円×10=1,000 B=160円×10=1,600	A=100円×20=2,000
製造比例費の総額	1,900	1,400
	A=70円×10=700 B=120円×10=1,200	A=70円×20=1,400
製造固定費の総額	380	380
	A=14円×10=140 B=24円×10=240	A=19円×20=380
一般管理費・販売費の総額	190	190
	A=７円×10=70 B=12円×10=120	A=9.5円×20=190
利益の総額	130	30
	A=９円×10=90 B=４円×10=40	A=1.5円×20=30

これらをふまえて，高橋さんは以下の選択をしました。

（高橋さんの選択）

✓制度会計の位置づけは，税金と同じように考えることとした。税金は法令に従い適時適切に対応することが大前提だが，一方で会社コストの大きな割合を占めるため，適切なタックスプランニングに基づきコントロールしていく。同様に，制度会計も法令に従い適時適切に対応するが，あくまでも会社の活動の一環として経営管理の枠組みの中でコントロールする。

✓制度会計導入にあたり，後に懸念点になりそうな項目についてあらかじめ監査法人と協議し，下記２点を共有した。

- 第７期の期末数値を基に試算した結果，教室事業の資産除去債務と対応する資産の計上額は約２億円であることが判明した。また，教室部門が赤字の場合，関連資産に減損損失を計上する必要があることを理解した。
- システム開発事業に関する間接費は，マネージャーなどの人件費とオフィス家賃のみとし，売上高の比率で配賦する方針で監査法人と合意した。

COLUMN

事業活動と商標について

Markstone知的財産事務所
代表弁理士　中村 祥二

商標とは，ブランドを示す目印のことです。有名ファッションブランドのような広く知られたブランドに限らず，会社名，店舗名，商品名，サービス名など，事業活動において，自社の商品やサービスと他社の商品やサービスとを区別・識別するために使用される目印のことをいいます。

企業が顧客に自社の商品やサービスを購入してもらうためには，競合の商品やサービスとは別のものとして認知してもらう必要があります。その際に役立つのが商標です。「あの目印が付いた商品を以前使って気に入ったから，同じ目印が付いた商品をまた買おう」と思うように，商標が特定の企業の商品やサービスと紐づけて使用されることで，顧客は，商標を通じてその商品やサービスを他社のものと区別して認識することができます。このように，商標は，どんな企業にも関連する，事業活動を円滑に進めるためのツールなのです。

そして，そのような商標を独占する権利が商標権で，その対象は次の表のとおりです。

Ⅲ　商標権の対象

文字	図形	記号	立体的形状	色彩
APPLE				
音	動き		ホログラム	位置
♩= 200 キレイ キレイ			PREMIUM GIFT CARD	

商標権は，国（特許庁）に申請して（専門的には「商標出願」といいます），審査に通過して初めて権利が発生します。

審査項目は多数あり，その１つに，他社がすでに権利を保有している商標と似ていないか，という項目があります。この審査項目を判断するうえで重要なのが，商標出願時に指定する商品やサービスとの関係です。

例えば，「ASAHI」の文字から構成される商標については，ビール，新聞，靴，自転車販売などの異なる分野でそれぞれ別の企業が商標権を保有しています。同じ文字から構成される商標でも，取り扱う商品やサービスの範囲が似ていなければ，通常はそれらの商品やサービスを提供している企業を間違えることはありません。そのため，同じ文字から構成される商標が，異なる商品やサービスの分野でそれぞれ別の企業に権利が認められているのです。

商標権の範囲（商標権を取得して他社の使用や商標登録を排除できる範囲）も同様です。

Ⅲ 商標権の権利範囲の考え方

		商品・サービス		
		同一	類似	非類似
商標	同一	独占使用が許される	他社排除が許される	効力及ばず
	類似	他社排除が許される	他社排除が許される	効力及ばず
	非類似	効力及ばず	効力及ばず	効力及ばず

そのため，商標権は，その権利で指定されている商品やサービスの範囲内での商標の独占権ということができます。その権利は非常に強く，他社が商標権を保有している商標を無断で使った場合には，「他社の商標権の存在を知らなかった」「真似する意図はなかった」「こっちが先に使い始めた」という状況であったとしても，商標権は及びます。

事業が軌道に乗って，地理的・金額的に規模が大きくなってくると，自社の商品やサービスが競合他社の目に触れる機会も増えます。そうすると，それまでは問題にならなかった商標権の問題が突如表面化することもあります。特に，上場を目指す場合には，自社で使用している商標について，商標権を取得していることや他社の商標権を侵害しないことの確認は必須となってきます。

商標権の手続きは，問題が起きた後では事後対応に時間がかかり，金銭的負担も大きくなります。早い段階で商標権を取得して，安心して自社の社名・店舗名，商品名，サービス名等を使えるように整備することも，安定した経営管理には必要です。

Chapter 2

内部統制強化

1. 主幹事証券会社ショートレビュー

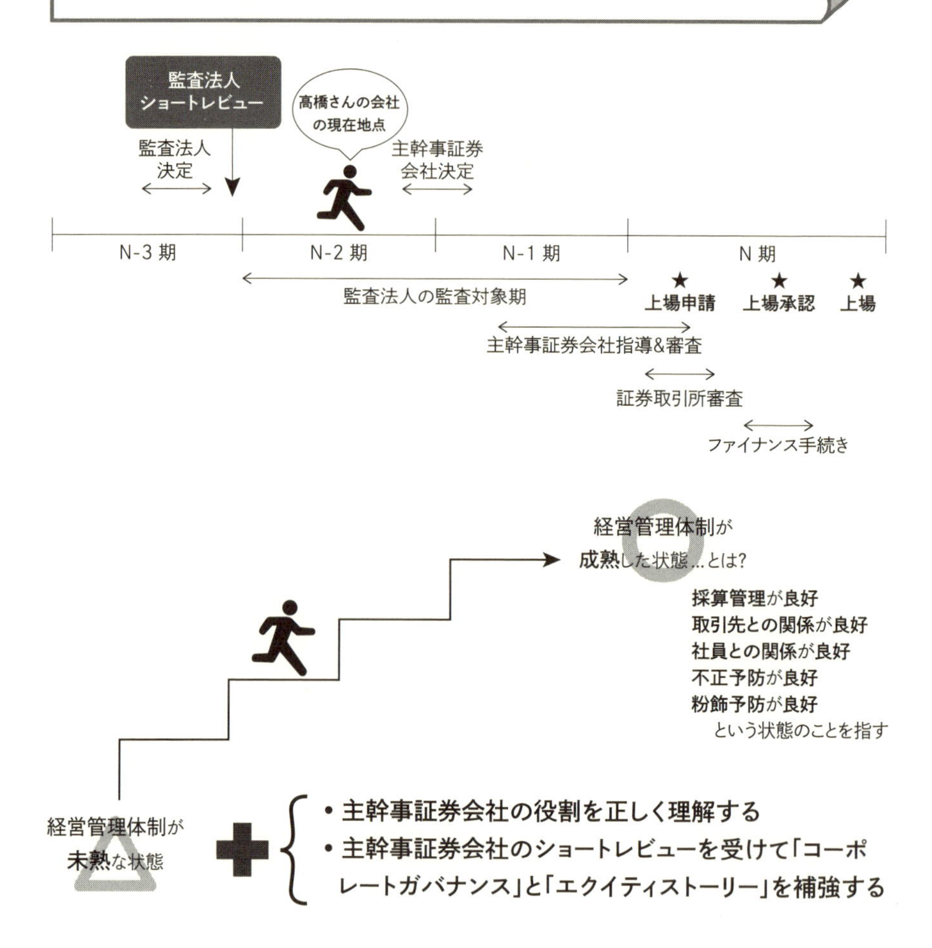

押さえておきたい基礎単語

● **コーポレートガバナンス**

健全な企業経営を行うために管理体制を構築し，企業内部を統治することを指し，会社が，株主をはじめ顧客・社員・地域社会等の立場をふまえたうえで，透明・公正かつ迅速・果断な意思決定を行うための仕組みである。

＼ STORY ／

高橋さんは，監査法人から「そろそろ主幹事証券会社を選定して，具体的な上場準備に着手してはどうか？」とアドバイスを受けた。しばらく監査法人とのキャッチボールを続け，相性も確認できた。

高橋さんの「さらなる成長に向け株式上場が武器になる」という予感と，「会社の成長ステージに合わせた経営管理体制を構築するうえでも株式上場を目指すことは有用」という思いは，確信に近づきつつある。そこで，主幹事証券会社の選定を決意した。

とはいえ，主幹事証券会社がどのようなものか，その内実は理解できていないため，監査法人などからヒントをもらって調べ始めた。そして，監査法人や知人からいくつかの証券会社を紹介してもらうこととした。

ビューティコンテスト（ビューコン）という，主幹事候補の証券会社から主幹事を決めるためのプレゼンテーションを聴いた。プレゼンテーションの内容は，業界と会社の課題，上場時のバリュエーション（会社評価），エクイティストーリー（投資家への成長戦略の説明）の３つを主軸としていた。特に，エクイティストーリーは，主幹事候補の証券会社が自社をどのように見ているかを知る貴重な機会となった。

高橋さんは，主幹事証券会社としてメガバンク系列のA証券会社を選定し，ショートレビューを受けることとした。

株式上場準備において，重要な役割を担う外部関係者として挙げられるのが，主幹事証券会社と監査法人です。両者の役割は，自動車免許の取得に例えると次のようになります。

自動車免許取得の場合，教習所で技能検定と学科検定を並行して勉強し，運転免許センターでの最終試験に合格して，免許取得となります。技能検定では，操作方法を理解し，適切に車を操作できるかどうかをチェックします。学科検定では，交通ルールや基礎的な法律知識の理解度をチェックします。

Ⅲ 監査法人と主幹事証券会社の関係

技能検定 → 運転免許センター最終試験
学科検定 → 運転免許センター最終試験

監査法人 → 証券取引所最終審査
主幹事証券会社 → 証券取引所最終審査

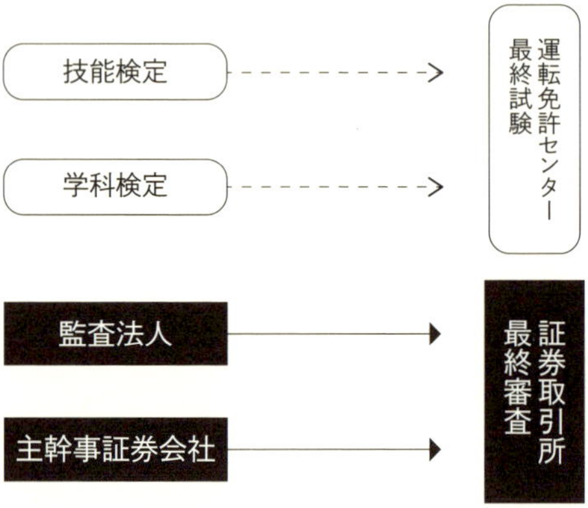

一方，株式上場審査では，監査法人による監査と主幹事証券会社による審査を並行で実施し，証券取引所で最終審査を受けます。監査法人による監査では，過去２年間の決算書が会計基準に従って適切に作成されているかどうか，その前提となる内部統制が機能しているかどうかをチェックします。主幹事証券会社による審査では，その会社の株式が上場株式として投資家に販売するに値するかどうかを審査します。

監査法人と主幹事証券会社との関係は理解できたでしょうか？

今度は，証券会社・幹事証券会社・主幹事証券会社の関係について説明します。証券会社とは，通常，金融商品取引法に規定される金融商品取引業者のうち，第一種金融商品取引業者として登録している会社を指し，有価証券（株式や債券など）の売買の取次ぎや引受けなどを行う専門会社です。次に幹事証券会社は，上場時に会社が自社の株式を一般投資家に販売する業務を引き受けてくれる証券会社です。もし（引き受けた株式が）売れなかった場合，幹事証券会社が責任を持ちます。そして，主幹事証券会社とは，幹事証券会社のまとめ役です。例えば，東証に上場する場合，会社は上場申請書類を東証に提出することになりますが，その申請手続き（申請にあたっての事前審査を含む）を指導してくれるのが主幹事証券会社です。主幹事以外の幹事証券会社は，株式を売ってはくれますが，上場前の手続きはすべて主幹事証券会社が担当することになります。

まさに，主幹事証券会社は幹事証券会社のまとめ役として，その責任を全うするために，その会社の株式が上場株式として投資家に販売するに値するかどうかをチェックし，不足しているところを指導してくれます。

このことから，主幹事証券会社のショートレビューを活用して，学ぶべき重要なポイントは２つです。

(1)　主幹事証券会社の役割を正しく理解する

上記のとおり，主幹事証券会社の役割は，企業の価値や魅力を投資家に伝えて株式を購入してもらうことです。株式を買う側の投資家とも，仲間内である社内メンバーとも違う第三者的な視点を持った同志といえるでしょう。

主幹事証券会社は，指導・審査の最初の段階において，監査法人と同様に，ショートレビューを実施します。この主幹事証券会社によるショートレビュー報告書は，監査法人のショートレビュー報告書と重複するところが多数あります。自動車免許取得の例えで説明したとおり，監査法人と主幹事証券会社は株式上場準備に向けて会社をチェックするという点で，近い立場にあるからです。

そして，両者の報告書が全く同じ主張であればよいのですが，微妙に異なることもあります。真面目な担当者の中には，監査法人・主幹事証券会社，そして監査役・社外取締役と関係者が増えるにしたがい，誰の意見を聞いてよいのか混乱してしまうケースが見受けられます。本当に自社に必要なアドバイスを選び抜くためには，まず主幹事証券会社の役割を正しく理解することが大切です。相手がどんな立場から，何の目的を持って，自分たちに意見を寄せてくれたのかを，今一度確認しましょう。

主幹事証券会社の主な役割は，以下のとおりです。

1．上場準備段階での資本政策や社内体制整備の指導
2．上場に際しての手続き，株式の募集・売出しなどを引き受けるための引受審査
3．上場時の株式の募集・売出しの引受け
4．上場後の証券市場での資金調達・IR活動の支援など

主幹事証券会社は，単に上場時の株式引受での主導的立場を果たすだけでなく，上場に向けての指導及び上場時の審査も実施します。また，株式上場全体のスケジュール管理や公開価格の決定などにおいても中心的な役割を担います。

主幹事証券会社によるショートレビューは，概ね

1．コーポレートガバナンス
2．内部管理体制整備
3．コンプライアンス
4．資本政策
5．ディスクロージャー（企業情報開示）
6．その他：反社，予算統制，従業員の状況など

について記載されます。各項目について，課題事項・対応策・改善スケジュールを細かく提案してくれる証券会社もあります。

監査法人のゴールは，上場申請書類に必要な2期間の金融商品取引法に準ずる監査に関する監査証明を付与することです。

一方，主幹事証券会社にとってのゴールは，投資家に株式を購入してもらうことです。そのためには，より多くの投資家に響くような会社の価値や魅力を引き出す必要があります。万一，株式が売れ残った場合は，自前で取得するというリスクを負っているからです。

上記のとおり，監査法人と主幹事証券会社のアドバイスの中には，両者で内容が食い違っているものもあります。役割や立場の違いなどもあり，仕方のない面もありますが，上場準備で忙しい担当者にとってはより一層の混乱を引き起こしかねません。そのような状況で重要となるのは，経営の意思です。さまざまな意見をしっかりと受け止めたうえで，上場準備にかけられる時間や人員，資金，理念，ビジョン，事業計画と照らし合わせて，納得感のある経営判断を心がけましょう。

上場後は，監査法人・主幹事証券会社・監査役・社外取締役に一般株主，アナリストなども加わり，もっと関係者が増えますので，徐々に慣れていきましょう。

監査法人による監査：決算は適切か?

主幹事証券会社による審査：この株式は，**投資家に販売する価値**があるか?

①健全な企業統治=**コーポレートガバナンス**
②投資家への企業価値の説明=**エクイティストーリー**

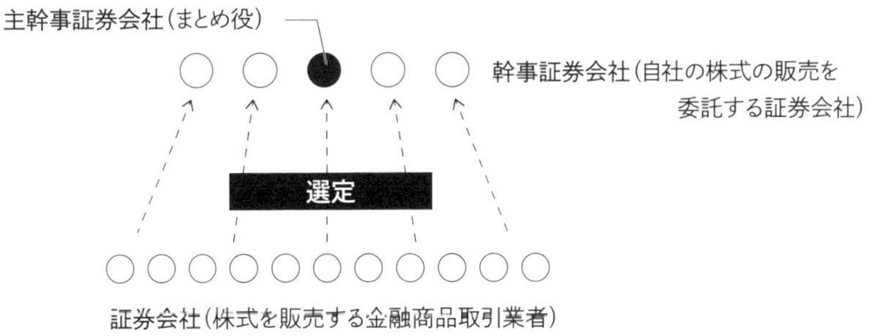

主幹事証券会社（まとめ役）

幹事証券会社（自社の株式の販売を委託する証券会社）

選定

証券会社（株式を販売する金融商品取引業者）

⑵ 主幹事証券会社のショートレビューを受けて「コーポレートガバナンス」と「エクイティストーリー」を補強する

主幹事証券会社の役割は，その会社の株式が上場株式として投資家に販売するに値するかどうかになりますので，コーポレートガバナンスとエクイティストーリーに主眼が置かれます。

コーポレートガバナンスは，健全な企業経営を行うために管理体制を構築し，企業内部を統治することを指します。また，エクイティストーリーは，公募増資などのエクイティファイナンスの成功に向けた投資家に対する説明を指します。

主幹事証券会社のアドバイスを活用して，コーポレートガバナンスとエクイティストーリーを強化していきましょう。

この時期にコーポレートガバナンスにおいて再考しておきたいのが，機関設計です。具体的には，監査役会設置会社，監査等委員会設置会社，指名委員会等設置会社のうち，どれを選択するかということを判断します。

３つの機関の主な違いは以下のとおりです。

Ⅲ 監査役会設置会社・指名委員会等設置会社・監査等委員会設置会社の違い

	監査役会設置会社 (監査役会)	指名委員会等設置会社 (監査委員会)	監査等委員会設置会社 (監査等委員会)
機関構成	【監督】取締役会 【監査】監査役会 【業務執行】取締役	【監督・監査】取締役会 (個々に以下を設置) 指名委員会 監査委員会 報酬委員会 【業務執行】執行役	【監督・監査】取締役会 (個々に以下を設置) 監査等委員会 【業務執行】取締役
監査機関の構成	監査役会 ３人以上の監査役 半数以上が社外監査役 (会社法335条３項)	監査委員会 ３人以上の取締役 過半数が社外取締役 (会社法400条３項)	監査等委員会 ３人以上の取締役 過半数が社外取締役 (会社法331条６項)

任期	監査役の任期は原則4年（会社法336条1項）。公開会社でない株式会社においては，定款によって，10年まで延長可能（同条2項）。	取締役の任期は1年（会社法332条6項）。定款でさらに短縮することはできるが伸長はできない。	取締役の任期は通常の取締役が1年で監査等委員である取締役は2年。監査等委員である取締役の任期は短縮も伸長もできない（会社法332条2項，4項）。
常勤者の要否	監査役会 常勤者必要 （会社法390条3項）	監査委員会 法律上必須ではない	監査等委員会 法律上必須ではない
監査役の要否／可否	監査役必要	監査役設置不可（会社法327条4項）	監査役設置不可（会社法327条4項）

（注）機関構成の変更は定款の変更となるため，株主総会の特別決議によらなければならない（会社法309条2項11号・466条）。

監査等委員会設置会社は，監査役会設置会社と指名委員会等設置会社のメリット・デメリットを考慮した折衷案的な位置づけになります。

Ⅲ 監査等委員会設置会社の（監査役会設置会社に比較した）メリット・デメリット

	監査等委員会設置会社
メリット	**① 監査機能の強化** 監査役は，取締役などから事業の報告を求めたり，取締役会の招集を請求できたりする。しかし，取締役会決議において議決権がないため，代表取締役や業務執行者の選定・解職には限界がある。 一方，監査等委員会設置会社における監査等委員は取締役であり，取締役会において議決権があるので，一般的に監査機能が強化されたといわれる。 **② 独立社外取締役の選任** コーポレートガバナンス・コードにある「少なくとも2名以上の独立社外取締役を選任すべき」という原則を満たすことが容易となる。 監査役会設置会社における独立社外監査役を，監査等委員会設置会社への移行に際して独立社外取締役として選任することで，独立社外取締役の選任要件を満たすことになる。

デメリット	① **コストの発生** 監査等委員会設置会社は監査役会設置会社の機関設計とは異なるため，監査手法，組織体制などに変更が生じる。この変更に伴い社内規程，テンプレート書類などの変更に時間とコストが発生する。 ② **監査の質を保てるか** 監査役会設置会社の監査役は監査が主な業務であるが，監査等委員は従来の監査に加えて，取締役の指名・報酬についても評価することになるので，監査等委員は（監査役に比べて）監査以外の負担が増える。そのため監査の質が保てなくなる可能性がある。 ③ **会計監査人が必要** 本来，大会社に該当しない未上場会社の場合，会計監査人を選任する必要はないが，監査等委員会設置会社に移行すると，会計監査人が必要となり，会社法監査を受けることになる。

Ⅲ　監査等委員会設置会社の（指名委員会等設置会社に比較した）メリット・デメリット

	監査等委員会設置会社
メリット	**導入しやすい** 監査等委員会設置会社は「指名委員会及び報酬委員会の設置や，委員となる取締役の確保，さらに取締役とは別に1人または2人以上の執行役の設置」が不要なので，指名委員会等設置会社よりも負担は小さく導入しやすい。
デメリット	**海外の投資家の信頼を得にくい** 海外の投資家からは指名委員会等設置会社に比べ透明性とガバナンス強化という点では劣るとみられる傾向がある。

以上を考慮して，東証グロース上場までの機関設計を早めに決定しましょう。なお，東証が求めるコーポレートガバナンス・コードへの対応は，Chapter 3の**5**「主幹事証券会社による中間審査」で取り扱います。

次に，エクイティストーリーの補強について説明します。エクイティストーリーとは，「会社の将来価値＝将来の株価」を決定する重要な要素です。これが多くの投資家に納得され，出資するメリットを感じさせるものであれば，期待値が高まり，結果として株価の上昇につながります。

その会社の株式が上場株式として投資家に販売するに値するかどうかという視点を持つ主幹事証券会社が提案する成長戦略は，非常に参考になります。第三者から見た自社の伸び代を知る良い機会です。主幹事証券会社のショートレビューを契機として，主幹事証券会社のアナリストとコミュニケーションを深めて，ヒントをもらいましょう。

例えば，株式発行による資金調達の手法として，近年注目されているのがグローバルオファリングです。これは，債券や株式などの有価証券を，国内市場だけでなく海外市場でも同時期に売出しや募集を行うことを指します。日本企業の場合，日本国内と同時に主に米国や欧州市場で売出しや募集が実施されます。

グローバルオファリングは，影響力の大きい海外機関投資家をターゲットにすることで，自社株式に対する需要の最大化が期待できる一方，英文財務諸表や英文目論見書の作成など，多額の追加コストがかかる点に注意が必要です。

また，日本では企業の知名度が投資額に影響する傾向がありますが，海外では企業の本質的な価値を基に投資額が決まるケースが多く見られます。こうした「知名度に左右されない投資家」が存在する点が，グローバルオファリングに注目が集まる理由といえます。

このような選択肢についても，主幹事証券会社とのコミュニケーションの中で検討してみるのもよいでしょう。

さらに，高橋さんからは，次のような質問がありました。

Q 証券審査以降のスケジュールイメージを教えてください

A 証券審査から上場に至るまでのスケジュールを今一度確認していきましょう。上場に至るまでの審査には，主幹事証券会社による引受審査と証券取引所による審査があります。一般に証券審査と呼ばれているものは，この２つを指しています。

●引受審査

主幹事証券会社が，日本証券業協会が定める「有価証券の引き受け等に関する規則」に基づき引受責任を果たすために，会社から収集した資料及び情報その他を基に，有価証券の引受けの可否を判断する審査で，概ね5 ～ 6か月かかります。引受責任とは，会社の株式を証券会社が取得して販売し，売れ残りは自ら買い取る責任のことを指します（案件によっては異なる条件が適用されることもある)。

引受審査は，時期や内容により上場適格性調査とファイナンス審査に分かれます。上場適格性調査は，主幹事証券会社が証券取引所への上場申請に必要な「上場適格性調査に関する報告書」を出すために，上場するのにふさわしい会社かを審査するものであり，ファイナンス審査は，上場前の公募または売出しを行うにあたって，資金使途の妥当性等を審査するものになります。

●証券取引所の審査

証券取引所が，上場審査基準に基づき，上場会社としての一定の品質基準（上場適格性）を満たしていることを判断する審査です。

証券取引所の審査は，グロース市場への新規上場の場合は約2か月の審査期間が前提となっており，上場承認後，約1か月のファイナンス期間を経て上場となります。

なお，証券取引所による審査は，具体的には下記の流れに沿って行われます。

1．質問・ヒアリング

取引所から申請書類に関する質問事項が提示されます。会社（新規上場申請者）は書面にて回答書を作成し，ヒアリングによる質問に対し口頭で説明することになります。繰り返されるヒアリングの回数は4回程度（1回半日～ 1日）です。

ヒアリングの期間は短いですが，非常に多くの質問事項が提示されるため，想定質問とそれに対する回答の作成，営業部門も含めた各部門との連携を強化する体制づくりが重要となります。また，取引所審査官には説得力のある口頭説明をしなければならないため，事前にリハーサルを行うなど，ヒアリング対策を講じることも効果的です。

2．実地調査

本社や工場といった現場の視察がなされ，事業実態の把握及び会計帳簿の管理状況の確認などが行われます。

3．代表者・監査役・独立役員・監査法人へのインタビュー

コーポレートガバナンス上，重要性の高いメンバー（経営者・監査役・独立役員・監査法人）に対してインタビューが実施されます。インタビューでは，各メンバーが組織内でどのような体制のもと，どのような役割を担っているか，また会社が直面している課題について質問されます。特に経営者には，企業グループ全体のビジョンやIR方針についても詳しく聞かれます。

4．証券取引所への社長説明会

証券取引所に対して，会社の沿革や事業内容，事業計画等の説明を実施します。

5．上場承認公表

上記プロセスを経て審査に通過すると，証券取引所が，株式の上場承認がなされた旨を公表します。

Q 株式公開価格決定までに経るプロセスについて教えてください

A 以下の図は，公開価格決定までの一般的な流れを示しています。

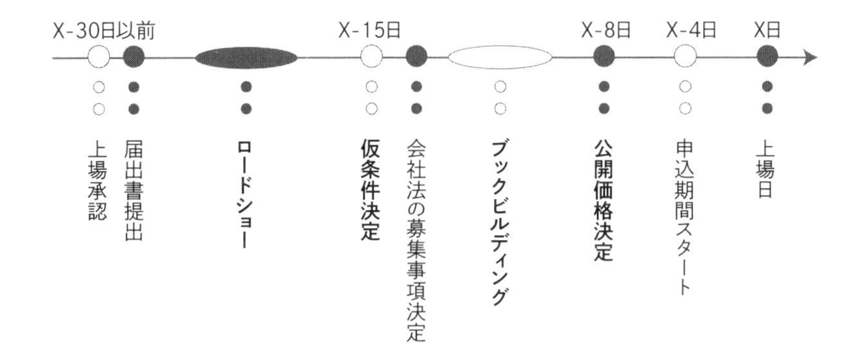

以前は，公募・売出し株式の一部を競争入札で決定していましたが，現在では公開価格の決定方法としてブックビルディング方式が一般的に採用されています。

●**ブックビルディング方式**

① 仮条件を決定する

新規上場申請者と主幹事証券会社は，申請者の財政状態，経営成績，事業内容などを類似性の高い会社と比較し，機関投資家の意見も参考に総合的に判断して仮条件を決定します。一般的には，上場している同業他社の株価収益率（PER）を参考にする「類似会社比準方式」が採用されます。事業内容が独特で類似会社が見当たらない場合には，「ディスカウンテッド・キャッシュ・フロー（DCF）方式」が用いられることもあります。算定式の詳細はP.70を参照してください。

② ブックビルディング

仮条件を投資家に提示し，投資家の需要状況を把握します。

③ 公開価格を決定する

ブックビルディングで得た需要状況に加え，上場日までの期間リスクや市場の需要見通しなどを考慮し，公開価格を最終決定します。

④ 申込期間スタート

公開価格の発表後，最終的な購入申込期間が標準的に4営業日程度設けられ，その後，上場日を迎えます。

●**ロードショー**

上場時のファイナンスに際し，発行条件に対する意見聴取を目的として，会社幹部が機関投資家を訪問し，事業内容や将来の展望を説明する活動。訪問先は，主幹事証券が投資家との関係性を基に選定する場合が多い。ロードショーは，投資家の関心を引き出し，資金調達を円滑に進めるための重要なプロセスといえる。

Q 社外取締役と独立役員の言葉の意味，違いについて教えてください

A

1．社外取締役

社外取締役は，「株式会社の取締役であり，過去または現在において，当該会社やその子会社の代表取締役・業務執行取締役・執行役・支配人・その他の使用人でない者」と定義されています（会社法2条15号）。主に経営全般の監督や，会社と経営者間の利益相反を防ぐ役割を担います。

2．独立役員

独立役員は，社外取締役または社外監査役のうち，一般株主と利益相反を生じる恐れがない者を指します。この基準は，東証の企業行動規範に基づいて定められており，会社法上の社外取締役よりも厳格な要件が課されています。

3．上場時の要件

東証では，上場にあたり，会社法上の社外取締役１名以上と，独立役員１名以上の確保が必要とされています（上場規程第437条の２，第436条の２）。独立役員の確保は，一般株主保護の観点から特に重視されています。

4．独立性基準

独立役員の基準は，次の条件を満たさない者とされています（例）。

- 会社の主要な取引先またはその業務執行者
- 多額の報酬を受け取るコンサルタントや専門家
- 近年，取引先や親会社の業務執行者だった者
- 上記に該当する者の近親者

これらの基準は，東証の「独立役員の確保に係る実務上の留意事項」（2024年４月改訂版）に詳述されています。

5．他の市場での対応

東証以外の地方証券取引所（名古屋，福岡，札幌）においても，同様の基準が採用されています。

Q 会計監査人の選任時期について教えてください

A 会計監査人とは，計算書類等の会計監査を行う機関であり，大会社または監査等委員会設置会社若しくは指名委員会等設置会社である場合は必ず選任しなければならないと規定され，公認会計士または監査法人のみが就任することができます（会社法327条，328条）。株主総会の決議によって，選任・解任され，任期は１年であり，株主総会の決議で別段の決議がなされない限り，原則として再任されます。

東証上場後は，機関構造にかかわらず，会計監査人の設置が義務づけられます。これは，東証の企業行動規範に基づき，取締役会，監査役会または委員会，会計監査人を設置することが「遵守すべき事項」として規定されているためです。上場会社には，透明性の確保や投資家保護を目的に，適切な企

業行動が求められます。企業行動規範は,「遵守すべき事項」と「望まれる事項」で構成されており,「遵守すべき事項」に違反した場合には公表措置等の実効性確保手段の対象となります。

会計監査人選任は実務的には,上場がほぼ決まった時に臨時株主総会を開いて,上場直前に(上場に際し金融商品取引法に準ずる監査を依頼している監査法人を)選任するケースが多いです。

それは,

- 上場の決定時期はギリギリまで予想できない
- 上場準備に忙しい中で,会計監査人にまで手が回りにくい
- 上場前に選任すると,監査報酬が上がりコストがかかる

という理由からです。

上場を検討している会社は,上場前後に慌てないために,選任時期(上場直前に選任するかどうかを含む)について早い段階から計画を立てておきましょう。

Q 監査役はどのような観点でいつまでに選任するのがよいでしょうか?

A 監査役の選任にあたり,必要な資質として以下の7項目が日本監査役協会の「監査役監査基準」第3条に示されています。

1. 独立性と公正性を保持し,信念に基づいて行動すること。
2. 監査品質向上に向けた自己研鑽を継続すること。
3. 会社の事業や財務,組織に関する知識を深め,積極的に意見を述べること。
4. 取締役や使用人との円滑な意思疎通を図り,情報収集と監査環境整備に努めること。
5. 監査意見を形成する際,事実確認を徹底し,必要に応じて外部専門家の意見を求めること。
6. 職務遂行中に知り得た情報の秘密保持を徹底すること。
7. 良質な企業統治体制の確立と運用に寄与すること。

証券審査以降のスケジュールイメージ(P.121～123)に記載のとおり,株式上場における証券取引所審査において,監査役は取引所との直接面談があります。これは,取引所が監査役の存在を重要視している証左です。有効

なコーポレートガバナンス体制を構築するうえで，監査役には，経営者の暴走を抑えるため経営者に忌憚なくものが言える勇気が求められます。

さらに経営者とともに企業価値向上を実現するために，経営者に対して指導・助言できる能力も求められます。

上記をふまえ，会社として，経営者として，適切なタイミングで適切な監査役を選任できるように早い段階から準備を進めておくことが望ましいです。

監査役は強い権限を有し，かつ任期も4年と長いので，拙速に選定を進めると就任後にトラブルとなり，企業価値向上の足かせになりかねません。

通常は，N-2期の定時株主総会までに，監査役会設置会社の場合には監査役会，指名委員会等設置会社の場合には監査委員会，監査等委員会設置会社の場合には監査等委員会の設置が求められます。

これらをふまえて，高橋さんは以下の選択をしました。

（高橋さんの選択）

✓ショートレビュー結果をふまえ，事業計画書の更新に着手した。

✓コーポレートガバナンスの初めの一歩として，監査役会設置会社に変更することとした。

✓現在の監査役は税務顧問の先生が兼任していたが，高橋さんが，監査役はコーポレートガバナンスの一翼を担う重要な機関であることを理解したため，専任の常勤監査役1名と非常勤監査役2名を新たに探すこととした。

✓また，独立社外取締役の選定も，直前々期（N-2期）の定時株主総会での選任を念頭に，アンテナを張ることとした。

2. 内部監査

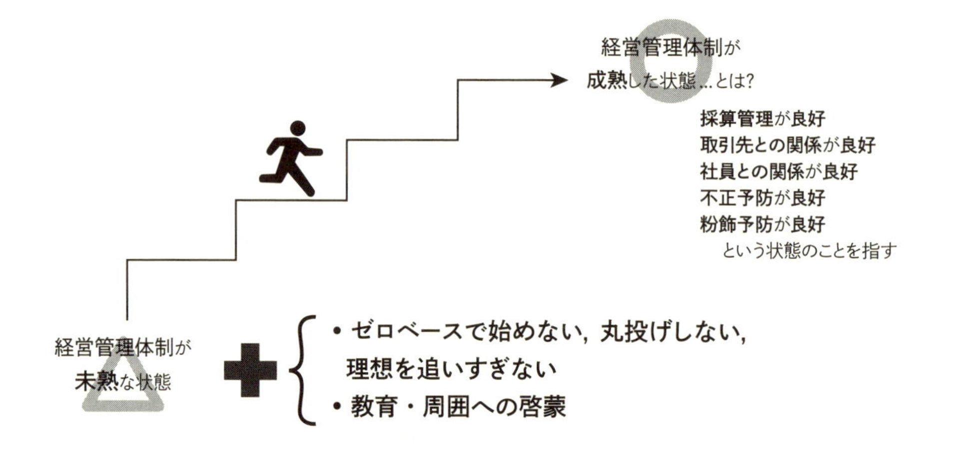

押さえておきたい基礎単語

● **内部監査**

組織の経営目標を効果的に達成するために，ガバナンス，リスクマネジメント，そしてコントロールに関連する活動を，公正かつ独立した立場から評価し，意見を述べる活動である。

内部監査人は，合法性や合理性の観点を重視し，内部監査人としての専門的な規律を守りながら，経営活動を客観的に検証する。その結果に基づき，経営改善のための助言や勧告を行う「アシュアランス業務」と，特定の経営活動を支援する「アドバイザリー業務」を含む。

● **J-SOX**

上場会社の財務報告における信頼性を確保するために導入された「内部統制報告制度」を指す。エンロン事件やワールドコム事件などの大規模な企業不祥事を受け，2002年にアメリカで制定された「サーベンス・オクスリー法（SOX法）」を参考にして作られたため，日本版SOX法あるいはJ-SOXとも呼ばれる。

STORY

主幹事証券会社から内部監査の実施を求められた。高橋さんは，前職で一度だけ内部監査室のヒアリングを受けた経験を思い出したが，具体的に何を質問されたかはすっかり忘れていた。ただ，当時は忙しい中で負担に感じたことだけが印象に残っている。

内部監査は本当に自社にとって必要なものなのだろうか。それとも，株式上場のために形式的に行えば十分なのだろうか。しかし，もし経営管理に役立つ機能であるならば，しっかりと活用すべきではないだろうか。そう考えた高橋さんは，内部監査についてさらに詳しい情報を集めることにした。

内部監査室の設置にあたり，高橋さんは先輩経営者Kさんがファンドを通じて投資しているＬ社の話を聞きました。

L社は，飲食店をチェーン展開する売上150億円規模の会社です。数年前に創業者が株式をファンドに譲渡したことから，現在はファンド主導で株式上場準備を進めています。この過程で内部監査室を設置しましたが，その理由は「株式上場に必要だから」という消極的なものでした。

そのため，担当者の選出基準も曖昧で，内部監査の資質を重視した選任ではなく，他部門で余剰となった乙さんが任命される形となりました。乙さんは簿記の知識も内部監査の経験もなく，ネットなどの情報を頼りに，見よう見まねで監査を行っている状況でした。

こうした状況に対し，主幹事証券会社から内部監査の重要性を指摘されました。これを受けてL社は外部専門家の協力を得て，内部監査の強化に取り組むことにしました。また，その専門家の助言により，上場申請期（N期）に必要となるJ-SOX対応をN-１期から先行して進めました。

その結果，早い段階で内部監査の改善に取り組んだことで，株式上場に向けた課題だけでなく，会社成長にとって重要な課題も明らかになり，大きな問題となる前に対処することができました。さらに，上場前からJ-SOX対応を進めていたため，上場後の初めての株主総会などの多忙なスケジュールの中でも，スムーズに内部統制報告書を提出することができました。

このことから，高橋さんは，内部監査室の活用イメージが膨らみました。

Ｌ社の事例から学ぶべき重要なポイントは２つです。

⑴　ゼロベースで始めない・丸投げしない・理想を追いすぎない

内部監査体制を作り上げるにあたっては，将来的な会社の成長も意識して，基本的に自社のリソースを活用することが望ましいです。しかし，日常業務に加えて上場準備に追われる中では，ゼロからスタートさせてしまうと時間も人員も足りません。そこで，ゼロベースで始めない・丸投げしない・理想を追いすぎない という３つを意識しましょう。

①　ゼロベースで始めない

Ｌ社の事例のように，内部監査のノウハウが社内にない場合は，外部専門家を活用することをお勧めします。内部監査に必要なツール（チェックリストや報告書・通知書等）をゼロから作ることは，上場経験者であっても多くの時間を要する作業です。外部専門家をうまく活用して，一般的に利用されているツールを共有してもらったり，内部監査強化のコツを学んだりしながら取り組みましょう。

内部監査の手順の一例は，以下のとおりです。

監査対象部門に対して「どの部門にも共通する監査事項」及び「当該部門の有するプロセスに特有の監査事項」に関する内部監査を実施します。

通常は，予備調査，ヒアリング，現地調査，関係文書や記録の閲覧・照合などを通じて監査を行います。必要に応じフォローアップ監査を実施します。

【手順】

1　内部監査計画の作成・承認

2　監査対象部署への内部監査の実施

①　内部監査実施通知書

②　内部監査のチェックリストによる内部監査の実施

③　実施した内部監査の個別報告書

④　実施した内部監査の個別改善報告書（※不備がある場合のみ）

3　内部監査結果報告（※フォローアップも含む）

4　一定期間を通じての総括的な報告（通常は，年１回）

② 丸投げしない

外部専門家に内部監査を丸ごと依頼するケースもあります。しかし，専門家が事業内容を理解するのに時間がかかったり，必要な書類を最終的には会社側が用意しなければならないことが多く，結果的に会社の負担が増えることがあります。また，社内に経験や知識が蓄積されないため，上場後に対応が難しくなるケースも少なくありません。

そのため，当初は外部専門家の協力を得ながら，徐々に社内で対応できる体制を整えることが望ましいです。まずは，最低限の内部監査チェックリストを用意することから始めてみましょう。監査対象となる全部門分を作成するため負担に感じるかもしれませんが，外部専門家にひな形を提供してもらい，内部監査を繰り返すごとに更新を重ね，自社に合ったチェックリストを完成させましょう。

内部監査チェックリストの一例は以下のとおりです。

視点	チェック項目	リスク度	手続	結論
法令の遵守状況	□ 関連法規について適切に遵守しているか。 ・会社法，民法，労働基準法，個人情報保護法等	中	□ 以下を質問により問題ないことを確認した。 ・関連法規について適切に遵守していることを確認した。	問題なし
規程の遵守状況	□ 下記規程が適切に運用されているか。 ・人事規程（就業規則，給与規程，人事評価規程等） ・各部門関連規程（文章管理規程，印鑑管理規程等）	中	□ 以下を質問により問題ないことを確認した。 ・規程について適切に遵守していることを確認した。	問題なし
労務管理の状況	□ 下記のような労務管理は適切になされているか。 ・労働時間管理 ・残業時間管理	中	□ 以下を質問及び閲覧により問題ないことを確認した。 ・タイムカードで打刻することにより労働時間を適切に管理し，残業時間も適切に計算されていることを確認した。	問題なし
業務の有効性	□ 業務効率の改善すべき点はないか。 ・業務効率の阻害要因の有無 ・業務効率を向上させるための活動の有無	中	□ 以下を質問により問題ないことを確認した。 ・より業務の効率性を高めたいという意識があることを確認した。	問題なし
セキュリティ管理	□ 下記項目が遵守されているか。 ・重要情報は，施錠管理されているか。 ・個人のデスクは施錠されているか。 ・PCはスクリーンセーバーやアクセスパスワードを設定しているか。	中	□ 以下を質問及び閲覧により問題ないことを確認した。 ・個人情報及び契約書の棚は施錠している。 ・個人デスクは施錠可能であり，適宜施錠している。 ・PCのアクセスパスワードを設定しており，かつクラウド上でPWを管理している。 ・PCはスクリーンセーバーを設定している。	問題なし
反社会的勢力への対応	□ 下記項目が遵守されているか。 ・反社会的勢力と取引をしない等の意識の有無 ・反社会的勢力と取引防止の施策の有無	中	□ 以下を質問により問題ないことを確認した。 ・反社会的勢力と取引をしないことなどを遵守している。	問題なし
その他	□ その他全般的な事項	—	特になし	問題なし

③ 理想を追いすぎない

上場準備で整えるべき，理想的な内部監査体制を目指すことは悪いことではありません。しかし，理想を追いすぎて，結局，何も実現できないことになっては元も子もありません。

ある社長は内部監査室の新設にあたり，外部専門家に頼らず社内で対応できるように，室長の選出基準を，内部監査経験があるだけではなく，J-SOXを理解し，海外子会社の全社統制もできる人という，その会社の当時の状況からするととても高いハードルを設定しました。それほどの人材は社内には居ないため外部から募集しましたが，採用できず時間だけを浪費しました。結局，内部監査は，既存メンバーを中心に，一部の内部監査業務を外部専門家にサポートしてもらうことになりました。

内部監査の重要性を理解し，社内で実効的な監査ができる体制を目指しつつ現状もふまえ，理想と現実の折り合いをつけていくという姿勢が重要になります。

(2) 教育・周囲への啓蒙

内部監査を適切に実行していくための２つ目のポイントは，内部監査の意義・必要性について理解を深め，そして，社内に周知・啓蒙していくことです。

内部監査は，一般社団法人日本内部監査協会による内部監査基準では，以下のように定義されています。

> 内部監査とは，組織体の経営目標の効果的な達成に役立つことを目的として，合法性と合理性の観点から公正かつ独立の立場で，ガバナンス・プロセス，リスク・マネジメントおよびコントロールに関連する経営諸活動の遂行状況を，内部監査人としての規律遵守の態度をもって評価し，これに基づいて客観的意見を述べ，助言・勧告を行うアシュアランス業務，および特定の経営諸活動の支援を行うアドバイザリー業務である。

内部監査は経営を左右する重要な役割を担います。しかし，会社によっては内部監査部門の重要性が十分に認識されていない場合もあり，上場が視野に入ってから慌てて設置する・有効に機能していない・幹部社員の不正が起きて初めて必要性を知るという会社も少なくありません。そのような会社の内部監査部門では，以下のような特徴がみられます。

• 資格要件を必須としない
• 業界に関する幅広い知識を持つゼネラリストが担当するケースが多い
• 問題点の指摘よりも，現場の状況や課題を経営層に伝えることを重視する
• 会社によっては，左遷部署となっていることもある

一方で，内部監査の重要性を理解し，適切に機能させている会社も多く存在します。内部監査を重視する会社では，以下のような傾向がみられます。

• CPA（公認会計士）などの資格要件を重視する
• 業界経験よりも，監査法人や外部専門機関での監査経験を重視する
• 監査人に対して客観的に問題点を指摘する役割を期待する
• 期待のホープや優秀な人が務めていることが多い

このような会社では，監査や会計の専門性を重視し，内部監査が積極的に活用される傾向があります。

上記をふまえ，社内に「内部監査部門＝左遷部署」という誤ったマイナスイメージが蔓延しているようであれば，経営者自らが内部監査の意義・必要性を周知・啓蒙していきましょう。各部門への内部監査ヒアリングが自社の経営に大きく関わる重要な業務であると正しく理解されることで，社内メンバーの内部監査への協力度が高まり，内部監査業務の効率化につながります。

また，内部監査部門を人材育成の場として活用しましょう。内部監査部門のメンバーは，内部監査を通じて，社内の業務遂行状況や管理体制を広い視点で把握する力を養うことができます。

例えば，

❶ **採算管理**：会社全体の損益からブレイクダウンして「数量×単価」に分解していくことで，全体感を保持しつつ，採算のボトルネックを俯瞰できるようになります。

❷ **取引先との良好な関係**：反社・与信フローの徹底といった形式面だけではなく，主要取引先との関係で抱えている課題などを適切にヒアリングすることで，主要取引先との良好な関係づくりのヒントを得られる可能性が

あります。

❸ **社員との良好な関係**：直属の上司には話しづらいが普段感じている社員の不満や要望を適切にヒアリングすることで，社員との良好な関係づくりのヒントを得られる可能性があります。

❹ **内部者による不正（内部統制）**：内部監査を経験することで，会社全体を俯瞰して，不正の可能性を未然に防ぐノウハウやスキルを身につけることが可能です。

❺ **経営者による粉飾（コーポレートガバナンス）**：経営者の直轄部署という内部監査人の立場から直接的な対応は難しいですが，決算開示体制の属人化を排除する仕組みづくりを後押しすることで，間接的に経営者による粉飾を予防できる面があります。

なお，初めて内部監査に取り組む場合，一般的なフォーマットに基づいて内部監査計画を策定するケースが多いですが，慣れてきたら株式上場を見据えての中期事業計画や予算の進捗チェック，特定内部監査項目（経営者の意向を受けて緊急度の高い課題を短期的に監査すること）を盛り込むなど，ステップアップを目指しましょう。

さらに，高橋さんからは，次のような質問がありました。

Q 内部統制システムの基本方針とは何でしょうか？

A 会社法では，法令及び定款への適合，業務の適正を確保するために，取締役会で内部統制システムの基本方針を決議するよう定められています。2006年5月に実施された会社法の改正により，資本金が5億円以上または負債の合計が200億円以上の大会社には，内部統制システムの構築が義務化されました。これは現在，会社法362条5項に規定されています。

内部統制システムの具体的な内容については，会社の種類に関係なく求められる5項目（会社法施行規則第100条）と，取締役会や監査等委員会設置の有無に応じた機関設計ごとに異なる追加項目に分けられます。

共通項目
1．当該株式会社の取締役の職務の執行に係る情報の保存及び管理に関する体制
2．当該株式会社の損失の危険の管理に関する規程その他の体制
3．当該株式会社の取締役の職務の執行が効率的に行われることを確保するための体制
4．当該株式会社の使用人の職務の執行が法令及び定款に適合することを確保するための体制
5．次に掲げる体制その他の当該株式会社並びにその親会社及び子会社から成る企業集団における業務の適正を確保するための体制
（イ）当該株式会社の子会社の取締役，執行役，業務を執行する社員，法第五百九十八条第一項の職務を行うべき者その他これらの者に相当する者（ハ及びニにおいて「取締役等」という。）の職務の執行に係る事項の当該株式会社への報告に関する体制
（ロ）当該株式会社の子会社の損失の危険の管理に関する規程その他の体制
（ハ）当該株式会社の子会社の取締役等の職務の執行が効率的に行われることを確保するための体制
（ニ）当該株式会社の子会社の取締役等及び使用人の職務の執行が法令及び定款に適合することを確保するための体制

この基本方針は，上場準備の一環として内部統制を整備する過程で重要な指針となりますので，大会社に該当しない場合でも制定することが望ましいです。コーポレートサイトに「内部統制システムの基本方針」を掲載している会社も多いので，他社事例などを参考に作成してみましょう。

Q J-SOXとは何でしょうか？

A J-SOXとは内部統制報告制度のことを指します。内部統制報告制度は，上場会社の開示に関わる不祥事やコンプライアンスの欠如等を背景として，2002年にアメリカで制定されたサーベンス・オクスリー法（SOX法）を参考として制定されたため，日本版SOX法あるいはJ-SOXとも呼ばれます。J-SOX

は金融商品取引法に規定されており，上場会社を対象に，財務報告に係る内部統制の評価と監査を義務づける制度です。

評価については，経営者が財務報告に係る内部統制を整備・運用する役割と責任を有しており，財務報告に係る内部統制の有効性を経営者が自ら評価し，その結果を内部統制報告書として開示することが求められます。

監査については，経営者による財務報告に係る内部統制の有効性（その評価結果が適正であるかどうか）を，会計監査人等が第三者として監査することにより担保する仕組みとなっており，当該監査結果は監査報告書にて開示されることとなります。

J-SOXは，上場後最初に到来する事業年度末から適用されることになりますが，監査については，新規上場を促すことを目的として，社会・経済的影響力の大きな新規上場会社（新規上場時の資本金が100億円以上または負債総額が1,000億円以上を想定）を除き，上場後３年間は内部統制報告書に係る監査証明が免除されています。

ただし，監査証明が免除されている会社であっても，経営者による内部統制の評価はすべての上場会社において求められますので，上場準備の段階から上場準備会社内で内部統制について整備を行うことになります。

そして，上場後最初に到来する事業年度末から３か月以内に，内部統制報告書を提出することが求められ，その後も毎事業年度末から３か月以内に提出が求められます（金融商品取引法第24条の４の４）。

この制度の詳細は，「財務報告に係る内部統制の評価及び監査の基準」および「実施基準」によって定められています。

なお，J-SOXにおいて外部に開示されるのは「内部統制報告書」のみです。参考として，内部統制の評価結果が「有効である」場合と「有効でない」場合の他社事例を抜粋して掲載します。

EDINET提出書類
株式会社ＭＳ－Ｊａｐａｎ(E32801)
内部統制報告書

1【財務報告に係る内部統制の基本的枠組みに関する事項】

当社代表取締役会長兼社長CEO有本隆浩は、当社の財務報告に係る内部統制の整備及び運用に責任を有しており、企業会計審議会の公表した「財務報告に係る内部統制の評価及び監査の基準並びに財務報告に係る内部統制の評価及び監査に関する実施基準の設定について（意見書）」に示されている内部統制の基本的枠組みに準拠して財務報告に係る内部統制を整備及び運用しております。

なお、内部統制は、内部統制の各基本的要素が有機的に結びつき、一体となって機能することで、その目的を合理的な範囲で達成しようとするものであります。このため、財務報告に係る内部統制により財務報告の虚偽の記載を完全には防止または発見することができない可能性があります。

2【評価の範囲、基準日及び評価手続に関する事項】

財務報告に係る内部統制の評価は、連結会計年度の末日である2023年３月31日を基準日として行われており、評価に当たっては、一般に公正妥当と認められる財務報告に係る内部統制の評価の基準に準拠しております。

本評価においては、連結ベースでの財務報告全体に重要な影響を及ぼす内部統制（全社的な内部統制）の評価を行った上で、その結果を踏まえて、評価対象とする業務プロセスを選定しております。当該業務プロセスの評価においては、選定された業務プロセスを分析した上で、財務報告の信頼性に重要な影響を及ぼす統制上の要点を識別し、当該統制上の要点について整備及び運用状況を評価することによって、内部統制の有効性に関する評価を行いました。

財務報告に係る内部統制の評価の範囲は、会社及び連結子会社について、財務報告の信頼性に及ぼす影響の重要性の観点から必要な範囲を決定しております。財務報告の信頼性に及ぼす影響の重要性は、金額的及び質的影響の重要性を考慮して決定しており、会社及び連結子会社１社を対象として行った全社的な内部統制の評価結果を踏まえ、業務プロセスに係る内部統制の評価範囲を合理的に決定しております。

業務プロセスに係る内部統制の評価範囲については、各事業拠点の連結売上高（連結会社間取引消去後）の金額が高い拠点から合算していき、連結売上高の概ね２／３に達している事業拠点を「重要な事業拠点」といたしました。選定した重要な事業拠点においては、企業の事業目的に大きく関わる勘定科目として、売上高及び売掛金の業務プロセスを評価の対象としました。さらに、重要な虚偽記載の発生の可能性が高く、見積りや予測を伴う重要な勘定科目に係る業務プロセス等を、財務報告への影響を勘案して重要性の大きい業務プロセスとして評価対象に追加しております。

3【評価結果に関する事項】

上記の評価の結果、当連結会計年度末日時点において、当社の財務報告に係る内部統制は有効であると判断しました。

4【付記事項】

付記すべき事項はありません。

5【特記事項】

特記すべき事項はありません。

1 【財務報告に係る内部統制の基本的枠組みに関する事項】

代表取締役社長三宅卓は、当社の財務報告に係る内部統制の整備及び運用に責任を有しており、企業会計審議会の公表した「財務報告に係る内部統制の評価及び監査の基準並びに財務報告に係る内部統制の評価及び監査に関する実施基準の設定について（意見書）」に示されている内部統制の基本的な枠組みに準拠して財務報告に係る内部統制を整備及び運用しています。

なお、内部統制は、内部統制の各基本的要素が有機的に結びつき、一体となって機能することで、その目的を合理的な範囲で達成しようとするものであります。このため、財務報告に係る内部統制により財務報告の虚偽の記載を完全には防止又は発見することができない可能性があります。

2 【評価の範囲、基準日及び評価手続に関する事項】

財務報告に係る内部統制の評価は、当事業年度の末日である2022年３月31日を基準日として行われており、評価に当たっては、一般に公正妥当と認められる財務報告に係る内部統制の評価の基準に準拠しました。本評価においては、連結ベースでの財務報告全体に重要な影響を及ぼす内部統制（全社的な内部統制）の評価を行った上で、その結果を踏まえて、評価対象とする業務プロセスを選定しています。当該業務プロセスの評価においては、選定された業務プロセスを分析した上で、財務報告の信頼性に重要な影響を及ぼす統制上の要点を識別し、当該統制上の要点について整備及び運用状況を評価することによって、内部統制の有効性に関する評価を行いました。

財務報告に係る内部統制の評価の範囲は、当社及び連結子会社について、財務報告の信頼性に及ぼす影響の重要性の観点から必要な範囲を決定しました。財務報告の信頼性に及ぼす影響の重要性は、金額的及び質的影響の重要性を考慮して決定しており、対象として選定された当社及び連結子会社である株式会社日本M＆Aセンターを対象として行った全社的な内部統制の評価結果を踏まえ、業務プロセスに係る内部統制の評価範囲を合理的に決定しました。なお、その他の連結子会社９社については、金額的及び質的重要性の観点から僅少であると判断し、全社的な内部統制の評価範囲に含めておりません。業務プロセスに係る内部統制の評価範囲については、事業拠点の前連結会計年度の売上高の金額が高い拠点から合算していき、前連結会計年度の連結売上高の概ね２／３に達している事業拠点を「重要な事業拠点」としました。選定した重要な事業拠点においては、企業の事業目的に大きく関わる勘定科目として売上高及び売掛金に係る業務プロセスを評価の対象としました。

3 【評価結果に関する事項】

下記に記載した財務報告に係る内部統制の不備は、財務報告に重要な影響を及ぼすものであり、開示すべき重要な不備に該当すると判断いたしました。従って、当事業年度末日時点において、当社グループの財務報告に係る内部統制は有効でないと判断いたしました。

記

当社は、当社取締役からの情報提供に基づき、管理担当取締役が調査を行ったところ、不適切な売上報告に基づく売上の早期計上が行われている可能性を認識したため、その事実の解明及び原因の究明を行うべく2021年12月20日開催の取締役会において、外部専門家を含む調査委員による調査を開始することを決定しました。

調査委員会からの調査報告書によると、2019年３月期第１四半期から2022年３月期第２四半期までの間に売掛金計上の対象となったM＆A取引の一部について、M＆A取引における買い手と売り手の間で締結される株式譲渡契約書等の最終契約書の写し等の署名押印欄を不正操作することによって、署名押印が実際には完了していないにもかかわらず、完了したとの外観を作出し、社内売上報告が行われていたことが判明しました。当社は、当該社内売上報告に基づいて財務会計上の売上を計上しているため、結果として対象期間における売上及び対応する売上原価が早期計上されており、不適切な会計処理が行われていたことを認識しました。

当社は、報告内容を検討した結果、早期計上された売上及び売上原価について、当初計上されていた期間での計上を取消し、実際に売上計上の要件を充足したと考えられる期間に再計上すること及び経常利益の変動に伴い変動する役員の業績連動報酬について修正することが適切であると判断しました。そこで、各期の財務諸表等への影響を検討した上で、2021年３月期の有価証券報告書及び2021年３月期の第１四半期から2022年３月期の第２四半期までの各四半期報告書について決算訂正を行い、2022年２月14日に訂正報告書を提出しました。

調査委員会により認定された不適切な会計処理が生じた原因として、営業部の従業員が四半期業績達成に対して強いコミットメントを求められることにより心理的プレッシャーを受けていたこと、上級管理職へのコンプライアンス教育及び財務的観点での内部統制に関する教育が不十分であったことによる規範意識の低下があったこと、多くの従業員が不適切な売上報告を認識していたにもかかわらず通報制度が機能しなかったこと、内部監査やコンプライアン

Q J-SOXと会社法が定める内部統制の違いは？

A 財務報告に係る内部統制の評価及び監査の基準によると，内部統制とは，下図のとおり，４つの目的を達成するために遂行される６つの基本的要素から構成されるプロセスと定義されています。

J-SOXでは内部統制の４つの目的すべてを達成することは求められてはおらず，２番目の財務報告の信頼性を確保することが求められています。

一方，会社法が定める内部統制は，株主から経営を委ねられた取締役が健全な会社経営のために果たすべき善管注意義務・忠実義務がベースとなっています。すなわち，会社として，内部統制の４つの目的（業務活動・財務報告・法令遵守・資産保全）のすべてを達成することを想定しています。ただし，J-SOXとは異なり，内部統制の構築に関し，細かい部分は規程はなく，会社の裁量に委ねられています。

そもそも内部統制とは？

【４つの目的と基本構造（構成要素）】

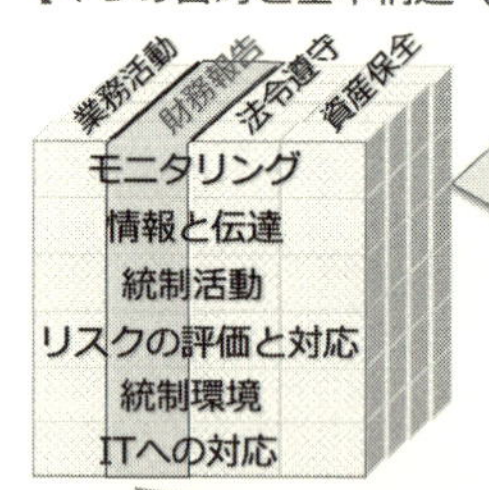

【内部統制の構成要素（6つ）】
① モニタリング：有効性を評価・チェックする仕組み
② 情報と伝達　：必要な情報が適切に伝達する仕組み
③ 統制活動　　：承認やダブルチェックなどの仕組み
④ リスク評価　：リスクの識別・分析・評価の仕組み
⑤ 統制環境　　：組織風土など、基盤となる仕組み
⑥ ITへの対応　：IT安全性やセキュリティ確保の仕組み

【内部統制の4つの目的】
① 業務活動・・・事業活動の目的の達成のため、業務の有効性及び効率性を高めること
② 財務報告・・・**財務諸表及び財務諸表に重要な影響を及ぼす可能性のある情報の信頼性を確保すること＝　J-SOX制度！**
③ 法令遵守・・・事業活動に関わる法令その他の規範の遵守を促進すること
④ 資産保全・・・資産の取得、使用及び処分が正当な手続及び承認の下に行われるよう資産の保全を図ること

Q J-SOX評価の流れと作成する資料について教えてください

A J-SOX評価の流れは以下のとおりです。

■J-SOX計画を作成

- 評価対象の識別，重要性の設定等

■J-SOX評価実施

- 全社統制の評価
- 業務プロセスの評価
- IT統制の評価
- 決算財務プロセスの評価
- ロールフォワードテスト（評価実施日以降，期末日までの期間の有効性確認手続き）

■不備への対応実施

- 発見された不備へ対応，改善を実施

■J-SOX結果報告を作成

- 内部統制の有効性の評価結果を報告

また，J-SOXで作成する主な資料は以下のとおりです。なお，金融商品取引法に基づき提出が義務づけられているのは「内部統制報告書」のみです。

区分	主な作成資料
①J-SOX計画/結果報告	実施計画書 内部統制報告書
②全社統制	全社統制RCM
③決算財務プロセス	決算財務プロセスRCM
④IT統制	IT統制RCM
⑤業務プロセス（販売・購買・その他）	フローチャート，業務記述書 業務プロセスRCM，運用テスト資料

Q 内部監査部門は，J-SOX対応にどのように関与するのがよいでしょうか？

A J-SOX対応の主な責任者は経営者（CEO・CFO）であり，実務の主担当は財務・経理部門や内部統制推進部門となります。

したがって，内部監査部門は，J-SOX対応の「独立した評価者」としての役割を果たすのが望ましいです。すなわち，J-SOX対応を全面的に担当するのではなく，経営者の内部統制評価を支援し，適切なモニタリングを行うことが重要です。

内部監査部門は，①「設計段階」②「運用段階」③「評価段階」のそれぞれで以下のように関与するのが適切でしょう。

① 内部統制の設計段階（J-SOX対応の初期）

役割：内部統制の構築・設計を支援し，リスク管理の観点から助言を行う。

- 内部統制のフレームワーク（全社統制・業務プロセス統制・IT統制）に関するガイダンスを提供する。
- 財務報告に係る重要なリスクを特定し，内部統制の設計が適切かどうかをアドバイスする。
- 内部統制推進部門が主導するプロジェクトに対し，監査の視点からレビューを行う。

② 内部統制の運用段階（J-SOX対応の実施期間）

役割：内部統制の運用状況をモニタリングし，独立した視点から評価を行う。

- 内部監査部門は，J-SOXの運用テストの一部をモニタリングする立場として関与するのが望ましい。
- 経営者評価の前に，財務報告に関連する内部統制が適切に運用されているかを内部監査の立場からレビューする。特に，全社的な内部統制やIT統制，決算・財務プロセスの監査を通じて，J-SOX対応の妥当性を評価する。
- 内部監査として独自にサンプル調査を行い，販売・購買等の業務プロセスにおける統制手続が適切に運用されているか確認する。

③ 内部統制の評価段階（J-SOX監査・内部統制報告書の提出時）

役割：経営者の内部統制評価をサポートし，会計監査人のJ-SOX監査を補完する。

- 内部監査部門は，経営者評価の事前検証を行い，内部統制に重大な欠陥がないかを確認する。

- 会計監査人（監査法人）によるJ-SOX監査の過程で，監査法人と協議し，内部監査の結果を活用することで監査負担を軽減できる。
- 経営者が提出する「内部統制報告書」に対し，内部監査の観点から客観的なレビューを実施する。

以上です。

内部監査人の中には，J-SOX対応は手順が難しい・わかりにくいと敬遠する声も多く聞かれます。しかし，上場準備が本格的に始まってから焦って手を付けるよりも，いつかは着手することであれば早めに着手してJ-SOX対応に慣れておこうと考えてみましょう。

内部監査とJ-SOXは目的が異なりますが，作業面では重複する部分がたくさんあります。被監査部門の負担等を考慮し，可能な限り内部監査の時に並行してJ-SOX対応も実施することをお勧めします。

以下に，J-SOX対応との重複を意識した「内部監査日程」のサンプルを記載しますので，参考にご覧ください。

内部監査日程

内部監査の監査日程は以下のとおりです。

【監査日程】 ○：個別監査　●：フォローアップ監査

期間 監査対象	4月	5月	6月	7月	8月	9月	10月	11月	12月	1月	2月	3月
①　管理本部（総務部）（全社的な内部統制+共通監査項目）			○		●							
②　管理本部（経理部）（決算・財務報告プロセス+共通監査項目）		○	○		●							
③　管理本部（営業管理部）（販売・購買プロセス+共通監査項目）					○	○	○	●				
④　管理本部（人事部）（人事・労務プロセス+共通監査項目）									○	●		

⑤　情報システム部 （IT統制+共通監査項目）											○	●
⑥　営業部 （販売プロセス+共通監査項目）						○	●					
⑦　購買部 （購買プロセス+共通監査項目）							○	●				
⑧　〇〇本部 （〇〇プロセス+共通監査項目）									○	●		

以上

Q　三様監査について教えてください

A　会社に関する監査には「会計監査人監査」「監査役監査」「内部監査」の3つの監査があり，これらを総称して「三様監査」といいます。大まかな区分は下表のとおりです。なお，下表において会計監査人監査は（金融商品取引法監査ではなく）会社法監査を，監査役監査は監査役会設置会社を想定しています。

	会計監査人監査	監査役監査	内部監査
法的位置づけ	会社法に規定 （会社法396条）	会社法に規定 （会社法381条）	法律上の規定なし
目的	決算書等（計算書類及びその附属明細書，臨時計算書類並びに連結計算書類）が適正に作成されているかどうかについて意見を表明し，株主・債権者の利益を保護すること	取締役の職務執行に違法性がないかどうかをチェックすること	組織体の経営目標の効果的な達成に役立つこと
主体	公認会計士又は監査法人	監査役	内部監査人（会社の社員等）

選任・解任	株主総会（事前に監査役会の決定を要する）	株主総会（選任は，事前に監査役会の同意を要する）	取締役会あるいは社長（職務権限規程による）
監査対象の中心	計算書類及びその附属明細書，臨時計算書類並びに連結計算書類	取締役の職務執行	社員の業務執行
頻度	事業年度ごと	事業年度ごと	個別監査ごとに報告するとともに，年１回総括報告することが多い。
報告書類	監査報告書	監査報告書	監査報告書
報告先	株主	株主	社長
その他	監査人が企業の内部統制の有効性を調査し，評価し，そのうえで監査手続の範囲を決定し，監査の有効性並びに効率性を目指すというアプローチを採用している。	もう１つの役割として，会計監査人監査レビューがある。監査役会として会計監査人監査が適切に行われているかを確認する。	内部監査は会社の実態に合わせた柔軟な設計が求められる。

３つの監査は目的が異なりますが，それぞれ会社にとって重要な役割を担っています。そして，その監査対象は会社（の資料または職務・業務等）のため，境界線を明確に引き難く，監査対象の一部が重なることがあるため，三者（公認会計士または監査法人・監査役・内部監査人）の連携が求められます。三者の定期的なコミュニケーションによって，監査の重複を未然に防ぎ，有効かつ効率的な監査につなげることができます。定期的な協議の場の設定や現地監査の同行などを通じて，連携を深めていきましょう。

内部監査と監査役監査：内部監査は，監査業務を行う過程で経営者や取締役等に関する問題を発見しても，指摘することは難しい立場にあります。そこで，監査役を通じて経営者や取締役等に対し指摘してもらうという連携が考えられます。逆に，監査役は会社内部の事情（組織，人間関係，キーマン等）に詳しいという内部監査部門の特徴を利用しましょう。監査の方法も，内部監査部門が網羅的なチェックリストを利用している場合には，監査役監査では，内部監査部門の監査を活用しつつ，取締役の不祥事や前年の監査で指摘した事項の改善状況等，重点を絞った監査を行うという棲み分けも，有効かつ効率的な監査につながります。

内部監査と会計監査人監査：内部監査部門の持つ社内情報網と会計監査人が持つ会計監査の最新情報を利用し合いましょう。会計監査で指摘された課題を内部監査項目として深掘りすることで，会社にとってより有益な監査になります。

これらをふまえて，高橋さんは以下の選択をしました。

（高橋さんの選択）

✓内部監査が経営管理上，有用な機能であることを理解した高橋さんは，さっそく内部監査チーム組成に着手した。

✓重要な情報を取り扱うことから，内部監査チームのトップには，社歴も長く，真摯に仕事に向き合うタイプの塩田さんを任命した。その配下には，将来の幹部候補として，新卒で入社し５年目を迎えた大海さんを配置した。

✓塩田さんも大海さんも内部監査の経験はないため，内部監査代行サービスを提供している外部の専門家にサポートをお願いし，内部監査計画や内部監査チェックリストのひな形を入手して準備を始めた。

✓並行して，J-SOX計画の立案にも着手した。現場へのヒアリングなどは，可能な限り内部監査に合わせて実施できるように配慮する予定である。

✓内部監査計画やJ-SOX計画は，三様監査を念頭に置いて監査役や監査法人とも連携していくことを想定している。

3. 販売プロセス

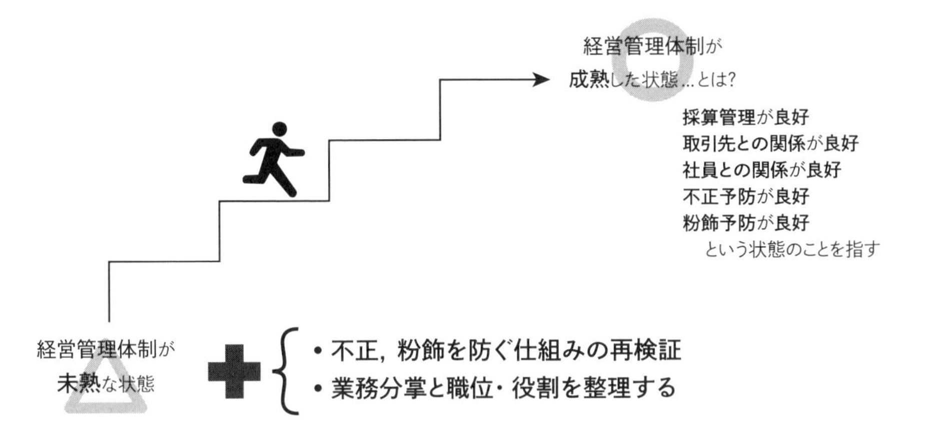

押さえておきたい基礎単語

● 販売プロセス

販売に関わる一連の業務プロセスを指す。一般的には，新規取引先登録，見積書提出，受注，出荷，返品，請求，入金などの業務がある。

● J-SOXの３点セット

J-SOXにおいて業務プロセスの整備の際に作成することになる「業務フロー図」「業務記述書」「RCM」の３つを指す。業務フロー図は業務の流れをフローチャート形式で記載した書類であり，業務記述書は業務の内容を記述した書類となる。また，RCMはリスクコントロールマトリックスの略で，業務プロセスにおける不正やミスといった業務リスクと，そのリスクに対応するコントロール（内部統制手続）を一覧にしたものである。

● 内部統制におけるウォークスルー

評価対象となる業務プロセスの取引から，１つをサンプルとして抽出し，サンプル取引の始まりから終わりまで，一連の業務の流れを確認し，整備状況の有効性を評価することである。

\ STORY /

監査法人のショートレビューで指摘を受けていた課題の中で，販売プロセスの見直しは，高橋さんが経営管理上も早期に着手したいと感じていたものの1つである。販売プロセスの見直しには，高橋さんや管理本部のメンバーだけではなく，全社的な協力が必要となる。そのため先送りにしてきたが，いよいよ着手することとした。

具体的には，グループで横断的に活用できる販売管理システムを導入することとした。まずは，施設向け講師派遣事業から着手し，教室事業，そして他の事業部へ展開することを想定。ただし，コストもかかり，メンバーの時間のやりくりも求められるので，メリハリをつけて取り組むことが求められる。どのように進めることが，効率的・効果的なのか。高橋さんは頭を悩ませた。

販売プロセスの見直しに着手するにあたり，高橋さんは先輩経営者Mさんに話を聞きました。

オフィスや店舗の内装工事を展開しているMさんは，売上規模が20億円を超えた頃に，株式上場を目指し，準備を始めました。その過程で，販売プロセスの見直しに取り組むため，J-SOXに詳しいコンサル会社に依頼し，いわゆる3点セット（業務フロー図・業務記述書・RCM）を作成してもらいましたが，現場の反発もあり，販売プロセスの見直しは頓挫しました。「毎年売上が伸びるにつれて，業務が増え，恒常的に人員不足が続いている中で，管理部門のために手続きが増えることに納得できない」というのが現場の意見でした。

管理部門側も「株式上場に必要だから」「コンサル会社から言われたから」という物言いだったので，両者間の話し合いはうまくいきませんでした。

このことから，高橋さんは，現場を無視した「販売プロセスの見直し」は危険であると理解しました。

Mさんの事例から学ぶべき重要なポイントは２つです。

(1) 不正・粉飾を防ぐ仕組みの再検証

販売プロセスで最低限押さえるべき点は「反社・与信チェック」「見積書提出前の承認（値引き承認などを含む）」「売上計上の根拠」「入金チェック」の４つです。

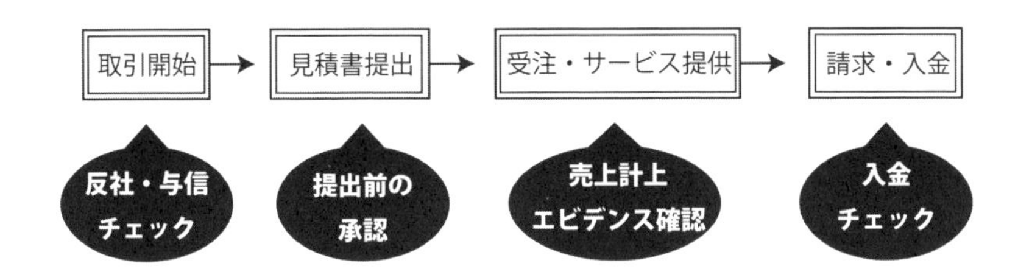

① 反社・与信チェック

会社が取引を開始する前に，その取引先が「反社会的勢力との関係がないか」「支払能力に問題がないか」をチェックすることをいいます。取引成立の直前段階で反社・与信チェックを行ってしまうと，取引中止の判断になった際に，それまでの事前交渉が無駄になります。取引相手にも迷惑をかけることになりますので，なるべく早い段階で当該チェックを行うことが望ましいです。ただ，不動産仲介会社などで，１日に何十組も来るお客様に対して毎回与信チェックを実施するのは非常に不効率なので，内見に進む段階で反社・与信チェックを行うなど，現場メンバーとの協議のうえで落としどころを見つけるように工夫しましょう。

② 見積書提出前の承認

見積書提出を担当者任せにしてしまうと，会社が把握していない過度な値引きや不利な条件での取引が起きかねません。請求書発行段階で気づいても取引条件の見直しは難しいことが多いです。

一方で，ビジネスモデルによっては，すべての見積書を事前にチェックすることが現実的ではない事業や，そもそも見積書を全件出すことが現実的ではない事業もあります。どのようなリスクがあるかを検討し，そのリスクの大きさを勘案して，どのように統制するか，現場メンバーとの協議のうえで落としどころを見つけるように工夫しましょう。例えば，案件の重要性に応じ(重要性が高い案件は課長 - 部長 - 社長，重要性が低い案件は直属上司のみというように)承認者の役職と人数を加減するのも一案です。

③ 売上計上の根拠

売上の架空計上や過大計上などを抑止するためにも重要な統制です。売上請求書や関連資料の作成，報告，承認などのルールを厳格に定めて運用しましょう。例えば，商品発送は，営業以外の別の部署が担当することで，営業担当者が申請した売上に偽りがないか確認が取れる仕組みなども有効でしょう。ほかにも，納品書送付に対する返信メールをお客様からもらうことで，売上計上を確認するのも一案です。この仕組みによって，現場ではお客様から「注文した商品と違う個数・色が届いた」といったクレームメールを早期に把握でき，迅速な対応に役立てることもできます。説明の仕方によっては，現場の理解を得やすい方法でしょう。

④ 入金チェック

入金が未了となるケースには，顧客が代金を支払わない場合だけでなく，何らかのトラブルや不正が関与している可能性も考えられます。こうしたリスクを予防する観点から，現金や手形，小切手などの利用は可能な限り限定することをお勧めします。これらの方法を減らすことで，不正のリスクを軽減できるだけでなく，管理部門にとっても入金管理が簡単になり，業務の効率化につながります。

上記の４つの最低限押さえるべき点に沿って，事前に販売サイクルのフローチャートのひな形を用意しておくとよいでしょう。重要事項の抜け漏れを防ぐことができます。フローチャートの具体例は以下のとおりです。

【販売プロセス】
1.与信・反社チェック管理及びマスター管理

クライアント	株式会社□□□						業務記述
	事業本部（業務推進部）	事業本部（営業部）	管理本部（法務・総務部）	管理本部（財務・経理部）	管理本部長	システム	
			規程の整備 与信管理規程等				①法務・総務部にて，与信管理業務について，与信管理規程・反社会的勢力排除に関する規程を整備する。
		客付					②商談や営業の結果，新たなクライアントの話が進んできたら，信用調査を法務・総務部へ依頼する。
			信用調査 R1　C1-1 反社・与信				③総務・法務部担当者が，新規得意先に対し，反社・与信チェックシートをもとに，信用調査（C１-１）を行う。 【反社チェック実施要領】 日経テレコン及びグーグルにて下記ポイントをチェック １．会社の過去の記事検索（関連会社を含む。可能な場合は，取引先も） ２．役員の過去の記事検索（可能な場合は，株主も） ３．２チャンネル，フェイスブック等のチェック ※R１：反社会的な会社や架空の会社や財政状態の悪く回収懸念のある会社と取引をして損失を被ぶるリスク
取引開設依頼書 記入・送付	回収・回付 取引開設依頼書	取引開設依頼書送付		取引開設依頼書 登録 照 R1-2 C1-2	与信限度額の承認 承 R1-3 C1-3	システム	④営業部担当者は，本登録のための取引開設依頼書を手配して，財務・経理部担当者に送付する。 ⑤財務・経理部担当者（入力とは別の担当者）は，取引開設依頼書と業務システム（×××）のマスター登録画面（入力内容）を照合（C１-２)する。 ⑥管理本部長は，当該取引開設依頼書を確認後，与信管理規程に従い新規取引先及び与信限度額を承認（C１-３）する。 ※R１-２：マスターファイルに入力を誤るリスク ※R１-３：取引先に対して，不適切な与信額を設定及び不適切な取引先と取引をしてしまうリスク

						システム R1-3 C1-3-2	⑦当該設定された与信限度額は業務システム（×××）の得意先マスターに反映され，与信限度額を超える受注がシステム上制限（C 1 - 3 - 2）される。 ※R 1 - 3 ：取引先に対して，不適切な与信額を設定及び不適切な取引先と取引をしてしまうリスク
変更事項発生		変更の依頼 取引口座登録申請書	内容確認・登録 取引口座登録申請書			システム	⑧マスターファイルの変更・更新にあたっては，営業部担当者が，取引口座登録申請書にて申請し，財務・経理部担当者がマスター変更登録を行う。
				取引口座登録申請書 承 R1-4 C1-4 R1-5 C1-5			⑨当該マスター変更に関して，管理本部長が承認する（C 1 - 4）。 ⑩財務・経理部担当者（入力とは別の担当者）は，取引口座登録申請書と業務システム（×××）のマスター登録画面（入力内容）を照合（C 1 - 5）する。 ※R 1 - 4 ：マスター変更が不正登録されるリスク R 1 - 5 ：マスター変更の入力を誤るリスク

【記号の説明】

記号	説明
（長方形）	【作業】 業務上行われる作業を表す記号
照	【照合】 照合を表す記号
承	【承認】 承認を表す記号
R	【リスク】 リスクを表す記号
→	【フローの流れ】 フローの流れを表す記号

記号	説明
（書類の記号）	【書類】 書類を表す記号
（システムデータの記号）	【システムデータ】 システムデータを表す記号
（システムの記号）	【システム】 システムを表す記号
C	【コントロール】 コントロールを表す記号
成	【成果物】 成果物を表す記号

- 販売プロセスを「与信･反社チェック管理及びマスター管理」「受注」「納品･売上計上」「請求・回収・債権管理」の4つのサブプロセスに分ける。上図は「与信・反社チェック管理及びマスター管理」の例である。
- 販売プロセスに関わる主体を整理する。
  例）クライアント・事業本部（業務推進部，営業部）・管理本部（財務・経理部，法務・総務部）・システム
- 主体ごとに，その時期に実施すべき作業や承認事項を整理する。

事前にこのようなひな形だけでも作成しておけば，ゼロから販売プロセスを再構築する手間もなく，管理部門と現場ともに効率的です。しかし，あまり型に嵌め込む意識が強いと逆効果になりかねません。会社でやったことがないルールを持ち出して，急に義務化するとMさんの事例のような反発が起きやすくなります。重要なのは，自社の現場で実際に運用されていながらも明確にルール化されていない統制を引き出すことです。現場で無意識に，あるいは公式のルールではなく実施している統制を公式のルールとして採用していくのが，現場の負担を最小限にとどめ，かつ運用を定着化させるために有効です。

さらに潜在的な課題（リスク）があるのであれば，この段階で把握し，改善に着手することが望ましいです。販売プロセスに関して，少し幅広に経営管理上の課題（リスク）を洗い出す意識を持って取り組みましょう。

洗い出しに際しての経営管理上のポイントは，いつもの5つの視点です。

❶ 採算管理

「見積書提出前の承認」のポイントチェックに加えて，自社の販売価格が適正であるか，事務負担を軽減し業務効率を向上させる余地がないかどうか等についても，今一度見直す機会として活用しましょう。

❷ 取引先との良好な関係

販売プロセスの見直しを通じて，取引先との健全な関係構築という視点を持つことも有用です。営業担当者が事務作業に忙殺され，取引先への訪問に支障が出ているようなケースや，取引先との関係が特定のメンバーに偏重していて取引先の情報が共有されていないケースなどは要注意です。業務分掌や手続きを見直してみてもよいかもしれません。

❸ 社員との良好な関係

販売プロセス全般を通じて，人事トラブルの温床になる事象がないかを再確認しましょう。「Aさんしかできない業務が存在する」などの属人的な業務の排除や，特定のメンバーへの過度な業務集中などを見直すことで，パワハラや過重労働を未然に防ぐことにつなげましょう。

❹ 内部者による不正（内部統制）

販売プロセスの見直しを通じて，営業チームの幹部クラスの動きを再度チェックしてみることも重要です。少しでも怪しい兆候があれば突っ込んで確認し，できれば未然に不正の温床を解消しましょう。

❺ 経営者による粉飾（コーポレートガバナンス）

営業成績に対する過度なプレッシャーなどを背景として，経営者の意向を忖度して，チーム部署が一体となって売上の不正計上に走り出すケースも考えられます。「いくらプレッシャーを受けても安易な不正に手を染めない」「もしそのような動きがあれば勇気をもって公表する」というような風土・教育を心がけましょう。また，１つの取引に複数人が関与するような仕組みを用意することで，１人や２人の気の迷いで粉飾に発展しないように統制していくことも有用です。

そして，ある程度「新業務フロー」が固まったところで，ウォークスルーで一連の証憑を揃えてみましょう。そして，新しく作成する証憑もサンプルとして用意して，実施可能かどうかを改めて検証してみます。

業務フロー図のひな形は，将来のJ-SOX対応を見据えて，J-SOXの要請に準拠して作成しておくと効率的です。

また，業務フロー図の作成にあたっては，細かな業務手順のマニュアル化ではなく，どこにリスクがあるかを把握し，統制することに注力しましょう。

さらに，運用にあたっては，最初から全員が完璧にルールを守ることはないものと腹をくくり，粘り強く「ペンキを塗るように，何度も何度も」を心がけましょう。

(2) 業務分掌と職位・役割を整理する

もう1つのポイントは，業務分掌と職位・役割を整理することです。

プロセス上の課題を整理するにあたり，誰（どのような職位・役割の人）が対応するかも重要です。まずは，現状の組織図をベースに課題を洗い出しましょう。

Ⅲ 組織図

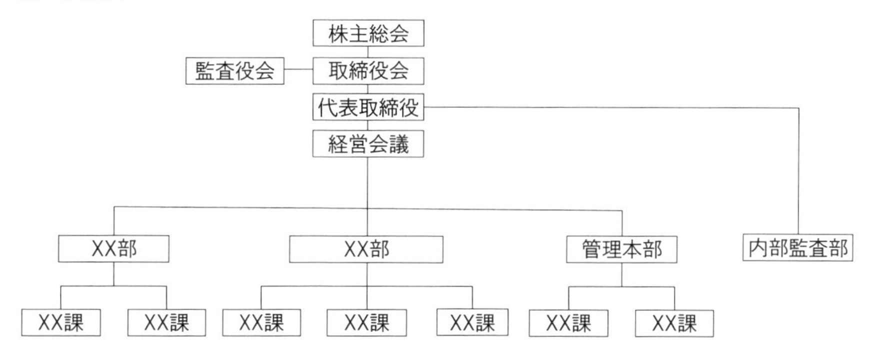

組織図は，会社の統制環境を示す重要なツールであり，役員や社員がどのような体制で職務を遂行しているかを一目で把握することができます。指揮命令系統が明確になることで，権限の適切な配分が可能となり，メンバー同士の相

互理解やコミュニケーションの活性化にもつながります。

課題の洗い出しにあたり，以下の事項に留意しましょう。

① 複数の部門責任者の兼任は極力減らす

あまりに兼任が多いと，今後の事業継続や事業拡大にも支障となる可能性があります。十分な人員確保・人員配置を念頭に，兼任は極力減らし，組織力を高めましょう。ただし，成長著しい会社では人材不足も許容範囲内として理解される面もあります。兼任者がいる場合には，その解消方針として後任の採用や育成を慌てず，中期的な視点で進めていきましょう。

② 部門の役割として利益相反関係が生じる部門長の兼任は，優先順位を上げて解消する

上場審査にあたっても，例えば営業部長と管理部長を兼任しているケースは必ず兼任の解消が求められます。なぜなら，売上を作る攻めの部門責任者と，管理を司る守りの部門責任者の兼任となり，そこには明らかな利益相反関係が生じているからです。営業部長あるいは管理部長として，それぞれの職務・職責を全うするための適切な判断が下せるとは言い難いでしょう。

③ 責任と権限の不一致は解消する

上位の役職者が，下位の職位の人の部下になっているような組織図も散見されます。どちらが最終権限者なのか極めて不明瞭であり，適切な意思決定がなされない恐れがあります。このようなケースも解消を検討しましょう。

④ 実質的に不要な組織・役職が存在しないか検証する

ある組織に所属員が１人しかいない組織図も見受けられます。担当者に何かしらの役職を与えたいという背景から組織が設けられていることが多いですが，このような本質的には不要な組織・役職というのも解消を検討しましょう。

以上のように，組織図を見直すことで，業務分掌が明確になり，販売プロセスで発生するリスクを軽減することができます。組織図に掲載される情報は，メンバーの退職や異動，組織やグループの統廃合などによって日々変化します。そのため，定期的に更新する仕組みを設け，最新の情報を社内で共有しましょう。

さらに，高橋さんからは，次のような質問がありました。

Q 反社チェックについて教えてください

A 販売プロセスの見直しのポイントとして挙げた反社チェックですが，具体的には何をすればいいのでしょうか。

株式上場審査で求められる反社チェックの対象は，新規に取引を開始する，あるいは既に取引を開始している会社や顧問となる税理士・弁護士などといった取引のある外部関係者のすべてです。また，新たに雇用する，あるいは既に雇用している社員や，新たに選任する，あるいは既に就任している役員も対象です。役員の反社チェックには，本人だけでなく親族や親族が経営する会社なども含まれます。さらに株主については，株主個人はもちろん，法人株主の場合には，その代表者や役員，法人の株主や関連する取引先も対象となります。

反社チェックのタイミングは，基本的に取引先であれば，取引を開始する前，社員であれば採用する前，役員であれば新たに就任する前，株主であれば株主となる前です。既存取引先との継続取引の場合は一定期間ごとに実施することが求められます。

反社チェックの方法として，一般的に実施されていることは以下のとおりです。

① 「暴力団排除に係る特約条項」を契約書に定める

契約する際に，相手方から現在または将来にわたって，「自分は暴力団員ではないこと」「暴力団との関係がないこと」及び「暴力的な要求行為等を行わないこと」を表明させ，これに違反した場合や虚偽の申告をした場合には，無催告で解約に応じ，これによって生じた損害を自分の責任とすることを確約させる内容とするケースが多いです。

② データベーススクリーニング

新聞記事のデータベースやインターネットの検索エンジンを使って，法人名や取締役などの氏名を検索し，過去のトラブルや関係などを調査します。新旧の情報を得るためにも，新聞記事とインターネットを併用しているケースが多いです。

③ 会社情報の確認

法人登記を確認し，法人番号がない，もしくは短期間に商号や本社所在地を変更している，といったことがないかをチェックします。また，各監督省庁のWebサイトで，過去に行政処分を受けていないか等を確認します。

④ 業界団体のサービスを利用する

独自の反社データベースを照会できるサービスを提供している団体もあります。例えば，不動産流通推進センターや日本証券業協会，全国銀行協会などです。

上記４つの調査方法以外にも，取引条件が一般的な感覚から大きく外れていないか，相手先のオフィスが登記上の住所と異なる，担当者が名刺を持っていないなどの不審点を再確認してみることも重要です。また，契約先以外にも紹介先や周辺会社へのヒアリングも有効です。そして，自社のチェックで怪しい会社だと判断した場合や自社の調査に限界がある場合は，警察に相談するとともに，より専門的な調査のために信用調査会社や興信所などに依頼することも検討しましょう。

反社チェックは，広く薄く網羅的に実施する調査と不審な点がある場合に踏み込んで実施する調査を適宜使い分けることが望ましいです。

これらをふまえて，高橋さんは以下の選択をしました。

（高橋さんの選択）

✓システム導入を念頭に，まずはJ-SOXで利用するフォーマットを活用し，いわゆる3点セット（業務フロー図・業務記述書・RCM）を準備することとした。

✓3点セットの作成は初めての経験なので，内部監査代行を依頼している外部専門家の協力を仰ぎながら取り組むこととした。

✓3点セットを作成する際に，目先の東証グロース市場上場だけではなく，その後のプライム市場上場を見据えて，異常利益率のモニタリングなどの実質的なRCMを重視することとした。

✓組織を見直し，責任と権限の不一致を解消した。幹部育成やスキルトランスファーを念頭に，部長は課長に権限委譲して，部長は経営管理の5つの視点に注力できる体制を目指すこととした。

✓3点セットと組織の見直しを経て，システム導入に着手した。

4. 購買プロセス

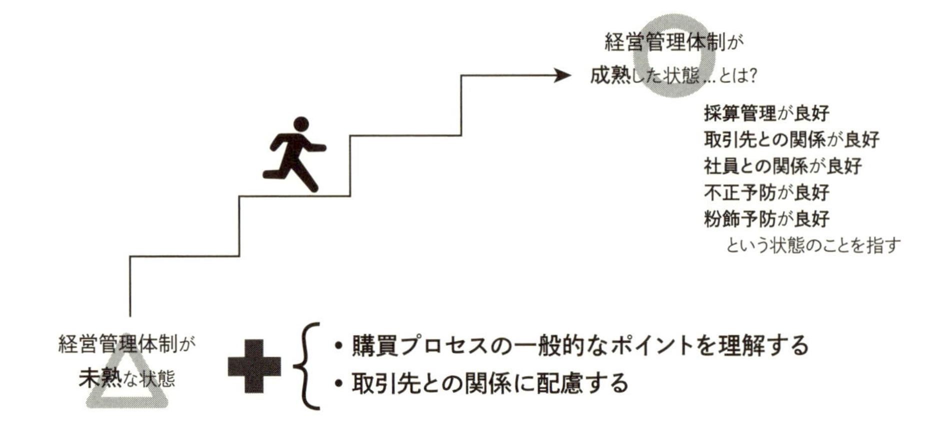

押さえておきたい基礎単語

● **購買プロセス**

購買に関わる一連の業務プロセスを指す。一般的には，新規取引先登録，見積依頼，発注，納品，検収，請求，支払などの業務がある。

● **リスクアプローチ**

監査を効果的・効率的に進めるための手法のことである。経済環境，会社の特性などを勘案して，財務諸表の重要な虚偽表示につながるリスクのある項目に対して重点的に監査資源を投入し，効果的・効率的に監査を行う。

\ STORY /

高橋さんは，販売プロセスの見直しで要領を掴み，同じように購買プロセスの３点セット（業務フロー図・業務記述書・RCM）の作成にも着手することとした。ただ，購買活動は協力会社への業務委託や固定資産購入などの金額の大きなものから少額の消耗品購入まで多岐にわたるが，メリハリをつけて適切に運用するポイントについてはよく理解できていなかった。そこで，取り組むのであれば，単なる株式上場のための作業としてではなく，経営管理に活かせるようにしたいと考えた。

購買プロセスの見直しに着手するにあたり，高橋さんは先輩経営者Ｎさんに話を聞きました。

Ｎさんは，建築部材の仕入及び組立事業を中心に展開しています。売上規模が100億円を超えた頃に，株式上場を目指して準備を始めました。

準備過程で購買プロセスの見直しにも取り組み，監査法人から「反社与信」「見積り・発注承認」「仕入計上エビデンス」「支払」に留意するようにアドバイスを受けました。Ｎさんが購買チームに確認したところ，現在の仕入先は個人事業に近い会社が多く，我々の要請に応じてもらうことは難しいことがわかりました。特に，「見積り・発注承認」が適切に実施されていないことが判明しました。仕入先が口約束で済ませることを望んで，見積書の入手や契約書の締結が疎かになっているようです。

仕入先からの見積書を入手することで，架空の発注や誤った金額での発注を見逃すリスクを回避できます。また，契約書の締結により，発注内容・仕様等への（言った，言わない等の）行き違い・認識相違を回避できます。現状のままでは，発注担当者のミスや手戻り作業が増えるばかりでしょう。

また，そもそもの仕入先数も，購買チームが依頼しやすい数社に限られていることも判明しました。特定の仕入先への依存は，仕入先が倒産した場合の自社へのダメージ，価格競争力といった点でデメリットがあります。また，既存の仕入先に集中するほうが楽に仕事ができるので，品質や価格面でより条件のよい仕入先候補があっても，既存の仕入先を優先してしまい，新たな取引の機会を失ってしまう懸念があります。購買担当に話を聞いてみると，最近の業務の繁忙のせいもあり，新たに仕入先を確保する時間が取れないことが原因のようです。

そこで，Nさんは「仕入先新規開拓プロジェクト」を立ち上げ，我々の要請に応じてくれる仕入先を新規に開拓することとしました。

このことから，高橋さんは，特定の仕入先への依存は危険であると理解しました。

Nさんの事例から学ぶべき重要なポイントは２つです。

(1) 購買プロセスの一般的なポイントを理解する

購買プロセスとは，購買に関わる一連の業務プロセスを指します。

業者選定→見積依頼→発注→納品・検収・仕入計上→請求書受領・支払という流れが一般的です。中でも，リスクや抜け穴が多く見受けられるポイントとして，「反社・与信」「見積り・発注承認」「仕入計上エビデンス」「支払チェック」の４つが挙げられます。各ポイントでチェックする内容について見ていきましょう。

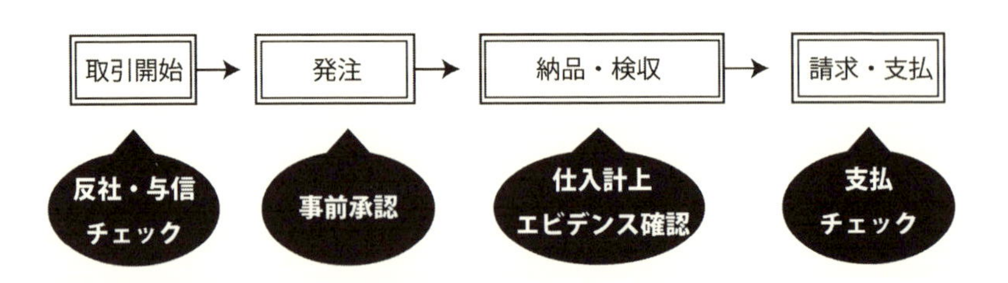

① 反社・与信

仕入業者の選定にあたり，そもそも「お付き合いしてよい業者かどうか」を確認しておくことが重要です。通常は，取引開始の案件ありきで仕入業者の選定が行われるケースが多いため，どうしても「品質・納期・価格面で折り合いがつくか」に重点が置かれてしまいがちです。「長期的に良好な関係を築けるか？」「当該仕入先は継続的に業務を遂行できるか？」「詐欺的な要素が包含されていないか？」というチェックも重要です。

② 見積り・発注承認

仕入先に発注申請を出すときには，仕入先に見積書を発行してもらい，担当者だけではなく上長が必ず承認するというルールを定めることが望ましいです。購買担当者の独断での発注は，金額ミスや架空の発注等の不正の温床になりかねません。さらに，本来もう少し適切に交渉すれば可能であった値引き交渉を怠ることによる，本来得られるべき利益の機会損失など採算面での負の影響もあります。

発注後も，月次で発注情報と予算などを照合して，追加発注の要否・発注漏れなどの状況のモニタリングを実施します。発注処理が適時・適切に実行されないリスクを仕入先に丸投げせず，自社でも把握できる体制を整えましょう。発注処理の網羅性・実在性の担保にもつながります。

③ 仕入計上エビデンス

購買担当者は受入納品物の検収を行い，発注内容との一致を確認しましょう。検収処理及び仕入計上が適切に行われないリスクを防ぐことができます。仕入先からの口頭報告を検収作業の代用とするのは危険です。具体的には，以下のような点に留意して，検収を実施します。

- 商品仕入：納入個数・品質（欠品等）
- 工事仕入：出来高状況（工事進捗状況）・品質（作業精度等）
- その他仕入：発注内容との整合性等

④　支払チェック

支払を実施するまでに，請求確定処理と支払確定処理の２段階を踏みましょう。例えば，請求確定処理は，購買管理システムの仕入確定データと仕入先から受領した請求書を照合したうえで，購買管理システム上で経理担当者が実施します。その後，財務担当者が購買管理システム上で支払先一覧と請求書を照合したうえで，一致するもののみ支払確定を実行します。最終的な支払処理の際にも，財務責任者の承認をルールづけることで，架空の仕入先へ支払ったり，誤った金額で支払が実行されたりするリスクへの対策になります。

重要なのは，今回学んだことを購買チームと話し合うことです。経営者が勝手に対応策を設定するだけでは，購買チームと経営者で温度差が生まれてしまいます。販売プロセスの項でもお話ししましたが，株式上場だからとか，法律で決まっているからということではなく，もう少し掘り下げて，「なぜ，株式上場にあたり上記４つのポイントが重視されるのか」ということも，購買に関与するメンバーや主要な仕入先と共有できるとよいでしょう。そのうえで，リスクと機会損失（上長承認を待つことによる時間ロスなど）の可能性を勘案し，対応策（ルール）を決めていきましょう。

フローチャートの具体例は以下のとおりです。

【購買プロセス】
1. 発注

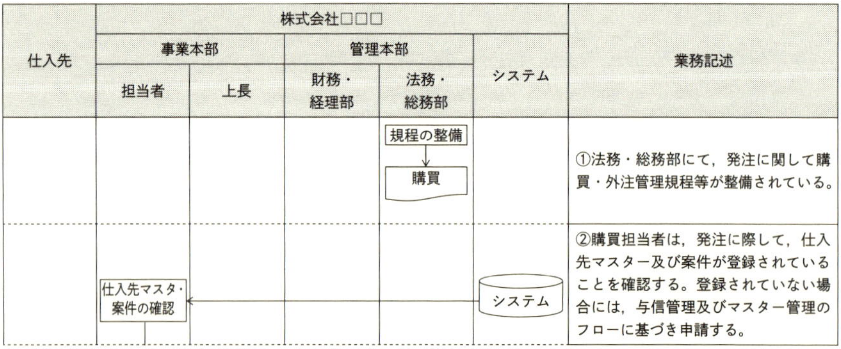

仕入先	株式会社□□□					業務記述
	事業本部		管理本部		システム	
	担当者	上長	財務・経理部	法務・総務部		
				規程の整備 → 購買		①法務・総務部にて，発注に関して購買・外注管理規程等が整備されている。
	仕入先マスタ・案件の確認 ←				システム	②購買担当者は，発注に際して，仕入先マスター及び案件が登録されていることを確認する。登録されていない場合には，与信管理及びマスター管理のフローに基づき申請する。

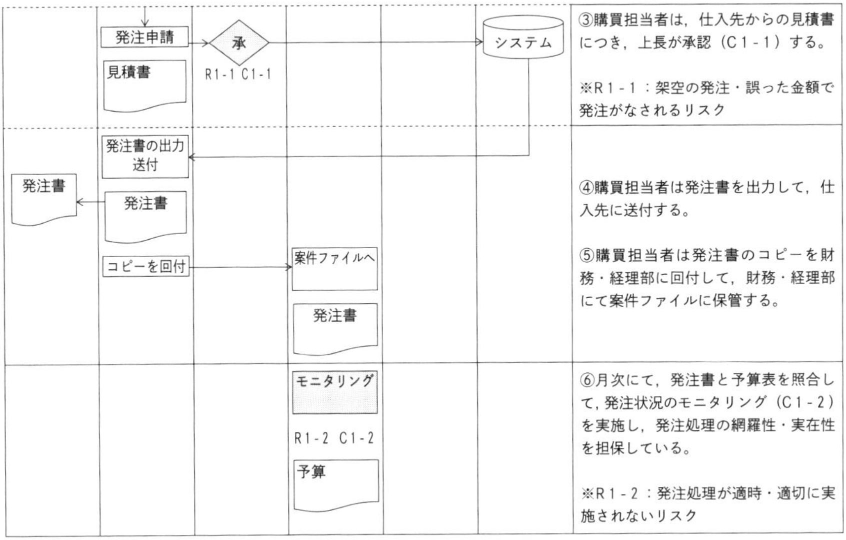

	発注申請 見積書	承 R1-1 C1-1			システム	③購買担当者は，仕入先からの見積書につき，上長が承認（C1-1）する。 ※R1-1：架空の発注・誤った金額で発注がなされるリスク
発注書	発注書の出力送付 発注書 コピーを回付		案件ファイルへ 発注書			④購買担当者は発注書を出力して，仕入先に送付する。 ⑤購買担当者は発注書のコピーを財務・経理部に回付して，財務・経理部にて案件ファイルに保管する。
			モニタリング R1-2 C1-2 予算			⑥月次にて，発注書と予算表を照合して，発注状況のモニタリング（C1-2）を実施し，発注処理の網羅性・実在性を担保している。 ※R1-2：発注処理が適時・適切に実施されないリスク

購買プロセスは，販売プロセスに比べてビジネスモデルごとにさまざまなパターンがあるため，教科書的にリスクアプローチを学ぶだけでは自社に沿ったリスクの洗い出しは難しいです。自社のビジネスモデルに対応できるように，体系的な理解を心がけましょう。

例えば，以下のような大分類を作成し，全体像を把握しましょう。その際に，業界特有の法令を含めて関連法令の改正にも配慮しておきましょう。最近では，インボイス制度や電子帳簿保存法などが一例となります。

Ⅲ 購買プロセス　大分類

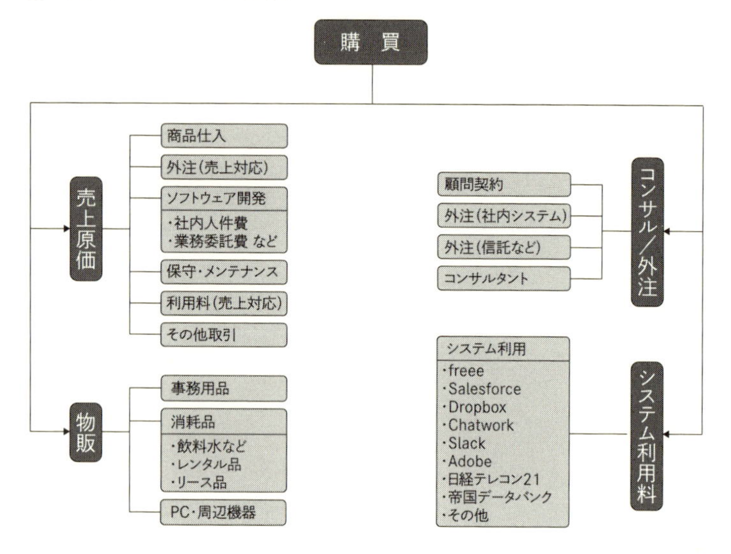

次に，重要なプロセスに関して以下のステップで整理してみましょう。

step 1　現状の情報をまとめる

例えば，不動産開発会社では購買と一口に言っても「土地や権利の仕入・建設工事などの売上計上と連動して売上原価になるもの」「事務用品やPC購入など」「税理士契約・コンサルタント契約など」「外部システム利用料など」に分類されます。各現場の担当者からヒアリングして，自社特有のリスクを把握しましょう。実際に起きた失敗事例やその時の対応と反省のヒアリングは役立ちます。

step 2　重要事項等をリスク分け

step 1で担当者からヒアリングして得た情報を，プロセスや重要度ごとに整理しましょう。

step 3 重要な部分はフローチャートにまとめる

先ほど学んだ「反社・与信」「見積り・発注承認」「仕入計上エビデンス」「支払チェック」の４ポイントには，特に注意しましょう。

step 4 調整

個々の業務の担当範囲を明確にして，購買部門や管理部門の責任者が全体管理を実施します。部門に跨る調整の要否を検討し，必要に応じて見直しや移行等を意思決定していきます。内部監査部門がモニタリングし，状況が改善されないと判断した場合は，経営者に報告して判断を仰ぐ流れを作りましょう。

step 5 完成したフローチャートの再確認

特にstep 3では，「リスクの高い項目に資源をより多く配分する」というリスクアプローチの考えを習得し，活用していきましょう。

このように体系的に理解しておけば，会社ごとの特殊なリスクにも応用が可能です。

(2) 取引先との関係に配慮する

相手がいてこその購買プロセスですから，取引先との良好な関係にも気を配ることが重要です。中期的に取引先と友好な関係を構築していくことを念頭に,「品質」「納期」「採算」という視点で，取引先の評価を定期的に行いましょう。

評価対象の取引先は，仕入先やコンサルタント，外注先です。前ページの図表「購買プロセス　大分類」でいうと，「売上原価」と「コンサル／外注」に分類されるものが該当します。

評価方法については，下記の「定期確認リスト」を参考にしてみましょう。「品質」「納期」「採算」の３項目を中心に評価します。

この際，「取引先と良好な関係を構築する」ために，取引先評価を実施しているということを必ず念頭に置きましょう。評価と聞くと，どうしても仕入先・外注先に対して，上から目線になってしまう会社も見受けられます。しかし，横柄な態度で取引先が離反してしまった時，困るのは自分達です。お互いに選び，選ばれている対等な関係であると理解しましょう。

また，取引先評価を定期的に実施することで，取引先との交流機会の増加につながります。せっかくの機会ですから，自社に足りない部分などを直接聞いてみると，良好な関係づくりに役立つでしょう。

○年○月○日

取引先定期確認リスト
（○○年度）

（品質面）

視点	チェック項目	リスク度	手続	結論
不適合件数	□　納品時の検収状況 ●不適合となるケースがあるか？ ●その理由は適切か？	高	●委託者側で収集できるデータを確認する。 →可能であれば，直近1年間の検収データを確認する。 ●過去に不適合となったケースにつき，委託者側の担当者に理由を確認する。 ●次に受託者側のヒアリングを行う。 →委託者側として協力できる点がないかという視点で聞く。	問題なし
内容	□　製品・サービスの実用性 ●仕様どおりの仕上がりか？ ●実用性に問題ないか？	高	●委託者側で収集できるデータを確認する。 →可能であれば，直近1年間の製品・サービスの実績データを確認する。 ●過去に仕様どおりの仕上がりでなかったケースや実用性に問題があったケースにつき，委託者側の担当者に理由を確認する。 ●次に受託者側のヒアリングを行う。 →委託者側として協力できる点がないかという視点で聞く。	委託者側の改善事項あり
改善への対応姿勢	□　改善への取り組み ●課題の洗い出しは適切か？ ●洗い出した課題の解決への取り組みは適切か	中	●委託者側の担当者に課題の洗い出し状況を確認する。 ●上記の課題の解決への取組み状況を確認する。 ●次に受託者側のヒアリングを行う。 →委託者側として協力できる点がないかという視点で聞く。	問題なし
その他	□　その他，品質を高めるまたはリスクを低減させる活動を適切に実施しているか。	低	●委託者側の担当者に，品質を高めるまたはリスクを低減させる活動を適切に実施しているかを確認する。 ●次に受託者側のヒアリングを行う。 →委託者側として協力できる点がないかという視点で聞く。	問題なし

（納期面）

視点	チェック項目	リスク度	手続	結論
納期の遵守状況	□ 納期遅れがあるか？ ●割合はどの程度か？ ●理由は適切か？	高	●委託者側で収集できるデータを確認する。 →可能であれば，直近１年間の納期の実績データを確認する。 ●納期遅れの割合が多い場合は，委託者側の担当者に理由を確認する。 ●次に受託者側のヒアリングを行う。 →委託者側として協力できる点がないかという視点で聞く。	問題なし
協力関係	□ 当社の緊急依頼への協力 ●当社から緊急依頼があるか？ ●緊急依頼への対応状況は？	中	●委託者側で収集できるデータを確認する。 →可能であれば，直近１年間の「当社からの緊急依頼の実績やそれに対する受入実績」を確認する。 ●委託者側の担当者に，緊急依頼となってしまう理由を確認する。 ●次に受託者側のヒアリングを行う。 →委託者側として協力できる点がないかという視点で聞く。	問題なし
その他	●その他，納期の遵守性を高めるまたはリスクを低減させる活動を適切に実施しているか。	低	●委託者側の担当者に，遵守性を高めるまたはリスクを低減させる活動を適切に実施しているかを確認する。 ●次に受託者側のヒアリングを行う。 →委託者側として協力できる点がないかという視点で聞く。	問題なし

（採算面）

視点	チェック項目	リスク度	手続	結論
価格の妥当性	□ 業界の標準的な水準等を考慮して，妥当性を検証 ●対象会社の業界での位置づけや強みなどは？ ●強みを生かした業務となっているか？	高	●委託者側で収集できるデータを確認する。 →可能であれば，直近１年間の「該当会社の価格の推移」を確認するとともに，競合他社の見積り情報を確認する。 ●委託者側の担当者に，対象会社の業界での位置づけや強みなどを確認するとともに，強みを生かした業務となっているかを確認する。 ●次に受託者側のヒアリングを行う。 →委託者側として協力できる点がないかという視点で聞く。	問題なし
値引き等の実績	□ 値引き等への協力実績はあるか？ ●値引きの件数・頻度は？ ●値引きの（総額に対する）割合は？	中	●委託者側で収集できるデータを確認する。 →可能であれば，直近１年間の「該当会社の値引き実績」を確認する。 ●委託者側の担当者に，値引きの件数や割合，さらに値引きに至る経緯を確認する。 ●次に受託者側のヒアリングを行う。 →委託者側として協力できる点がないかという視点で聞く。	問題なし
その他	□ その他，採算性を高めるまたはリスクを低減させる活動を適切に実施しているか。	低	●委託者側の担当者に，採算性を高めるまたはリスクを低減させる活動を適切に実施しているかを確認する。 ●次に受託者側のヒアリングを行う。 →委託者側として協力できる点がないかという視点で聞く。	問題なし

さらに，高橋さんからは，次のような質問がありました。

Q　仕入先に対する与信の考え方について教えてください

A　与信管理は，売りの与信と買いの与信の大きく２つに分けられます。顧客に対する与信管理と，仕入先に対する与信管理です。

売上先への与信管理は，商品を販売してからその代金を回収するまでの与信期間の回収リスクをコントロールすることです。一方，買い与信の場合は，商品を発注してから，その商品が届き，問題なく販売あるいは社内利用されるまでが与信期間となります。この与信期間の納品リスクをコントロールすることが，仕入先への与信管理です。

したがって，一般的には仕入先に対して，以下のような点をチェックすることになります。

- 予定どおりの納品が不能となるような事態になった場合に，リカバリーできる財務的な体力があるか
- 仕入れ先からの納品が不能となった場合に，当該損失を保険等でカバーできるか
- そもそも，当社が発注時に想定する適切な品質と納期を守れる体制が構築されているか

また，与信額の設定も重要です。まずは，どのくらいの取引を想定するかという視点から必要与信額を算定します。次に，会社として，どこまでの与信額を許容できるかという視点から許容与信額を算定します。

許容与信額についてはいろいろな算定方法がありますが，ここではイメージを持っていただくために，簡易的な計算例を記載します。

１．前提

- 運用できることを重視し，シンプルな設計とする。
- 個々の購買担当（または営業担当）の教育効果を視野に入れる。
- 取引が，ある一定の取引先に偏重するリスクを考慮する。
- 当社側の経営に与えるインパクトを考慮する。

2．具体的な計算式

（1）標準金額×（2）信用係数

（1） 標準金額は，下記①と②のうち，少ない金額とする。

① 「当社の買掛金残高の過去3年間の平均」×1割

② 当社の「貸倒れや売上取消が発生し，経営に影響を与える金額」＝1,000万円

なお，新規取引の場合は，当該取引先の資本金が上記標準金額よりも少ない場合は，資本金額を標準金額とする。

（2） 信用係数は，下記A～Eの項目を基礎として，以下のように算定する。

- 5項目すべてに当てはまる場合（あるいは不明が4項目以上） 50%
- 4項目に当てはまる場合（あるいは不明が3項目以上） 60%
- 3項目に当てはまる場合（あるいは不明が2項目以上） 70%
- 2項目に当てはまる場合（あるいは不明が1項目以上） 80%
- 1項目に当てはまる場合（あるいは不明が0） 90%
- 0項目に当てはまる場合（あるいは不明が0） 100%

なお，「2項目に当てはまり，3項目が不明の場合」は「60%」とする。

	項目
A	当該取引先の社長・役員の活力・業界経験・素行面等に不安がある。
B	当該取引先の社員の離職率・会社への評価（忠誠心）・やる気等に問題がある。
C	当該取引先の商品・技術・サービスの企画・開発力，コスト競争力，商品･サービスの優位性，設備投資余力，市場の狭さ（限定されている）等に不安がある。
D	当該取引先の財務・資金繰り関連（売上高が横ばい，売上減少が3年以上継続中，3期連続の赤字，取引銀行との関係が悪化，借入金が月商の3倍以上，減価償却費が適正ではない，税金・社会保険の滞納等）に不安がある。
E	その他（本業外への投資，事業所が清潔か，安易な転業，商号変更や本店所在地の移転が多い，社会的制約・法的規制が進んでいる業界，規模の割に子会社（関連会社）が多すぎる等）で当てはまる項目がある。

これらをふまえて，高橋さんは以下の選択をしました。

（高橋さんの選択）

✓高橋さんは購買プロセスを「売上原価に関わるもの」「物品購入に関わるもの」「人的サービスに関わるもの」「システム利用料関連」に区分し，「売上原価に関わるもの」を経営管理上，重要なプロセスと位置づけて３点セットを作成した。

✓３点セットは外部専門家に主導してもらいながら作成したが，今後の更新作業は内海さんが責任者となって進めていくこととした。

✓当社グループの最重要な取引先である講師メンバーとの関係強化の一環として，教室事業と講師派遣事業で分断されている講師情報データベースを統合し，将来の事業拡大につなげる布石とすることとした。

✓講師メンバーとの良好な関係づくりについて，再検討することとした。具体的には，講師メンバーとの距離感が近すぎてもリスク，遠すぎてもリスクということを意識して，常に関係を微調整できるように，講師メンバーとの新規契約，更新契約の権限者を数年ごとにローテーションすることとした。

5. 決算開示プロセス

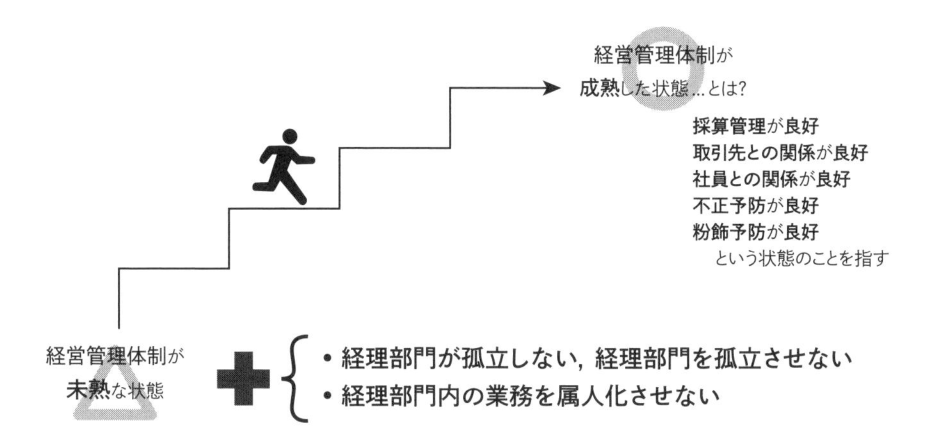

押さえておきたい基礎単語

● 決算開示プロセス

総勘定元帳を基に財務諸表を作成する手続，連結財務諸表の作成に必要な仕訳の記録・調整手続，財務諸表に関連する開示事項を適正に整理・記載する手続などを含む一連のプロセスを指す。これには，開示内容の適正性を確保するためのレビューや承認プロセス，監査対応なども含まれる。なお，「財務報告に係る内部統制の評価及び監査の基準」において決算・財務報告プロセスと表現されているものと，ほぼ同義語として本書では取り扱う。

\ STORY /

制度会計の重要性を理解した高橋さんにとって，現在実施している「法人税法に基づく会計」に加え，「会社法に基づく会計」及び「金融商品取引法に基づく会計」を実施するため，決算開示体制の強化が重要なテーマとなっていた。

改めて，監査法人のショートレビューの課題を確認すると，下記のように決算開示に関することが含まれていたが，それを実現するためには決算開示に関する知識・経験のある人材が不足していた。

> ＜監査法人の指摘事項＞
>
> 月次，四半期及び年度末の決算処理項目が整理・一覧化され，適時・適切な決算処理が実施される体制となっていない。具体的には，経理規程・マニュアル等が策定されておらず，勘定科目の使い方も一貫性がない。

一方で高橋さんは，決算開示体制の強化についても，単なる株式上場のためだけにはしたくなかった。そのため，経営管理上の明確な目標を設定したかったが，それはまだ見つけられていない。高橋さんはこの状況に悶々としていた。

決算開示プロセスの見直しにあたり，高橋さんは先輩経営者Oさんに話を聞きました。

Oさんは，通信施設の基地局の建設工事を中心に事業を展開しています。売上規模が50億円を超えた頃に，会計処理の見直しを実施しました。1案件の規模が5億円超の案件につき，工事完成基準から工事進行基準に変更したのです。

ただ，工事進行の見積りが曖昧であったために，Oさんの考えを忖度して，それを御旗に経理部が自分たちに都合よく処理してしまうケースが増えてきました。現場から進捗状況の報告が上がってこないため，「社長から今月の売上が低いと聞いたし……。経費は低く見積もっておくか」といった具合に，経理部の独断と偏見で会計処理が行われているような状況です。

そこでOさんは，工事進行の見積りルールを厳格化するために，外部専門家の協力を仰ぎました。また内部監査部門も設置し，経理部が勝手にルールを都合よく解釈できないようにしました。さらに，監査役や社外取締役の助けを借り，適時・適切な決算開示を重視する文化の醸成に努めました。

このことから，高橋さんは，属人的な決算開示体制は粉飾の温床になりかねないと理解しました。

Oさんの事例から学ぶべき重要なポイントは2つです。

(1) 経理部門が孤立しない，経理部門を孤立させない

決算開示プロセスの見直しは，販売プロセスや購買プロセスと同様に，全社的な取組みとして進めることになります。しかし，どうしてもプロセスの重要工程となる決算書作成に係る部分は経理部門が主管部署となることから，経理部門の独善で進めるケースや経理部門が他の部門の協力を得られず孤立してしまうケースが見受けられます。Oさんの事例は，この典型例といえるでしょう。

経理部門の孤立が起きてしまう原因の1つは，現場（経理以外）の業務と経理の業務のつながりをメンバー全員が理解しきれていない点です。経理部門は，現場チーム内での契約締結，支払，入金消込等の業務を受けて会計処理を行い，決算書を作成しています。当たり前のことですが，部署別の仕事が日常的になっていると，どうしても忘れてしまいがちです。

現場チーム内での業務	経理の業務
出張申請・精算書作成	出張精算書を基に費用計上 精算金額の振込
検収書発行 売上請求書発行	検収書を基に売上計上 入金確認，消込
購買申請・納品確認・支払請求書受領	納品書に基づく費用計上 支払請求書に基づく振込
勤怠打刻・残業申請，給与計算	給与計算に基づく費用計上，振込

上記の表のとおり，現場チーム内での業務を受け，経理部門が決算書に反映するために必要な業務を実施します。経理業務には他の部門の協力が欠かせません。

例えば，取締役会の月次報告の際に，決算書の提出が遅かった場合などは，作成元である経理部門だけの問題なのかを問うべきです。他部門の作業遅延から連鎖的に起きている問題ではないか，経理部門だけで解決できるのかを確認しましょう。経営者自ら，経理以外の部門と経理部門との協力体制を支援する姿勢を見せることが大切です。

また，バックオフィス業務を統合するシステムを導入あるいは見直す場合も「経理部門が孤立しない，経理部門を孤立させない」という視点を持つことが重要です。

(2) 経理部門内の業務を属人化させない

もう1つの事例を見ていきましょう。

> 上場して10年以上が経過しているＰ社は，社歴が比較的長く，業績も安定した「いわゆる優良企業」でした。経理部には，長年在籍しているメンバーが数名おり，各人の業務内容は固定化させていました。新しい事象が起きない時には，決算業務は滞りなくできる体制でした。
>
> ところが，この会社が属する業界にも再編の波がやってきて，同業他社を１社買収することになりました。経理部メンバーはこれまで携わったこ

とのない業務をせざるを得なくなったのです。経理部の中で唯一，中途入社したメンバーが前職の経験を基にして対応していたのですが，業務が属人化していたことから他のメンバーにうまく引き継ぐことができませんでした。結局，このメンバーの業務量だけが著しく増大し，心身ともに疲れ果てて退職してしまいました。その後も，うまく分担ができず，特定のメンバーへの業務集中が続いています。

１社買収しただけでこのような状態です。P社の経営陣は，業界の動向を考慮し，さらなる買収を検討しているため，経理部の業務量の増大が見込まれます。このままでは間違いなく大混乱になるでしょう。経理部長は「せっかく業務を固定化して決算効率化を目指していたはずなのに，今となっては，業務ローテーションをするうえでの障壁以外の何物でもない」と嘆いています。

この事例から，業務を固定化して決算効率化を目指すことの危険性がおわかりいただけたでしょうか。

事例のような属人化は，業務が安定している時には効率的に感じるかもしれませんが，新しいことに取り組む時には足かせになりかねません。決算開示プロセスの見直しにあたって，経理部門内も属人化させないことを念頭にローテーション可能な体制を目指しましょう。

まずは，担当者が１人欠員しただけで作業が止まってしまうなどということが起きないようにルーチンワークに関してはルールを明文化し共有しましょう。これにより，新人に仕事を教える際にも，教育担当ごとの学習差を防ぐことができますし，業務ローテーションや引き継ぎにも役立ちます。

経理関連規程以外に，以下のようなものを用意しておくとよいでしょう。

- **決算スケジュール**：経理部門の大まかな業務日程をまとめたもの。できれば，年度決算だけではなく，月次・四半期の決算スケジュールも作成する。
- **決算業務マニュアル**：経理担当が実施すべき決算業務の具体的な手順や作成すべき帳票を記載したもの。会計処理に関することだけでなく，承認をとるべき上長の役職等も記載しておくと，作業の効率化につながる。

- **勘定科目取扱要領**：会計処理を適切に行うために，勘定科目の取扱いについて必要な事項を定めたもの。各勘定科目別にどのような取引の際に使用するのかがまとめられている。例えば，担当者によって勘定科目の選択基準がバラバラだと，財務分析の際に科目ごとの正確な比較ができない。

  一例として，無形固定資産の勘定科目取扱要領は以下のとおり。

【勘定科目取扱要領の一部抜粋】

表示	科目コード	勘定科目名	補助科目設定内容	補助科目コード	説　明
無形固定資産	230	のれん	—	—	のれんを計上する。
	231	借地権	—	—	借地権（経営目的のため所有・使用している他人の土地を利用するための地上権及び賃借権をいう）を計上する。
	232	電話加入権	—	—	電話加入権を計上する。
	233	ソフトウェア	管理単位別に設定		外部より購入したソフトウェアで，通常取引単位で20万円以上のもの，および，自社で制作したソフトウェアの制作原価が20万円以上のものを計上する。
	234	リース資産（無）	—	—	リース取引によって取得した無形資産のうち，リース会計基準に従い，固定資産とするものを計上する。
	235	その他無形固定資産	—	—	上記以外の例えば，特許権，実用新案権等を取得した場合に計上する。

- **チェックリスト**：決算業務ごとに重複や抜け漏れがないかを確認するもの。チェックリストを取り入れることで，決算の正確性と迅速性の向上につながる。例えば，作業に複数人が関わる月次決算では，何人かが同じ項目をチェックしているというような非効率を回避できる。進捗状況やミスが起きた項目の担当者も一目でわかり，経理部長の最終チェックの手助けにもなる。

一例として，月次決算チェックリストは以下のとおり。

20××年7月次決算チェックリスト及び増減等報告書

監査	経理責任者	経理担当者

区分	勘定科目	補助科目	Check!	チェック手続	証憑書類	増減等の報告	注意事項
貸借対照表(資産) 【チェック要点①】 帳簿に記載された金額が証憑書類と一致しているかを確認する。 【チェック要点②】 不良(過大)な資産が計上されたままになっていないかを検証する。	現金			帳簿残高が，証憑書類と一致していることを確認した。	現金出納帳 現金実査表		
	普通預金 定期積金			帳簿残高が，証憑書類と一致していることを確認した。	預金通帳		
	売掛金 完成工事未収入金			得意先別の帳簿残高が，あるべき入金サイト残高になっていることを確認した。 1月以上滞留している売掛金がないことを確認した。	取引先補助元帳 売掛金年齢表 売上請求書		
	受取手形			帳簿残高が，証憑書類と一致していることを確認した。 手形期日が経過していないことを確認した。	受取手形補助元帳 受取手形受払表		
	未成労務外注費			帳簿残高が，証憑書類と一致していることを確認した。	工事一覧表(未成労務外注費) 工事原価集計表(未成労務外注費)		
	原材料及び貯蔵品			帳簿残高が，証憑書類と一致していることを確認した。 6月以上滞留している品目がないことを確認した。	在庫一覧表 在庫受払表		
	前渡金			帳簿残高が，証憑書類と一致していることを確認した。 6月以上滞留している品目がないことを確認した。	前渡金補助元帳		
	前払費用	健康保険料 その他		帳簿残高が，証憑資料と一致していることを確認した。	前払費用補助元帳 前払費用振替予定表		
	未収入金			帳簿残高が，証憑書類と一致していることを確認した。 誰に，いつ，請求したものか確認した。	未収入金補助元帳 売上請求書		
	立替金			帳簿残高が，証憑書類と一致していることを確認した。 誰に，いつ，出金したものか確認した。	立替金補助元帳 立替精算書 社宅家賃契約書		
	仮払金			誰に，いつ，出金したものか確認した。	仮払金補助元帳 立替精算書		
	仮払税金			会計処理要領に則した残高となっていることを確認した。	仮払金補助元帳		

	建物			取得価額が，証憑資料と一致していることを確認した。 帳簿残高に移動があった場合には，内容を確認した。	固定資産台帳 購入時証憑書類		減価償却資産の処理規約を参照。
	建物附属設備						
	車両運搬具						
	工具器具備品						
	リース資産						
	ソフトウェア						
	ソフトウェア仮勘定						
	投資有価証券			帳簿残高に移動があった場合には，証憑内容を確認して報告事項とした。	証券会社からの売買報告書 株式申込書		50％以上の保有関係は，関係会社株式として計上する。
	出資金						
	関係会社出資金						
	貸付金			帳簿残高に移動があった場合には，証憑内容を確認して報告事項とした。	貸付金補助元帳 金銭消費貸借契約 回収予定表		
	長期前払費用			帳簿残高が，証憑資料と一致していることを確認した。	固定資産台帳 礼金・敷金償却明細		
	敷金・差入保証金			帳簿残高に移動があった場合には，証憑内容を確認して報告事項とした。	賃貸借契約書 敷金・差入保証金明細		保証金未返還部分は，長期前払費用として期間按分する。
	会員権			帳簿残高に移動があった場合には，証憑内容を確認して報告事項とした。	会員権契約書		
	保険積立金			帳簿残高に移動があった場合には，証憑内容を確認して報告事項とした。	保険証券 保険設計説明書		新規契約は資産計上割合を確認する。
	社債発行費			帳簿残高に移動があった場合には，証憑内容を確認して報告事項とした。	社債発行費償却明細 社債契約書		社債の契約期間に応じて定額償却する。

チェックリストやマニュアルは，定期的なメンテナンスが不可欠です。例えば，チェックリストに基づいているにもかかわらず起きてしまったミスや監査法人などに指摘された内容は，チェックリストに随時追加していきましょう。ほかにも，マニュアルを運用していく中で作業工程やチェック内容の重複に気づいた場合には，無駄を省くことで日々の業務の効率化を図りましょう。作って終わりではなく，定期的なメンテナンスによって，チェックリストやマニュアルを進化させるのも経理部門の重要な役割です。

経理部門内を属人化させないことが，粉飾の温床となる属人的な決算開示体制を避けることにもつながります。

さらに，高橋さんからは，次のような質問がありました。

Q 適時開示ルールとは何でしょうか？

A 適時開示ルールは，証券取引所の規則として，重要な会社情報を適時に（証券取引所に上場している会社から）投資家に提供するために設定されているものです。同規則に従い，上場会社は，投資家の判断に重大な影響を及ぼすような事項を決定した場合や重大な影響を与える事実が発生した場合に，これらの情報を速やかに開示する義務を負っています。会社を取り巻く環境の変化が激しくなる中，最新の会社情報を迅速，正確かつ公平に提供する適時開示の重要性は，より一層高まっています。

東証の場合，これらの情報は，東証が管理する電子開示システム（TDnet）を通じて開示されるほか，企業のウェブサイトへの掲載やプレスリリースを通じて，報道機関や投資家に伝えられます。

適時開示の対象となる会社情報は，投資家の判断に重要な影響を与える会社の業務，運営または業績等に関する情報であり，決算短信なども含まれています。

詳細は，東証が「適時開示が求められる会社情報」を公表していますので，ご興味のある方は東証のHPをご覧ください。

これらをふまえて，高橋さんは以下の選択をしました。

（高橋さんの選択）

✓高橋さんは，決算開示体制の強化指針として「財務・経理チームを孤立させないこと」「財務・経理チーム内の業務を属人化させないこと」を掲げることとした。

✓上記の方針に従い，財務・経理チームを補強することとし，まずは派遣社員２名と契約した。選定にあたっては，業務知識よりもコンセプチュアルスキルとコミュニケーションスキルを重視した。

✓財務・経理チーム内の業務の属人化の排除に向けて，業務ローテーションできる体制づくりに着手した。

✓他部門との連携を図るため，部長会に経理マネージャーの内海さんを参加させた。

✓教室事業をはじめとする各事業部門の業務管理メンバーの役割を整理し，人員も補強し，財務・経理チームからの手戻り業務（各事業部門での作業の間違いを財務・経理チームに指摘され，資料が差し戻されること）の削減を図る。

✓決算開示に対する知識習得に努め，内海さんが中心となり外部研修を活用して，財務・経理チームの底上げを図ることとした。

COLUMN

2つの不正事例

経理部門の孤立が原因で実際に起きてしまった会計不正事件を2つ紹介します。どちらも上場後に発覚したものであり，株主・社員・取引先などの利害関係者に多大な被害を与え，会社存続も危うくなる事態を招いてしまいました。このような事件に発展することがないように，他山の石としてご覧ください。

① グレイステクノロジーによる架空売上

産業機械やソフトウェアのマニュアル制作会社であるグレイステクノロジーは，架空売上による会計不正を理由に，2022年2月28日上場廃止となりました。

グレイステクノロジーは，2016年12月に東証マザーズ（当時。以下同じ）への上場を果たし，2018年8月に東証1部（当時。以下同じ）に市場変更，成長企業として将来を有望視されていました。そんな会社が，元会長A氏や社員の個人の資金による架空売上や売上前倒しという事件を起こしました。特別調査委員会の調査報告書によると，同社は，売上高と営業利益を主要な業績指標とし，東証マザーズに上場した2017年3月期以降，毎年，その予算（計画）を決定・開示しています。この予算は，A氏が機関投資家の期待をふまえて実質的に決定していたものでしたが，到底同社の実情に見合わないものでした。そのため，2017年3月期までは売上の前倒しとこれが転じての架空売上（売上の前倒しのつもりが結局受注できない）により，2018年3月期以降はさらに経営陣も関与する大規模な架空売上を積み重ねることによって，かろうじて帳尻を合わせていました。2021年3月期はコロナ禍の影響もあって予算達成には至らなかったものの，やはり売上の前倒しや架空売上によって対予算数値のマイナス幅を最小限にとどめていました。

2016年3月期から2021年3月期までの同社単体の売上高の予算と実績，そして実績値として開示された売上高に含まれている架空売上の額を一覧化すると，以下のとおりとなります。架空売上を除外すると，同社は2018年3月期以降，一度も予算を達成できておらず，2021年3月期に至っては，実際の売上実績よりも，架空売上のほうが上回る状態となっていました。

（単位:千円）

決算期	2016.3	2017.3	2018.3	2019.3	2020.3	2021.3
売上高（予算）	750,000	1,000,000	1,300,000	1,501,800	1,900,000	2,300,000
売上高（実績）	726,473	1,010,883	1,314,414	1,524,427	1,903,678	1,812,262
うち架空売上	1,291	8,335	347,879	505,571	489,870	994,280
イベント		東証マザーズ上場（2016.12）	売上高・営業利益の期末予算達成が第3回新株予約権行使条件	東証一部市場変更（2018.8）	社長交代	上場来最高値（2020.12）4,235円（時価総額約1,202億円）

＊いずれも単体

（グレイステクノロジー株式会社特別調査委員会 調査報告書P.33 2022年1月27日）

同社では，創業者であるＡ氏はもとより，役職員にも幅広くストックオプションが交付されており，上場と株価上昇による恩恵が社内全体で共有されていました。特に，2017年５月に付与された第３回ストックオプションは，2018年３月期の予算（売上高13億円，営業利益４億円）達成が行使条件として設定され，その行使条件のハードルの高さ（前年比30%増以上）から，行使価格が低額に抑えられていましたが，上記のとおり，架空売上によってこの行使条件がぎりぎり達成され，同社役職員はストックオプションの行使により多額の利益を手にしています。

Ａ氏らは，その後もストックオプションで得た多額の株式売却益などを架空売上の原資として同社に注入することで，売上高を積み増し，市場に対して成長を偽装し続けました。結果として，2019年３月期以降は，「架空売上」→「株価の維持・向上」→「株式売却による架空売上原資の確保」→「架空売上」…というような自転車操業状態に陥ることとなり，2021年，Ａ氏の急逝と外部からの不正会計の疑いの指摘によって自転車操業が破綻しました。

到底実現不可能な売上高や営業利益等の業績目標値を掲げて，機関投資家への説明や世間体のために後に引けず，架空売上という不正に手を染めていった同社は，自社の株式売却益を主な資金源に，架空の売上をでっち上げる不正を繰り返すことになってしまいました。また，社内会議では目標を達成できない営業部門からの報告に対して，A氏が恫喝，罵倒する状況も記載されています。

この事件の一番の原因と考えられるのは，コーポレートガバナンスがうまく機能していなかったという点です。調査報告書に「A氏を止められない取締役会・監査役会」という表現で記載されています。同報告書によると，同社では，経営会議に監査役を含む取締役会メンバーが参加していましたが，無理な売上計上に疑いを持つこともなく，社外取締役がA氏とともに営業担当役員を叱責する場面もあったようです。社外取締役・監査役が経営会議に参加すると，経営意思決定プロセスを知ることができる等のメリットが多く，コーポレートガバナンス上は有効とされています。しかし，同社の場合は，社外取締役の独立性と専門性の不十分さや社内からの圧力が仇となったようです。

常勤監査役も，「マザーズ上場準備での提出資料偽装」や「結果的に不正につながる売掛金の回収遅延に関する（会計監査人からの）マネジメントレターを確認しない」といった常勤監査役としての職責にそぐわない行為が確認されています。

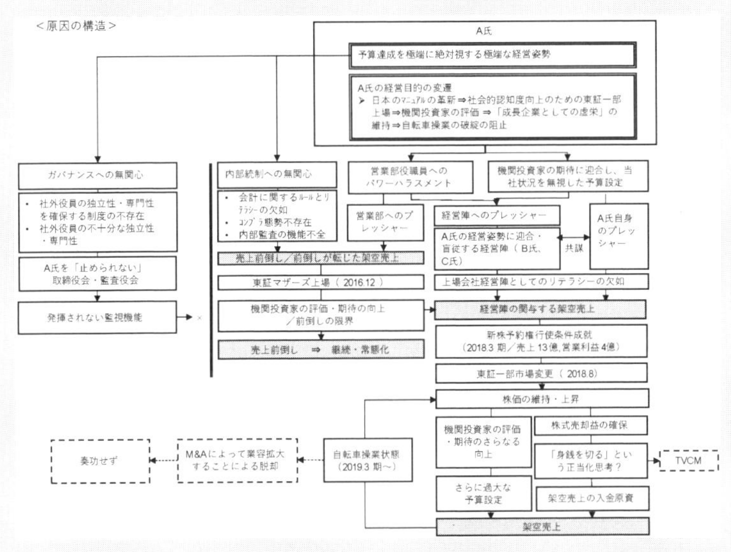

（グレイステクノロジー株式会社特別調査委員会 調査報告書P.115 2022年1月27日）

②　AppBankによる不正送金

インターネットサイトの運営を行うAppBank社は，経理部門の元役員が約１億4,000万円の業務上横領を行っていた疑いについての調査報告書を2016年１月に公開しました。同報告書によると，本件不正取引は，AppBank社において財務経理業務を行っていた木村氏により実行されました。広告事業AppBank Networkにおける支払業務を利用した，不正送金行為です。不正送金は2013年３月から2015年１月及び2015年８月に実行され，その合計額は約１億4,000万円に上ります。

不正送金は，協力者３名（A氏，B氏，C氏）並びに木村氏または協力者に関連する会社２社（A氏が代表取締役を務めるD社，実質的に木村氏個人と同一のE社）の計５つの銀行口座宛てに実行されました。協力者は入金を確認した後，木村氏と同氏が管理している法人に約５％の手数料を引いた額を再送金していました。

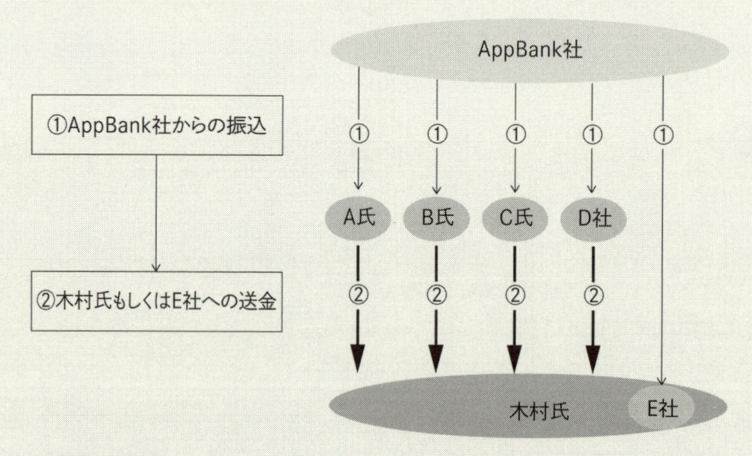

使途が判明したのは，滞納していた税金の支払約22百万円，知人への貸付約10百万円のみであり，約100百万円の使途は不明です。木村氏により作成された使途について記した上申書の内容も，事実認定ができ得る内容のものではありませんでした。なお，木村氏は上申書に遊興費は仮計算で約22百万円と試算していますが，一晩で３百万円を使ったこともあるほか，AppBank社社員の話では，毎晩のようにキャバクラに行っていたとの情報もあり，木村氏の試算金額よりも多額が遊興費として費消された可能性も否定できません。

Chapter 3

グループ管理強化

1.　IT統制

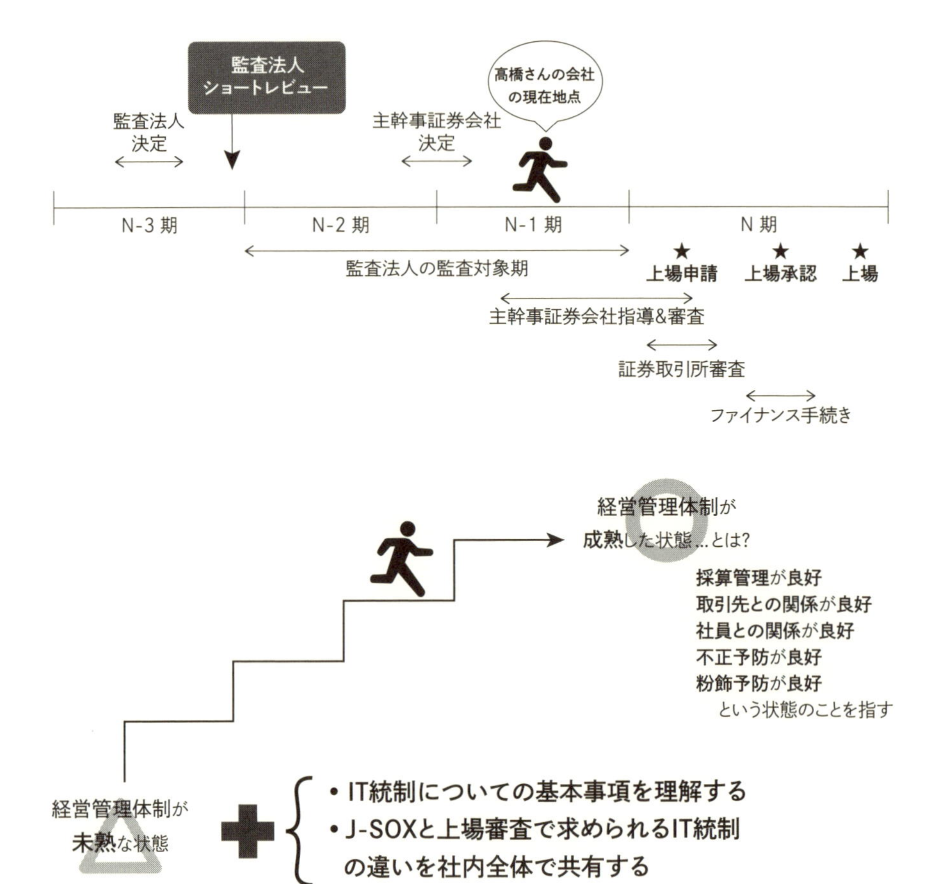

- IT統制についての基本事項を理解する
- J-SOXと上場審査で求められるIT統制の違いを社内全体で共有する

押さえておきたい基礎単語

- **IT統制**

  会社などの業務を適正に保つ内部統制の仕組みのうち，情報システムに関連するものを指す。

- **内部統制報告書**

  金融商品取引法において，会社の属する企業集団および当該会社に係る財務計算に関する書類その他の情報の適正性を確保するために必要な体制について評価した報告書のことと定義されている。J-SOXで求められる財務報告の信頼性を担保する内部統制の有効性を会社自らが評価し，その結果を開示する法定義務で，上場後最初に到来する事業年度末から適用される。

STORY

監査法人のショートレビューで指摘を受けていた課題の中で，高橋さんが経営管理上も早期に着手したいと感じていたものの１つにIT統制がある。事業拡大に伴い，さまざまな業務でシステムの利用が進んでいるが，個々のシステムの制御は万全な状況とはいえず，さらに，システム利用にあたっての社員への教育も行き届いているとはいえない状態である。マスコミの報道で情報漏洩等のニュースを聞き，抜本的にIT統制の強化を図る必要性を感じていた。そこで，まずはIT統制に着手するにあたり，現状どんなシステムをどの部署で利用しているかを洗い出してみた。

そして，洗い出したシステムに関して，どのようなセキュリティ上のリスクや事業継続上のリスクがあるかを関係者と協議した。その結果，行うべきことは膨大で，かつ専門知識も不足している現実が見えてきた……。高橋さんは途方に暮れながらも，思案を続けていた。

IT統制に着手するにあたり，高橋さんは先輩経営者Ｑさんに話を聞きました。

Ｑさんは，人材サービスに特化した業務管理システムの開発・販売事業に取り組んでいます。売上が３億円に近づいた頃，株式上場を目指して準備を始めました。この過程でIT統制の強化にも取り組むことにしました。J-SOXは財務報告に関わる内部統制であり，求められるIT統制も，財務報告に関わる範囲に限定されます。しかし，Ｑさんは会社全体のIT統制を強化する機会と考え，範囲を限定せずに，見直し・強化を図ることとしたのです。しかし，現場からは「範囲が広すぎて，何から手をつけてよいかわからない」という不満の声が上がりました。そこで，監査法人のアドバイスも受けて，ISMS（情報セキュリティマネジメントシステム）の国際規格であるISO27001の取得を目指すことにしました。

情報セキュリティの目標は，会社によってさまざまです。その目標を達成するための仕組み（マネジメントシステム）も，会社ごとに自由に構築することができますが，マネジメントシステムをゼロから構築することは大変です。

Ｑさんは，自社の規模や将来ビジョンを考慮したうえで国際規格を活用することとしました。ISO27001を取得したところ，日本を代表するIT企業から直接取引の打診がありました。今度は，同社が取引先に要求する「情報セキュリティポリシー」をクリアするために，さらなる情報セキュリティ強化に取り組みました。

現在，Ｑさんの会社は，日本を代表するIT企業との直接取引が信用となり，優良企業との取引がどんどん増えています。

このことから，高橋さんは，IT統制の強化は，単に株式上場のためという形式に拘泥せず，経営基盤強化という視点で取り組むことを学びました。また，会社全体のIT統制をグレードアップすることは，グロース市場への株式上場をゴールに見据えるより取組み範囲が広くなってしまうため，ゼロベースでなく外部ノウハウを活用するという手法が業務効率を高めるために有用であることを理解しました。もう少し深掘りして，２つのポイントを見ていきましょう。

(1) IT統制についての基本事項を理解する

まずは，IT統制についての基本事項のおさらいから始めましょう。IT統制とは，会社などの業務を適正に保つ内部統制の仕組みのうち，情報システムに関連するものを指します。J-SOXの導入により，上場会社には主に会計や財務報告上の不正や誤りを防止する社内制度の整備と運用が求められるようになりました。現代の大企業の業務や会計には，コンピュータシステムは欠かせません。そこで，IT統制により組織内での情報システムの適正な整備と運用が求められています。J-SOXでは，IT統制を「全般統制」と「業務処理統制」の二段階に分類していますが，経済産業省のシステム管理基準では，これらの前段階として「IT全社的統制」を加え三段階としています。一般的には，「IT全社的統制」「IT全般統制」「IT業務処理統制」の三段階で構成されていると考えてよいでしょう。

IT全社的統制とは，企業グループ全体（関係会社を含む）における，ITの健全な監督・維持に関する統制を指します。企業グループ全体の情報システムが適正に構築・運用されるよう，方針や計画，手続き，ルールなどの整備，実

施状況の監視などが求められます。

IT全般統制とは，業務処理統制が有効に機能する環境を保証するための統制活動を意味しており，通常，複数の業務処理統制に関係する方針と手続きを指します。具体例としては以下のような項目が挙げられます。

- （個々の）システムの開発，保守に係る管理
- （個々の）システムの運用・管理
- 内外からのアクセス管理など（個々の）システムの安全性の確保
- 外部委託に関する（個々の）契約の管理

IT業務処理統制とは，業務を管理するシステムにおいて，承認された業務がすべて正確に処理，記録されることを確保するために業務プロセスに組み込まれたITに係る内部統制を指します。具体例としては以下のような項目が挙げられます。

- 入力情報の完全性・正確性・正当性等を確保する統制
- 例外処理（エラー）の修正と再処理
- マスター・データの維持・管理
- システムの利用に関する認証，操作範囲の限定などのアクセスの管理

IT統制といってもさまざまな業務がありますので，むやみやたらに手をつけず，自社がITを使ううえで必要となるリスク対策を見極めることが重要です。社内に詳しいメンバーがいない場合には，先ほど紹介したQさんの事例のように，ゼロベースで取り組まず，独立行政法人情報処理推進機構（IPA）や一般社団法人 日本情報システム・ユーザー協会（JUAS）などのIT関連団体で公開しているガイドラインのひな形を参考にしたり，国際規格などの外部ノウハウや外部専門家を活用したりするという手法も有用です。IT統制に対して経験の乏しい会社では，ISMSやPマークのように，既にフォーマットが決まっている外部ノウハウの取得から手をつけることで，組織のレベルアップを図りながら，未知領域であるIT統制を強化していくことができます。

また，自社がITを使ううえで必要となるリスク対策を主眼とする場合，自社の活動を「コアな業務」と「ノンコアな業務」という2つの視点に分けて捉える手法も有効です。

コアな業務とは，会社の主軸事業に関する業務や自社の強みともいえる業務を指します。社内で最も情報漏洩が許されない分野と捉え，IT統制には特に力を入れます。具体的には，コア業務に携わっている営業や開発部門から，IT関連で実際に起きたミスや悩み事のヒアリングを実施して，既存のチェックリストに自社要素を加えたオリジナルIT統制を目指します。

ノンコアな業務とは，自社特有の強みを有していない業務，高度な判断を要しない業務，定型化された業務もしくは定型化できる業務などを指します。ノンコアな業務は市販のパッケージソフトウェアを活用することで，開発会社が提供するマニュアルやチェックリストでIT統制の大部分を代用します。

ポイントは，リスクをコントロールできているかどうかです。例えば，スキーを覚えるときに，まずは止まり方を覚えてから滑り方を覚えます。自分が止まれるスピードで滑るのであれば，けがをしないからです。これが，リスクをコントロールできている状態です。

IT統制を株式上場の手段と捉えるのではなく，組織全体の成長に必要不可欠な活動の1つという共通認識を社内で持ちましょう。しかし，ITと聞くとどうしても「専門知識が必要なのでは」「自分には理解できない分野だ」と苦手意識を持ち，社内でもIT統制に対する温度差が生まれてしまいがちです。まずは，「自社は，なぜIT統制に取り組むのか？」を明確にしてみてください。上場準備に直接関わりのない部署にも熱量を持ってもらうためには，IT統制を経て組織がどんな成長を遂げるのか，成長が自分達の部署にどんな利益をもたらすのかを意識してもらいましょう。例えば，Qさんの事例では，ISMSの取得が日本を代表するIT企業との取引の開始，信用の確立につながり，最終的には会社全体の取引数が増加しました。また，社内外のセキュリティ管理には，営業部門が日々つながりを大切にしている取引先やお客様の情報も含まれます。情報漏洩は，契約数や信用の低下に直結する大問題です。このような話は，上場準備に直接関わりのない部署にも当事者意識をもたらすでしょう。「上場準備に必要」と主幹事証券会社から言われたから担当部署だけが取り組む問題ではなく，「IT統制がないと，会社の成長を阻害することになる」という社内の共通認識が大切です。

(2) J-SOXと上場審査で求められるIT統制の違いを社内全体で共有する

上場後にJ-SOXで求められるIT統制は，財務報告に関わる範囲に限定されます。法律で定められていることなので，内容が細かいです。そして，内部統制監査が義務づけられています。なお，市場の活性化を目的とした新規上場に伴う負担の軽減として，上場後3年間は内部統制報告書の監査法人による監査免除が選択可能です（注）が，報告書の作成が免除されるわけではありません。

（注） 社会・経済的影響力の大きな新規上場会社（資本金が100億円以上または負債総額が1,000億円以上を想定）は免除の対象外。

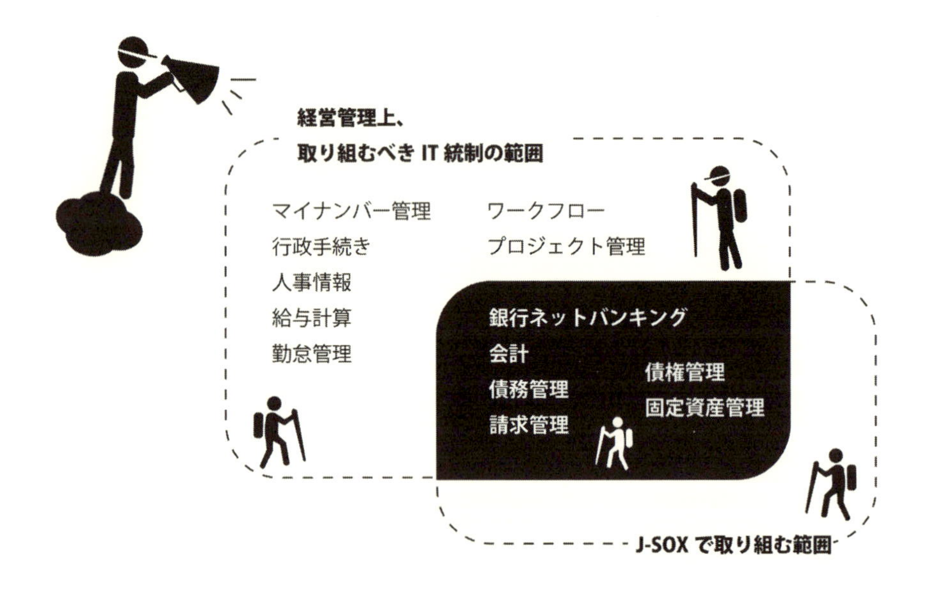

J-SOXで求められるIT統制は，「財務報告に係る内部統制の評価及び監査の基準」及び「実施基準」の中で詳細に定められています。早い時期に一読しておくことをお勧めします。参考に一部分を抜粋して記載します。そして，上場後の内部統制報告書の作成に備え，J-SOXについて上場前から準備を始めましょう。

⑤　ＩＴを利用した内部統制の評価

イ．ＩＴを利用した内部統制の評価

情報システムにＩＴが利用されている場合は、通常、情報は種々の業務システムで処理、作成され、その情報が会計システムに反映される。したがって、経営者は、こうした業務システムや会計システムによって作成される財務情報の信頼性を確保するための内部統制を評価する必要がある。この内部統制には、コンピュータ・プログラムに組み込まれて自動化されている内部統制、人手とコンピュータ処理が一体となって機能している内部統制がある。

また、ＩＴの統制は、全般統制と業務処理統制に分けられるが、経営者はこの両者を評価する必要がある。なお、ＩＴに係る全般統制は、業務処理統制が有効に機能する環境を確保するものであるが、ＩＴに係る全般統制が有効に機能していると評価されたとしても、それだけでＩＴに係る業務処理統制も有効に機能しているという結論に至らない点について留意することが必要である。

ロ．評価範囲の決定

a.　業務プロセスとシステムの範囲

財務報告に係るＩＴの評価では、まず、財務報告に係る内部統制に関連するシステムの対象範囲を明確にする必要がある。業務プロセスにおける取引の発生から集計、記帳といった会計処理の過程を確認する際に、財務諸表の重要な勘定科目がどのような業務プロセス及びシステムと関連しているか、システムの機能の概要、どの部署で利用されているか等について整理する。

その際には、各業務プロセスにおいて用いる業務プロセスにおける取引の発生から集計、記帳といった会計処理の過程の整理に加えて、システム間のデータの流れ等を、必要に応じ図や表を活用して把握・整理し、また各業務プロセスで使用されているシステムの一覧を作成することが有用である。

（財務報告に係る内部統制の評価及び監査に関する実施基準より抜粋）

一方，上場審査では，J-SOXとは別に内部統制の一環として「ITへの対応」が審査対象となります。求められる範囲も財務報告に限定せず，ITに関する不正のリスクが考えられる業務全般です。広範囲にはなるものの，J-SOXの場合とは異なり，細かな法律の決まりはありません。上場準備会社は組織風土や事業内容，内部牽制組織についても構築途上である場合が多いため，自社の規模や特性を考慮し，優先順位を付けて，内部統制の一環としてITへの対応も実施していくことになります。

例えば，以下のような項目をチェックします。

内部統制の一環としてのIT統制チェックリスト

No	区分	チェック項目	発生可能性	影響度	リスクへの対応方法 典型例	判定
■ITのセキュリティリスクのチェック						
1	情報セキュリティ方針	情報セキュリティ方針を適切に策定しているか。			①情報セキュリティ方針を策定。 ②従業員へ周知。	
2	セキュリティ対策	セキュリティソフトを入れるなど，セキュリティ対策を実施しているか。			セキュリティ対策を実施する。	
3	物理的セキュリティ	①サーバルームは施錠管理しているか。 ②入退室の管理簿等適切に使用しているか。			①サーバルームは施錠管理する。 ②入退室の管理簿等適切に記帳する。	
4	アクセス制限	①コンピュータ及びシステムログイン時には，PWを設定しているか。 ②システムレベル（OS/DBMS/ミドルウェア/ネットワーク）のアクセス権限の設定を適切にしているか。 ③アクセス権を付与する際に，管理部門長等の承認を得ているか。			①ログイン時にPW設定。 ②システムにアクセス権限を設定。 ③新規付与時には管理者の承認。	
5	ファイアウォール	ファイアウォールを適切に設定しているか。			ファイアウォールを適切に設定。	

6	システム管理者権限	システム管理者権限を多用していないか。			システム管理者権限は限定使用する。	
7	モニタリング	重要なシステムまたはデータへの不正アクセスについて，モニタリングを実施しているか。			重要なシステムまたはデータへの不正アクセスについて，モニタリングを実施する。	
8	外注先管理	外注先からの情報漏洩等を防止するため，契約書・誓約書を入手しつつ，必要最低限の情報しかアクセスできないように防止しているか。			外注先のアクセス制限を実施。	
■ITの事業継続リスクのチェック						
1	事業継続計画	事業継続計画を適切に策定しているか。			①事業継続計画として，緊急時の対応方針，代替業務手段の設定等を規定する。 ②従業員へ周知。	
2	バックアップ	データのバックアップを適切に実施しているか。			①データバックアップを日時で実施。 ②サーバーは地理的分散を図る。	

J-SOXと上場審査で求められるIT統制の違いを理解し，メリハリのあるIT統制を実現し，経営基盤強化への大きな一歩につなげましょう。

さらに，高橋さんからは，次のような質問がありました。

Q ISMSとPマークとは何でしょうか？

A ISMSとプライバシーマーク（Pマーク）は，どちらも会社における情報セキュリティの認証制度です。ISMSは，Information Security Management Systemの略です。ISMSとPマークには大きく７つの違いがあります。

違い	ISMS	Pマーク
規格	国際規格 (国際標準規格ISO27001)	国内規格 (日本工業規格が定める「JISQ15001」)
保護対象	個人情報を含む会社全体の情報資産	会社全体の個人情報
取得可能範囲	取得範囲を限定できる (例えば支社単位，部門単位で取得できる。)	会社ごとに取得
要求	情報の機密性・完全性・可用性の維持 (要求内容に対して，決まった手順はない。会社ごとにルールや文書を作成できる。)	適切な個人情報の取扱い (要求内容に対する手順や作成する文書などは厳格に定められている。)
更新審査	3年ごと (加えて1年に1度の維持審査)	2年ごと
更新費用 (会社の規模によってさまざま)	維持審査に20万円～50万円 更新審査に50万円～150万円	2年おきに22万円～90万円
セキュリティ対策	ISO27002(付属書A)で示される管理策から，組織の規模や保有情報資産，費用対効果等を考慮して選択。	JIS Q 15001に基づく個人情報保護のためのセキュリティ対策を実施。

ISMSとPマークは上記の違いがあるため，自社の経営方針や取引先の要請などをふまえ，取得する認証を決めましょう。個人情報保護に特化した認証として日本での知名度が高いPマークは，一般消費者との取引（B2C）が多く，膨大な顧客データを取得して事業を行う会社に向いています。企業間取引（B2B）をメインにしている場合は，ISMSの取得が望ましいでしょう。また，ISMSは国際的な基準に沿って審査されるため，海外展開に有利になることもあります。

Q IT・セキュリティ関連の内部監査はどのように進めればよいでしょうか？

A IT統制の対応にあたっては，特に被監査部門であるシステム部門と十分に連携を図る必要があります。しかし，IT知識の乏しい内部監査担当者からすると，専門用語が理解できないために質問事項が定まらず，苦手意識があるかもしれません。ヒアリング時はIT知識など詳細について深掘りするのではなく，システム業務の概要を把握したうえで，リスクや評価ポイントといった要点を押さえることを意識しましょう。

また，チェックを受けるシステム部門側にとっても，内部監査は自身の仕事を見直す良い機会です。昔ながらのマニュアルやルールに基づいて習慣化していた仕事でも，第三者視点からの意見を知ることで，実は欠けている，非効率である部分が露わになる可能性があります。日常業務に追われてないがしろにされがちな基本事項の再確認の場と捉えましょう。

IT・セキュリティに関する内部監査チェックリストの具体例（抜粋）は，以下のとおりです。

IT・セキュリティ関連業務

視点	チェック項目	リスク度
全般（規程）	□ 下記規程が適切に運用されているか。 職務権限表，業務分掌規程，個人情報管理規程，情報システム管理規程，システム運用管理規程等	中
全般（ルール，手順）	□ ITセキュリティ活動に係るルール・手順は適切に整備され，全社的に共有・運用されているか。	中
個別事項	□ 重要なシステムについて，セキュリティ方針（情報アクセス権限管理，アクセス制限，ID管理など）があり，適切に実施されているか。 □ 重要なシステムについて，バックアップが適切になされているか。 □ 重要なシステムについて，物理的アクセス制限が適切になされているか。 □ 重要なシステムについて，ID管理が適切になされているか。 □ ウィルス対策が適切に講じられているか。 □ 外部委託している部分については，適切にサービスレベルの確認等を実施しているか。	高

これらをふまえて，高橋さんは以下の選択をしました。

（高橋さんの選択）

✓システム利用にあたってのリスクが広範囲にわたることから，まずは，ISMS及びPマークの取得を目指すことで，基本的なリスクの統制を図ることにした。

✓システム開発事業部門に所属していた大泉さんを，管理本部の情報システム担当に任命した。

✓ISMS及びPマークの取得のため，大泉さんがコンサル会社主催の無料セミナーに参加し，いくつかのコンサル会社を比較検討したうえで支援してもらうコンサル会社を選定した。そのコンサル会社の指導のもと，システム管理方針・規程などを整備し，数か月の運用を経て，ISMS及びPマークの認証を取得した。

✓講師情報データベースは社内で開発した独自システムであり，仕様書などを整備していなかったので，今回の取組みの過程で，仕様書と定期的なチェック項目を記載したチェックリストを作成した。

✓今後，大泉さんは，ISMS及びPマーク認証取得を支援してくれたコンサル会社にアドバイスを受けつつ，大きなセキュリティ事故を起こさないために必要な対処をするという視点でIT統制の充実を図ることとした。

✓並行して，「J-SOXで求められているIT統制＝財務報告に関するIT統制」にも，決算開示の効率化にITを活用する視点で取り組むこととした。具体的には，電子帳簿保存法改正による要件緩和などを考慮し，紙の請求書を前提としてきた支払承認業務を会計システムと連携させ，ペーパーレス化を推し進めることとした。

2. 支店・営業所

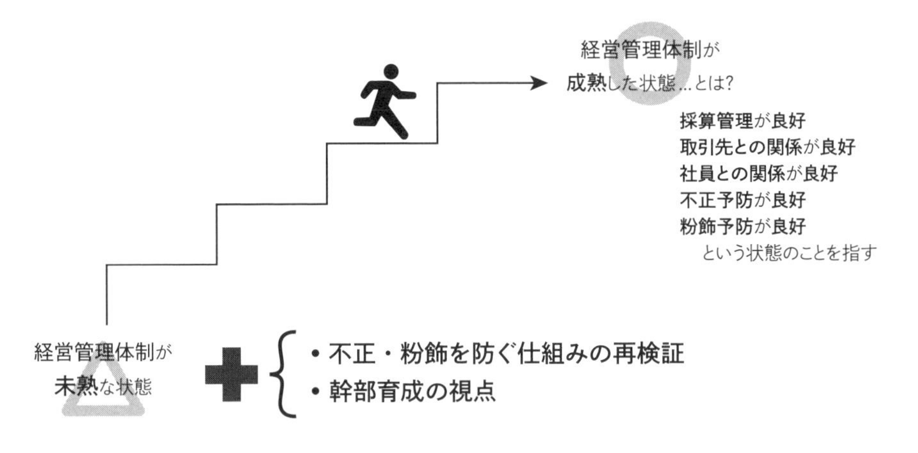

押さえておきたい基礎単語

● **支店**

本書においては，ある範囲において会社の営業活動の中心となり，本店から離れ独自に営業活動を決定し，対外的取引をなしえる人的・物的組織のことを指す。

● **営業所**

本書においては，営業を行う拠点を指す。

● **子会社**

会社法において，会社がその総株主の議決権の過半数を有する株式会社その他の当該会社がその経営を支配している法人として法務省令で定めるものと定義されている。議決権の50％超を有する場合など，実質的に支配しているか否かという実質的基準で判断する。

STORY

高橋さんは，内部監査・販売プロセス・購買プロセス・決算開示プロセス・IT統制等の進捗を勘案し，監査法人のショートレビュー報告書で指摘を受けていた「教室事業における教室と講師派遣事業における支店の位置づけや業務分掌が曖昧である点」の改善に着手しようと考えた。

まずは，監査法人と協議し，対処すべきポイントを再度レクチャーしてもらった。さらに，社内の関係部署の責任者とも協議し，経営管理上重要なポイントは何かを模索し始めた。しかし，まだ答えは出せていない。指摘に対する具体的な手立てを掴みたいと高橋さんは検討を進めた。

最初にR社の事例を見てみましょう。

R社は，売上1,000億円を超える半導体関連メーカーです。

2008年のリーマンショックの時に受注が大きく落ち込み，業務効率の再検証を行いました。その際に，全国に200拠点ある支店・営業所の業務も見直しました。

具体的には，各拠点に配置していた「経理課」の人員を，債権管理チームとして滋賀工場の隣接施設に集約しました。債権管理チームの仕事は，今まで各拠点で実施していた取引先への売上請求書の発送と債権回収及び消込作業です。離れた土地でバラバラに行っていた作業が，一括管理・実施されたことにより，人員の有効活用や業務効率向上に大きく貢献しました。また，各拠点の特定のメンバーの属人的な作業を取り上げることによる不正予防の側面もあります。さらに，各拠点での作業負担を軽減する代わりに，現地でなくてはできない業務に集中してもらうという期待もあります。

このことから，高橋さんは，支店・営業所の危険性と活用法を理解しました。

R社の事例をふまえ，支店・営業所の危険性と活用法を考えるうえで重要なポイントは２つです。

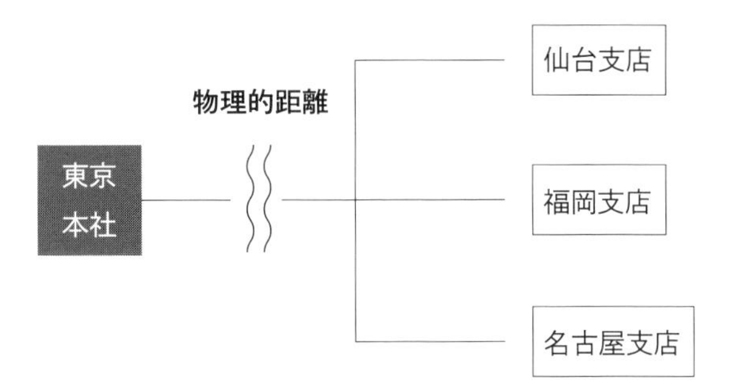

(1) 不正・粉飾を防ぐ仕組みの再検証

最初によくある事例を２つ取り上げます。

例１：福岡支店は適任者がいないので，支店長が長年同じ人

➡不正や属人化を防ぐためにも，支店・営業所のリーダーは定期的に見直しましょう。しかし，高頻度や突発的な交代は取引先にも悪印象です。取引先との関係性がようやく築けたかと思えば，新任の支店長と挨拶を交わして……という繰り返しでは，支店そのものの信頼にも影響します。また，急な転勤は社員のモチベーションにも影響します。多方面への引き継ぎ期間に配慮した，計画的な交代が求められます。

例２：Ｓ社ではＡ事業とＢ事業を運営しています。名古屋支店の支店長は，Ａ事業の経験しかなく，Ｂ事業については経験・知識がありません。名古屋支店で仕事をしているＢ事業のメンバーは直属の上司が身近にいないので，業務報告が煩雑になり戸惑っていました。支店長自身も課題に感じていました。

➡物理的な距離があるゆえに，業務が非効率になってしまったケースです。改善策としては，業務分掌の見直しが挙げられます。支店長はＢ事業の中でも，現場にいないと管理できないものに注力し，それ以外はＢ事業本部の本社メンバーに委託するのも一案です。現場での対応が求められるものの例としては，現金・手形・固定資産などの現物管理や，社員の勤怠管理や取引先の現場チェックなどです。名古屋支店でのＢ事業の管理にあたって，現場外でもわかることは本社に担当者を立てることにより，名古屋支店長と本社担当者が各々何を管理するのか業務分掌を決めて分担しましょう。管理できないことまで支店長が手をつけてしまうと，Ｂ事業のメンバーとしては「業務報告で多少嘘をついても支店長からサインがもらえる」と考え，より根深い不正の温床になりかねません。

上記２つの例からもわかるように，不正や属人化防止という視点で，定期的に支店・営業所の組織・業務を再検証することは重要です。リーダー交代が及ぼす社内外への影響や，リーダーに過度な管理を強いていないか等を念頭に置きながら取り組みましょう。

⑵　幹部育成の視点

物理的な距離があることで，支店・営業所のリーダーはその都度本社にお伺いを立てることなく一定の権限の範囲の中で，適宜必要に応じた重要な判断を下すことになります。つまり，支店長・営業所長などのリーダーポストは幹部育成という視点から有用です。

株式上場審査では，支店・営業所に比べ，子会社のほうが厳しく見られます。いくら将来有望でも，いきなり子会社の経営を任せるのはリスクが高いでしょう。もちろん支店・営業所にもリスクはありますが，子会社よりも通常少ないので，将来を委ねる幹部候補に権限を与え，リーダーシップを発揮してもらう場としては非常に有用です。

また支店であれば，経営幹部として，部門別損益管理を中心に経営管理の５つの視点を実践する場にも利用できます。

❶ 採算管理

上記Ｓ社名古屋支店の場合，売上予算の責任はＡ事業本部とＢ事業本部が負うため，名古屋支店の売上予算はないのですが，部門別損益管理は下表のように，費用を大きく３つに分類して管理しています。

勘定科目	計上内容
販管費-人件費	支店長及び間接業務に従事するアルバイトなどの費用
販管費-その他経費	支店の家賃や複合機のリース代などの名古屋支店長が管理できる費用
共通販管費	上記 2 つ以外

名古屋支店長には，以下のような予実分析資料を使って，毎月支店の損益(「販管費–人件費」及び「販管費–その他経費」）の予算と実績を分析してもらいます。Ｓ社全体の売上高に対し適切な比率の「(名古屋支店の）販管費–人件費」及び「(名古屋支店の）販管費–その他経費」となっているかを検証します。これにより，全社と名古屋支店の事業規模の関係などに関する理解が深まります。

Ⅲ 部門別予実分析表

全体実績（単月・累計・着地予想）

単位：千円

	A事業本部			B事業本部			コーポレート本部（本社）			コーポレート本部（名古屋支店）			合計		
	着地予想	累計	単月	着地予想	累計	単月	着地予想	累計	単月	着地予想	累計	単月	着地予想	累計	単月
売上高	660,000	55,248	25,212	248,047	35,084	18,087							908,047	90,332	43,299
売上原価	350,000	28,375	12,505	184,996	15,556	8,065							534,996	43,931	20,570
売上総利益	310,000	26,873	12,707	63,051	19,528	10,022	0	0	0	0	0	0	373,051	46,401	22,729
売上総利益率	46.97%	48.64%	50.40%	25.42%	55.66%	55.41%	#DIV/0!	#DIV/0!	#DIV/0!	#DIV/0!	#DIV/0!	#DIV/0!	41.08%	51.37%	52.49%
販管費-人件費	78,000	6,512	3,508	16,448	5,008	3,133	35,000	5,505	2,792	6,000	1,015	512	135,448	18,040	9,945
労働分配率	25.16%	24.23%	27.61%	26.09%	25.65%	31.26%	#DIV/0!	#DIV/0!	#DIV/0!	#DIV/0!	#DIV/0!	#DIV/0!	36.31%	38.88%	43.75%
売上高人件費率	11.82%	11.79%	13.91%	6.63%	14.27%	17.32%	#DIV/0!	#DIV/0!	#DIV/0!	#DIV/0!	#DIV/0!	#DIV/0!	14.92%	19.97%	22.97%
販管費-その他経費	36,000	3,054	1,609	9,886	2,067	1,051	24,000	4,026	2,047	6,000	1,036	508	75,886	10,183	5,215
売上高その他経費率	5.45%	5.53%	6.38%	3.99%	5.89%	5.81%	#DIV/0!	#DIV/0!	#DIV/0!	#DIV/0!	#DIV/0!	#DIV/0!	8.36%	0	12.04%
営業利益（共通販管費の部門配賦前）	196,000	17,307	7,590	36,717	12,453	5,838	▲59,000	▲9,531	▲4,839	▲12,000	▲2,051	▲1,020	161,717	18,178	7,569
営業利益（共通販管費の部門配賦前）率	29.70%	31.33%	30.10%	14.80%	35.49%	32.28%	#DIV/0!	#DIV/0!	#DIV/0!	#DIV/0!	#DIV/0!	#DIV/0!	17.81%	20.12%	17.48%
共通販管費の部門配賦（注1）	51,605	7,084	3,412	19,395	4,498	2,447	▲59,000	▲9,531	▲4,839	▲12,000	▲2,051	▲1,020	0	0	0
営業利益	144,395	10,223	4,178	17,322	7,955	3,391	0	0	0	0	0	0	161,717	18,178	7,569
営業利益率	21.88%	18.50%	16.57%	6.98%	22.67%	18.75%	#DIV/0!	#DIV/0!	#DIV/0!	#DIV/0!	#DIV/0!	#DIV/0!	17.81%	20.12%	17.48%
	7.82%			7.82%											

（注１）部門共通費は，部門売上高の比で按分

予実分析（コーポレート本部ー名古屋支店）

単位：千円

	通期	累計			単月			
	着地予想	予算	実績	前年同月	予算	実績	予実差異	予実差異理由と対応策
売上高	908,047	90,000	90,332	81,884	43,000	43,299	299	
売上原価	534,996	43,000	43,931	40,921	20,500	20,570	70	
売上総利益	373,051	47,000	46,401	40,963	22,500	22,729	229	
コーポレート本部以外の販管費	140,334	16,500	16,641	15,522	9,100	9,301	201	
営業利益（経営管理部門を除く）=A	232,717	30,500	29,760	25,441	13,400	13,428	28	
コーポレート本部（名古屋支店）－人件費=B	6,000	1,000	1,015	989	500	512	12	業務ローテーションに伴い，残業代が発生した
労働分配率（B÷A）	2.58%	3.28%	3.41%	3.89%	3.73%	3.81%	0.08%	
売上高人件費率	0.66%	1.11%	1.12%	1.21%	1.16%	1.18%	0.02%	
コーポレート本部（名古屋支店）－その他経費	6,000	1,000	1,036	836	500	508	8	エアコンの修理代が発生した
売上高その他経費率	0.66%	1.11%	1.15%	1.02%	1.16%	1.17%	0.01%	
コーポレート本部（本社）の販管費	59,000	9,500	9,531	8,679	4,750	4,839	89	
売上高コーポレート本部（本社）販管費率	6.50%	10.56%	10.55%	10.60%	11.05%	11.18%	0.13%	
営業利益	161,717	19,000	18,178	14,937	7,650	7,569	▲ 81	
営業利益率	17.81%	21.11%	20.12%	18.24%	17.79%	17.48%	-0.31%	

❷ 取引先との関係

支店長には，支店管轄の取引先（主に協力会社を想定）を洗い出し，品質・納期・採算という視点で，P.168 ～ 169で説明した取引先定期確認リストを活用してもらいましょう。定期的にチェック項目を確認することによって，取引先との良好な関係づくりに活かせるヒントが見えてくる可能性があります。

❸ 社員との関係

支店長には，就任を機に，就業規則や給与規程などの人事関連規程を再度熟読してもらいましょう。毎日の勤怠管理方法・残業代の計算方法，有給の付与タイミング・有給の消化状況，振替休日と代休の使い分け，パワハラ・セクハラ等の取扱いなど，今後，支店長として留意すべきポイントがたくさんあります。そして，それらを支店メンバーとの良好な関係づくりに活かすように取組みを促しましょう。

❹ 内部者による不正

支店長には，不正を未然に防ぐために，支店メンバーが犯罪に手を染める隙を作らないことが重要ということを理解してもらい，支店の重要な書類や情報は，適切な管理を心がけるように促しましょう。例えば，重要な書類を机の上に放置して外出するといった行動は，誰も盗んだりしない可能性が高いとしても避けるべきです。図らずも，支店メンバーが犯罪に手を染める契機を与える行為と考えられます。

さらにデータの管理なども同様にルールを作り，隙を作らないことが重要です。

❺ 経営者による粉飾

支店長には，支店長自らが不正を働くことに置き換えて考えてもらいましょう。支店長自身も人間として弱い部分もあるので，不正に手を染める可能性はあります。属人化（支店長しかできない業務・支店長１人で完結する業務）を極力，減らすように促しましょう。例えば，支払業務は支店長が承認を担当し，入力は他のメンバーに委託するなどの分担も一例です。

もしも支店・営業所への異動をマイナスに捉える風潮が社内にあるとすれば，経営者自らがキャリアパスを提示し，社員のモチベーション向上に努めましょう。

さらに，高橋さんからは，次のような質問がありました。

Q 支店と子会社の違いについて教えてください

A

	支店	子会社
親会社との関係	同一会社	別会社
事業内容	本社と同じ事業	親会社とは異なる事業を展開する場合もある
親会社の株式保有割合	100%	原則として50%超
法人格	なし	あり

比較表で整理すると，上表のとおりです。少し理解を深めるために，新たに子会社を設立し，（親会社から）事業を移管する場合の留意点について，支店と子会社の違いを念頭に置きながら，いつもの５つの視点で確認してみましょう。

❶ 採算管理

子会社が独立した事業体として採算がとれるかどうか，あるいはいつから採算がとれるかを確認しておくことが重要です。基本的には，親会社と子会社が独立した事業体として，個々に品質・納期・採算をコントロールして，運営していくことが望ましいです。しかし，経営者の役員報酬や本社家賃・共通経費等の負担割合は，両社の利益と資金のバランスに配慮して決めます。どちらかの会社が明らかに赤字になるような場合や資金不足になる場合は税務面のメリット・デメリットも考慮して，負担割合を見直すことも検討しましょう。

また，資金移動に関しても注意が必要です。子会社への送金は，支店への送金に比べ手続きが煩雑になります。会社間の資金移動となりますので，前提となる契約（出資契約・資金貸付契約・売買契約等）を締結し，それに基づいた手続きを踏み，送金することになります。支店への資金送金の際にも，振込等への社内承認手続きは必要となりますが，契約締結等は不要です。

❷ 取引先との関係

取引先への影響は，会社分割等による契約書の再締結等も含め，事前に検討することになります。

取引先によっては，与信の問題等で新会社との契約を嫌がることも想定されます。また，複数の事業部門が同じ取引先に出入りしている場合等は，対応窓口の調整等も必要です。いずれにしろ，取引先には負担をかけることになるので，事前説明等を含め，取引先への配慮が大切です。

❸ 社員との関係

親会社から新設子会社へ異動になる社員は，旧会社との雇用契約の見直しが必要です。選択肢としては，「新会社への出向」「新会社への転籍」あるいは「新会社と旧会社での業務委託とし，社員の出向や転籍を回避する方法」等があります。

また，出向や転籍の場合は，新会社設立と同時に転籍するか，新会社の経営が軌道に乗った数年後まで出向で引っ張るか等も，社員のモチベーション等を考慮して検討することになります。

旧会社で健康保険組合に加入していて，設立間もない新会社が健康保険組合に加入できない場合等は社員の待遇に影響しますので，さらに慎重に取り組むことをお勧めします。

❹ 内部者による不正

支店の場合は，あくまでも会社の一部分であり，支店だけですべてを完結することは難しいです。しかし，子会社とする場合には，法的に１つの会社として切り出されています。例えば，親会社事業部門責任者が子会社の社長となる場合，一連の経営活動を取り仕切ることが可能となるということです。つまり，内部統制上の難易度は支店よりも子会社のほうが高いです。したがって，子会社とする場合は，子会社の役員構成をどうするか，どこまでの権限を付与するかといったことについては，子会社の幹部層のモチベーションや育成プラン等も考慮し，慎重に決めましょう。将来の幹部育成の観点からは，新会社の経営を委ねることは効果があります。しかし委ね方に配慮しないと，目が行き届かなくなり，新会社の社長が暴走する等，不正の温床となってしまう可能性もあります。

❺ 経営者による粉飾

親会社と子会社での定常的な取引が発生する場合は，グループ全体の損益を把握するために，連結決算の視点を持つことが望ましいです。子会社の決算は親会社と共通のルールのもとで行い，双方の決算を合算した連結決算も行うことをお勧めします。

これらをふまえて，高橋さんは以下の選択をしました。

（高橋さんの選択）

✓監査法人と協議した結果，経営管理上重要なポイントは，「不正・粉飾を防ぐ仕組みの再検証」と「幹部育成の視点」と理解した。

✓教室事業における９つの教室と講師派遣事業における６つの支店を対象に，教室と支店の位置づけを整理し，教室と支店は同格として，他部署の「課」のランクとすることとした。

✓業務分掌も整理し，教室や支店で実施していた「入金・出金業務」はすべて（新設の）サービスセンターに移管することとした。

✓幹部育成の視点も考慮し，支店長や教室リーダーのローテーションを計画的に実施することとした。これまでは，支店や教室の新設時や支店長などの退職時に不定期に実施していただけであった。

✓不正の温床をなくすという意図から，教室事業における「（生徒の保護者からいただく）お中元やお歳暮，その他の謝礼の取扱い」を整理した。

3. 関係会社の整備

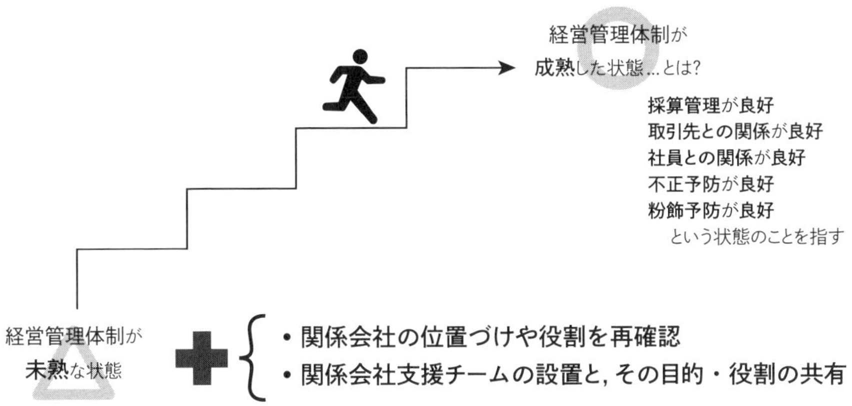

経営管理体制が
成熟した状態…とは?

採算管理が良好
取引先との関係が良好
社員との関係が良好
不正予防が良好
粉飾予防が良好
という状態のことを指す

経営管理体制が
未熟な状態

- 関係会社の位置づけや役割を再確認
- 関係会社支援チームの設置と，その目的・役割の共有

押さえておきたい基礎単語

● **関連会社**

会社計算規則（法務省令）において「会社が他の会社等の財務及び事業の方針の決定に対して重要な影響を与えることができる場合における当該他の会社等（子会社を除く。）をいう」と定義されている。

● **関係会社**

会社計算規則（法務省令）において「当該株式会社の親会社，子会社及び関連会社並びに当該株式会社が他の会社等の関連会社である場合における当該他の会社等をいう」と定義されている。

● **関連当事者**

関連当事者の開示に関する会計基準において「ある当事者が他の当事者を支配しているか、または，他の当事者の財務上および業務上の意思決定に対して重要な影響力を有している場合の当事者等」と定義されている。その立場上，会社に対して重要な影響力を及ぼすことが可能である個人または法人のことである。

● **M&A（エムアンドエー）**

Mergers（合併）and Acquisitions（買収）の略である。２つ以上の会社が１つになったり（合併），ある会社が他の会社を買ったりすること（買収）を指す。

\ STORY /

今年に入り，プログラマー育成を担うアカデミー事業を別会社にすることで，グループは国内３社と海外２社体制となった。関係会社の管理の基本方針や協議・決議事項を記載した関係会社管理規程の整備・運用は，監査法人ショートレビューと主幹事証券会社の課題にも挙げられている。そこで高橋さんは早々に着手しようと考えていた。

そして，どうせ取り組むのであれば，単なる株式上場のための作業としてではなく，経営管理に活かせるようにしたいとも考えた。親会社として関係会社とどのような距離感で，どのように接していくのがよいか思案しているが，まだ答えは出せていない。

最初に富士フイルムホールディングス株式会社の事例を見てみましょう。

富士フイルムホールディングス株式会社の「第三者委員会調査報告書（2017年６月10日付）」において，富士ゼロックス（富士フイルムホールディングスの子会社，以下FX）の子会社で，アジア・オセアニア地区を統括するFuji Xerox Asia Pacific Pte. Ltd.（シンガポール，以下FXAP）が管轄するニュージーランド現地法人とオーストラリア現地法人の２社において，不正な売上計上が行われたことが報告されていました。金額は約281億円です。

なお，シンガポールには，FXの内部組織として「アジア・パシフィック地区全体のマーケティング戦略を立案し，各販売会社の販売計画・利益計画達成支援を実施することを基本的役割とするアジア・パシフィック営業本部（以下，APO）」が置かれています。FXの子会社としてのFXAPとFXの内部組織としてのAPOは，特段の区別なく業務を行っています。例えば，FXAPのCEOはAPO営業本部長が，FXAPのCFOはAPO経理部長が務めています。

第三者委員会は，不正が行われた原因として，売上についてのプレッシャーのほかに，以下の４点を挙げています。

① APOのファイナンス部門が（FXAPの）業績管理機能も担っていたこと
② （FXAP経営陣の）会計監査人に対する隠ぺい体質と会計監査に対する誤解
③ FXAP経営陣によるAPO内部監査部門に対するプレッシャー
④ 海外子会社（特にオセアニア地域）の管理体制に不備があったこと

上記４点の背景には，日本から来た上司と現地雇用社員との間の確執，日本とオセアニア地域の英連邦系の国々における企業風土の相違といった日本企業が海外現地法人を統治する上での根源的な問題点があったのではないかと思料します。

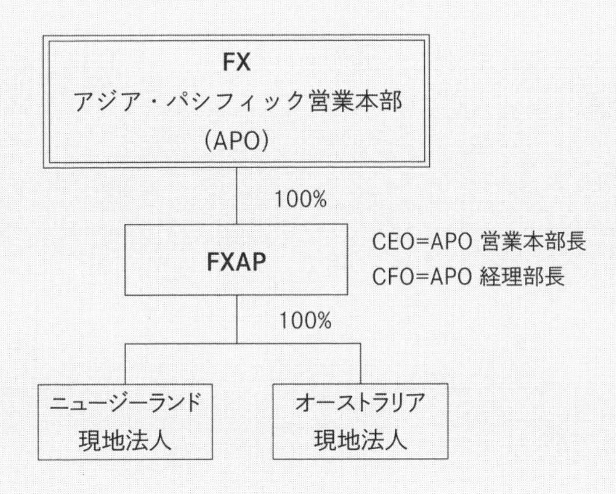

このことから，高橋さんは，上場している大きな会社でも海外子会社での不正が起きていることを理解しました。

上記事例から学ぶべき重要なポイントは2つです。

(1) 関係会社の位置づけや役割を再確認

子会社による不正，特に海外子会社による不正の事例は多数存在します。1つの会社の社内と比べて，物理的な距離や文化の違いが大きいため，必然的に不正の発生可能性も高まります。グループ全体での当該子会社の位置づけを戦略的に注視することが重要です。関係会社の位置づけや役割を再確認するにあたっての一般的なチェックポイントは以下のとおりです。

チェックポイント	補足事項
a. 関係会社の事業目的は整理されていますか。	本業との関連性，別会社とする理由を今一度整理しましょう。
b. 出資関係図は作成していますか。	aを実施する際に役立ちます。
c. 出資状況（持株状況，100%出資子会社以外の場合の理由）について把握していますか。	
d. 関係会社の存在理由・性格を合理的に説明できますか。	
e. 100%出資子会社以外の場合の理由は合理的ですか。	
f. 申請会社と関係会社との業績推移を過去数年分比較しましょう。増減益の傾向が大きく変化している関係会社はあるでしょうか。	状況は常に変化します。関係会社という関わり方が，数年経った現在の状況でも最適解と言えるのか見直しましょう。
g. 親会社と取引関係のある関係会社で，異常に高水準の利益をあげている会社はありますか。	
h. 関係会社との取引内容・取引価格は妥当ですか。	取引価格が親会社の都合で決定されている場合，または関係会社と関係会社以外への取引価格が根拠なく差別されている場合などは見直しを検討しましょう。
i. 関係会社との取引は，自社にとって経済的合理性がありますか。	関係会社の期末在庫量が異常，取引金額の受渡方法・期間が不自然であるといった場合などは，取引内容を精査しましょう。

j. 関係会社の業績・財務内容は良好ですか。	理由や必要性にまで突っ込んで調べましょう。関係会社の業績悪化や債務超過であるといった状況が，親会社に大きな負担を与える場合は見直しを検討しましょう。
k. 債務保証はありますか。	親会社が債務保証をしている額が大きく，万が一の場合に親会社に大きな影響を与えかねない状況は可能な限り避けましょう。
l. 関係会社への直接の貸付金がある場合，金利・期間などの貸付条件は妥当ですか。設備の賃貸関係がある場合，その条件は妥当ですか。	
m. 親会社等との兼任役員の報酬は妥当ですか。	関係会社の業務にほぼ関与していない役員に対して，多額の報酬を払っていませんか。この場合は，親会社からの役員報酬のみとして，関係会社からの役員報酬はなくすことを検討しましょう。
n. 関係会社との取引において，取引基本契約書は整備されていますか。	
o. 休眠会社は整理されていますか。	手つかずの場合は計画を立てましょう。
p. 関連当事者等の判定を行っていますか。	関連当事者等との取引の経済合理性，価格の妥当性は検討していますか。

経営は生き物なので，どうしても計画どおりに進まないことが多いものです。毎年のようにグループ再編を繰り返すというのは考えものですが，ある程度の間隔での定期的な見直しを心がけましょう。その際にはぜひ，上記チェックリストを活用してみてください。

また，グループ全体での資金の流れを意識しておくことも有用です。どこでどのくらいの資金を生み出し，どこでどのくらいの資金を消費しているかを点検しましょう。その時に役立つのが，PL・BS・CF表です。損益と資産・負債とお金の動きを１つの表の中で把握できます。この表を各社ごとに作成し，グループ全体の資金の動きを確認しましょう。

Ⅲ PL・BS・CF表

単位：千円

	実績 第10期	予想 第11期	予想 第12期	予想 第13期	予想 第14期
売上高		1,100,002	1,500,002	2,000,000	3,000,002
売上原価		475,001	611,501	810,160	1,236,301
売上総利益		625,001	888,501	1,189,840	1,763,702
販管費		466,502	655,852	809,015	1,157,287
営業利益		158,499	232,650	380,825	606,415
営業外収益					
営業外費用					
経常利益		158,499	232,650	380,825	606,415
特別損益		0	0	0	0
税引前当期利益		158,499	232,650	380,825	606,415
法人税等		55,475	81,427	133,289	212,245
税引後当期利益		103,025	151,222	247,536	394,170

	第10期	第11期	第12期	第13期	第14期
現金及び預金	214,454	388,968	548,807	789,307	1,177,914
売掛金	30,289	20,194	20,194	20,194	20,194
その他流動資産	50,490	3,975	3,975	3,975	3,975
流動資産	295,234	413,137	572,976	813,477	1,202,084
減価償却資産	1,131	2,483	2,272	1,818	1,454
土地	0	0	0	0	0
有形固定資産	1,131	2,483	2,272	1,818	1,454
無形固定資産	547	132	50,096	50,059	40,022
出資金	10	10	10	10	10
敷金・預託金	0	1,870	2,334	2,334	2,334
長期前払費用	326	853	1,020	45	0
投資その他の資産	336	2,733	3,364	2,389	2,344
固定資産	2,014	5,349	55,732	54,266	43,820
繰延資産	0	0	0	0	0
資産の部　計	297,248	418,486	628,708	867,742	1,245,904
未払金	26,685	22,604	22,604	22,604	22,604
未払法人税等	710	686	686	686	686
仮受消費税及び未払消費税	2,332	68	68	68	68
その他流動負債	14,603	9,186	9,186	9,186	9,186
流動負債	44,331	32,545	32,545	32,545	32,545
長期借入金	0	30,000	89,000	80,498	64,490
その他固定負債	0	0	0	0	0
固定負債	0	30,000	89,000	80,498	64,490

負債の部　計	44,331	62,545	121,545	113,043	97,035
資本金	97,972	97,972	97,972	97,972	97,972
資本金	97,972	97,972	97,972	97,972	97,972
資本準備金	55,100	55,100	55,100	55,100	55,100
その他資本剰余金	0	0	0	0	0
資本剰余金	55,100	55,100	55,100	55,100	55,100
利益準備金	0	0	0	0	0
繰越利益剰余金	99,845	202,869	354,091	601,628	995,797
利益剰余金	99,845	202,869	354,091	601,628	995,797
自己株式			0	0	
株主資本	252,917	355,941	507,163	754,700	1,148,869
その他有価証券評価差額金			0	0	
繰延ヘッジ損益			0	0	
評価・換算差額等	0	0	0	0	0
新株予約権					
純資産の部　計	252,917	355,941	507,163	754,700	1,148,869
負債・純資産の部　計	297,248	418,486	628,708	867,742	1,245,904
貸借チェック	OK	△ 0	△ 0	△ 0	△ 0

Ⅰ．営業活動によるキャッシュ・フロー	第10期	第11期	第12期	第13期	第14期
税引前当期純利益		158,499	232,650	380,825	606,415
減価償却費		854	1,222	1,466	10,446
売上債権の増減額（△は増加）		10,095	0	0	0
仕入債務の増減額（△は減少）		△ 4,081	0	0	0
未払消費税等の増減額（△は減少）		△ 2,264	0	0	0
その他資産の増減額（△は増加）		46,515	450	1,200	1,200
その他負債の増減額（△は減少）		△ 5,417	0	0	0
小計		204,201	234,321	383,491	618,060
利息及び配当金の受取額		0	0	0	0
利息の支払額		0	△ 450	△ 1,200	△ 1,200
法人税等の支払額		△ 55,499	△ 81,427	△ 133,289	△ 212,245
営業活動によるキャッシュ・フロー		148,702	152,444	249,002	404,615
Ⅱ．投資活動によるキャッシュ・フロー					
有形固定資産の取得による支出		△ 1,589	0	0	0
無形固定資産の取得による支出		0	△ 50,000	0	0
出資金の取得による支出		0	0	0	0
敷金及び預託金の回収による収入（△は差入による支出）		△ 1,870	△ 464	0	0
その他の投資収支		△ 730	△ 1,141	0	0
投資活動によるキャッシュ・フロー		△ 4,189	△ 51,605	0	0
Ⅲ．財務活動によるキャッシュ・フロー					
長期借入金の増加による収入（▲は返済による支出）		30,000	59,000	△ 8,502	△ 16,008
株式の発行による収入		0	0	0	0

その他の増減額（△は減少）		0	0	0	0
財務活動によるキャッシュ・フロー		30,000	59,000	△ 8,502	△ 16,008
Ⅳ．現金及び現金同等物に係る換算差額		0	0	0	0
Ⅴ．現金及び現金同等物の増減額（△は減少）		174,513	159,839	240,500	388,607
Ⅵ．現金及び現金同等物の期首残高		214,454	388,968	548,807	789,307
Ⅶ．現金及び現金同等物の期末残高		388,968	548,807	789,307	1,177,914

なお，海外子会社に関しては，上記に加え，さらに以下の５つの視点も留意しましょう。

❶ 採算管理

国内の関係会社と同様に，「計画作成→実績分析→改善対応」というPDCAサイクルを回しながら，組織運営の方針や考え方を浸透させていくことになります。しかし，距離・言語・文化の壁があるため，現地の実情が日本に正しく伝達されない場合もあります。日本の親会社から定期的に海外現地を視察している場合には，大きな認識のずれは生じにくいです。一方，現地視察が定期的に実施されない場合には，経営判断のソースが海外子会社からの報告頼りになってしまうため，情報の信頼性が低く，不正リスクが高まります。

また，海外子会社の場合，特にグループ全体における位置づけに留意しましょう。例えば，海外子会社が製造子会社の場合，グループ全体への貢献度としては，安価な製造コストによる原価低減貢献であり，子会社独自での利益拡大は求められていないこともあります。

さらに，全くの新規市場への参入の場合，市場で受け入れられるのかどうかの判断も参入前には難しいでしょう。この新規市場での成功のためには，どこまでだったら投資できるのかと考え，最初から撤退条件を明確にしておくことも重要となります。

❷ 取引先との関係

日本国内と同様に，現地での取引先，特に協力会社（業務委託先）との関係が重要であることを認識し，積極的に取引先との関係強化を図りましょう。

現地での材料調達において，品質の不安定さから不良品が多発し，結果として製品1個当たりの材料費が高くなってしまうケースや，現地での部品の配送体制を適切に構築できず，結果的に想定した製造原価が達成できないというケースも散見されます。

❸ 社員との関係

新興国に海外進出し，ゼロベースで会社を立ち上げていく場合，現地社員のモラルの低さや管理者不足が課題となることが多いです。現地社員のモラル向上には，現地社員からの信頼を得られるリーダー的存在が重要な役割を担います。もちろん親会社との連携という意味で，日本人の管理者も必要となります。しかし，日本人だけの管理では，やはり宗教・カルチャーの違いや労働に対する考え方の違いなどにぶつかるでしょう。日本人管理者だけではなく，現地社員の中からリーダー的存在が生まれることが望まれます。なお，日本の管理者も，日本からの指示を押し付けるだけでなく，現地の状況を正しく理解したうえで，現地メンバーに受け入れられるよう心がけましょう。日ごろから現地メンバーとのコミュニケーションを図ることが求められます。

一方，M&Aで他社から海外の会社を買収する場合，既に整備されている現地の管理体制を，自社のグループ方針に従って見直していくことになります。買収時にトップを自社（買収元）から派遣するケースや，買収後もそのまま現地トップや管理者ら現地メンバーで運営していくケースのどちらかを選択することが多いです。どちらのケースも，現地メンバーにどのようにグループの経営理念や経営方針を理解してもらい，業務を推進していくかが重要となります。買収した直後に主要なメンバーが辞めて競合他社に移ってしまい，その結果，シェアを奪われてしまった例もあります。

❹ 内部者による不正

関係会社に対する親会社からのプレッシャーが強いと，「あまり悪い報告はできないので，何とか挽回してから報告しよう」と試行錯誤しているうちに，傷が深くなってしまい不正に走る……という事態になりかねません。特に海外子会社の場合，物理的な距離や文化の違いなどもあるため，日本国内の関係会社以上に注意を払う必要があります。そのため，幹部社員との良好なコミュニケーションを心がけましょう。

そして，海外子会社の実態を適時に適切に把握するためにも，経営管理体制の整備を進めていきましょう。

❺ 経営者による粉飾

海外子会社からの会計報告において問題となるのは，当該国と日本との制度の違いです。適切な報告ができるような人員体制となっているのかも重要です。海外子会社の場合，日々の現場対応に追われて，管理面での要員が不足している会社もあります。管理面での要員不足は属人化を招き，粉飾の温床となります。その国の独自性もありますので，国の法律や制度をよく理解している経営管理人材を集めることが望まれます。

(2) 関係会社支援チームの設置と，その目的・役割の共有

関係会社の整備作業も，やり方を間違えると，関係会社との関係を悪化させてしまう可能性があります。グループ全体の成長・拡大のために前向きに始めた整備作業が，関係会社のマイナス面にばかり目を向けてしまうきっかけになるのは非常に勿体ないことです。目的は，あくまでも関係会社との良好な関係づくりに置き，切り捨ての姿勢で臨まないように心がけましょう。

より良い関係を構築・発展させるためには，関係会社支援チームの設置がお勧めです。親会社側で関係会社の総合サポートチームを用意するイメージです。

関係会社支援チームの目的：各関係会社が自社グループと連携し機能するようになること。自社グループに貢献するまでのコミュニケーション・関係性づくりを含む一貫した関係会社支援マネジメント体制を構築すること。

関係会社支援チームの役割：各関係会社に求められる要件（品質・納期・採算と，

そのベースとなる経営理念）を各社の事業計画書において明確にする。計画書に沿った運営をサポートする。そのための評価システムを構築する。

サポートチーム自体の評価は，支援している関係会社の事業計画の達成状況に基づいて行います。そのため，ただのお目付役ではなく，関係会社と二人三脚で歩む立場を理想としましょう。各社の決算資料集めや年１回程度の現地視察では十分でないこと，内部監査とは役割が異なることを理解しましょう。

さらに，高橋さんからは，次のような質問がありました。

Q　子会社，関連会社，関係会社，グループ会社とはどのように違うのでしょうか？

A　ある会社と資本関係を有する会社は，子会社，関連会社，関係会社，グループ会社さらに非連結子会社や持分法適用会社など，さまざまな呼び方をされます。

会社法は，「子会社とは，会社がその総株主の議決権の過半数を有する株式会社その他の当該会社がその経営を支配している法人として法務省令で定めるもの」と定義しています。議決権の50％超を有する場合など，実質的に支配しているか否かという実質的基準で判断されます。

また，「関連会社とは会社が他の会社等の財務及び事業の方針の決定に対して重要な影響を与えることができる場合における当該他の会社等（子会社を除く。）をいう」と会社計算規則（法務省令）において，定められています。

同じく「関係会社とは，当該株式会社の親会社，子会社及び関連会社並びに当該株式会社が他の会社等の関連会社である場合における当該他の会社等をいう」と定められています。

これらの関係を図示すると，以下のとおりです。なお，「グループ会社」という表現はビジネス用語であり法令上の定義はありませんが，関係会社に近いイメージで使われていることが多いです。

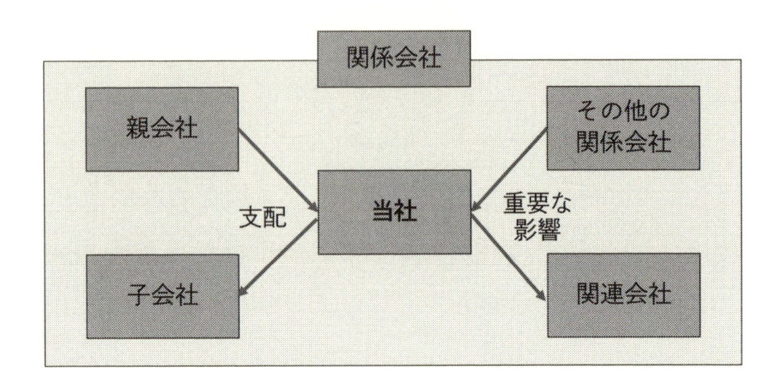

金融商品取引法に従って有価証券報告書の提出のために連結決算を行う際は，すべての子会社を連結の範囲に含めることになります。しかし，「親会社の支配が一時的である・連結の範囲に含めると利害関係者の判断を著しく誤らせる恐れがある・資産，売上高等から見て重要性の乏しいといった条件を満たす子会社」は連結の範囲から除外できます。この連結の範囲から除外した子会社を「非連結子会社」と呼びます。

また，「持分法適用会社」は，親会社および子会社が，出資，人事，資金，技術，取引等の関係を通じて，会社の財務や営業の方針決定に対して重要な影響を与えることができるかどうかという影響力基準によって判断されます。具体的には，（1）投資会社が被投資会社の議決権の20%以上を所有する場合（2）議決権比率が15%以上20%未満であっても，投資会社が被投資会社に対して，代表取締役等の派遣や重要な融資，技術提供，販売・仕入れ，その他の営業上または事業上の取引等を行っている場合が対象とされます。

ちなみに連結決算は，子会社を持っている親会社のすべてに義務づけられているわけではありません。会社法では，「連結決算により作成する財務諸表(連結計算書類)」を作成する義務があるのは，有価証券報告書を提出する大会社ということになっています。なお，海外の法人やファンドなどから出資を受ける場合，その国籍によって子会社かどうか，また，その他の定義はそれぞれ異なります。出資に伴う義務や責務もその国の法制に従って発生しますので，事前に確認しておきましょう。

Q 関連当事者等について教えてください

A 「関連当事者」とは下図の範囲の者のことで,「その他の特定の者」とは,関連当事者の範囲には含まれないが,申請会社と人的・資本的に強いつながりを持つと考えられる者を指します。両者を合わせて「関連当事者等」と表現します。

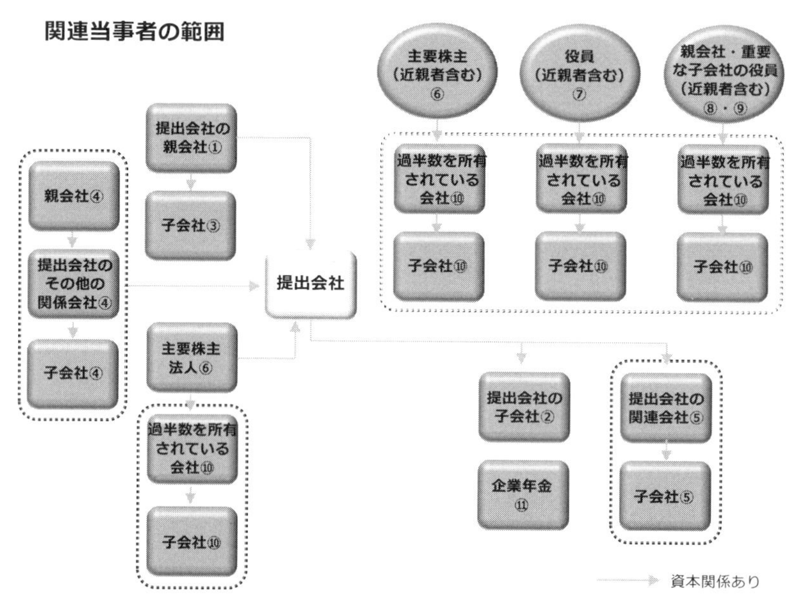

財務諸表等規則・連結財務諸表規則の関連当事者の定義は,上記の図のように図示できる。

① 提出会社の親会社
② 提出会社の子会社
③ 提出会社と同一の親会社をもつ会社等
④ 提出会社のその他の関係会社ならびに当該その他の関係会社の親会社および子会社
⑤ 提出会社の関連会社および当該関連会社の子会社
⑥ 提出会社の主要株主（自己または他人の名義をもって総株主等の議決権の10%以上を保有している株主）およびその近親者（二親等内の親族）
⑦ 提出会社の役員およびその近親者
⑧ 提出会社の親会社の役員およびその近親者
⑨ 提出会社の重要な子会社の役員およびその近親者（連結財務諸表提出会社に限る）
⑩ ⑥から⑨に掲げる者が議決権の過半数を自己の計算において所有している会社等および当該会社等の子会社
⑪ 従業員のための企業年金（提出会社または連結子会社と重要な取引（掛金の支出を除く）を行う場合に限る）

株式上場にあたっては，一般投資家が株主として新たに参入してくることを想定し，健全な企業経営や適正な企業内容の開示等の一環として，関連当事者等の整備が要請されます。通常，未上場会社は下記の問題を抱えていることが多いため，上場審査では申請会社及びその企業グループ（以下「申請会社等」）に対し，次の視点での審査が行われます。

未上場会社の問題点	上場審査の視点	主な審査項目
1　関連当事者その他の特定の者は申請会社等から不当に利益を得やすい立場にあることが多い	不当な利益供与等が排除できているか	申請会社等が関連当事者等との取引その他の経営活動を通じて不当に利益を供与・享受していないと認められること ・申請会社がその行為を行うことは合理的か？ ・取引条件の決定方法や推移から，その取引は適正な取引といえるか？ ・実際の取引等の解消だけでなく，可能性も排除できているか？
2　経営意思決定が歪められたり，業務執行の機動性が損なわれやすい	役員の公正かつ忠実な業務執行及び有効な監査の実施	機関設計や役員構成を中心に，申請会社等が適切なコーポレート・ガバナンスの体制を構築し，また当該体制が有効に機能していること ・同族色の強い役員構成であり，意思決定が歪められる状況にないか？ ・取締役としての業務執行の機動性が損なわれるような兼務がないか？
3　関連当事者その他の特定の者は利益操作のために利用されやすい	企業グループの実態開示の歪曲の防止	申請会社等が関連当事者等との取引または株式所有割合の調整などにより，申請会社等の開示を歪めていないこと ・企業内容の開示を意図的に歪める取引は行われていないか？ ・傘下の会社への出資の調整が行われていないか？ ・100%出資子会社となっていない場合，その理由に合理性，必然性はあるか？
4　不採算の関係会社の存在は企業グループの成長を阻害する	企業グループとしての利益管理の実施	企業グループの今後の損益及び収支の見通しが良好なものであること ・グループの業績の足かせになっている関係会社はないか？ ・適時・適切な開示が出来るように関係会社を管理できているか？

すべての関連当事者等を整備することはコスト的にも時間的にも困難な場合が多いため，次のような3ステップに従い，その質的・金銭的重要性等を考慮して整備していくことになります。

段階	検討事項
1　関連当事者等に該当するか否か	対象となっている会社等が，関連当事者等に該当するか否かを検討する。該当しないのであれば，上場審査上も問題とならないので，特に留意は不要となる。
2　該当する場合，取引を解消する必要があるか	1の判定の結果，該当する場合には，その取引等を解消する必要性の検討を行う。取引等の質的・金額的重要性と，解消するためのコストや時間を勘案して，取引等の解消の必要性を総合的に判断する。
3　解消しない場合，開示する必要があるか	取引を解消しない場合，当該取引等やその内容をⅠの部や有価証券報告書で開示するか否か，および開示する場合の方法等を検討する。

有価証券報告書に関連当事者情報を記載する場合の記載例は以下のとおりです。

<株式会社オープンハウスグループの関連当事者情報>

(関連当事者情報)

1．関連当事者との取引

(1) 連結財務諸表提出会社と関連当事者の取引

連結財務諸表提出会社の重要な子会社の役員及び主要株主(個人の場合に限る)等

前連結会計年度(自　2020年10月1日　至　2021年9月30日)

種類	会社等の名称又は氏名	所在地	資本金又は出資金(百万円)	事業の内容又は職業	議決権等の所有(被所有)割合(%)	関連当事者との関係	取引の内容	取引金額(百万円)	科目	期末残高(百万円)
子会社役員	日高　靖仁	—	—	当社子会社代表取締役社長	(被所有)直接0.1	ストック・オプションの権利行使	ストック・オプションの権利行使(注)	48	—	—

(注)　2014年10月3日及び2015年5月15日開催の取締役会の決議に基づき付与されたストック・オプションの当事業年度における権利行使を記載しております。なお、「取引金額」欄は、当事業年度におけるストック・オプションの権利行使による付与株式数に払込金額を乗じた金額を記載しております。

なお，関連当事者とよく似た概念で，「特別利害関係者等」があります。上場の審査は，関連当事者等という定義を基に行われます。一方，上場前に特別利害関係者等との間で株式の移動が行われた場合には，申請書類において開示が必要になります。

特別利害関係者等の定義を図で示すと，以下のとおりです。

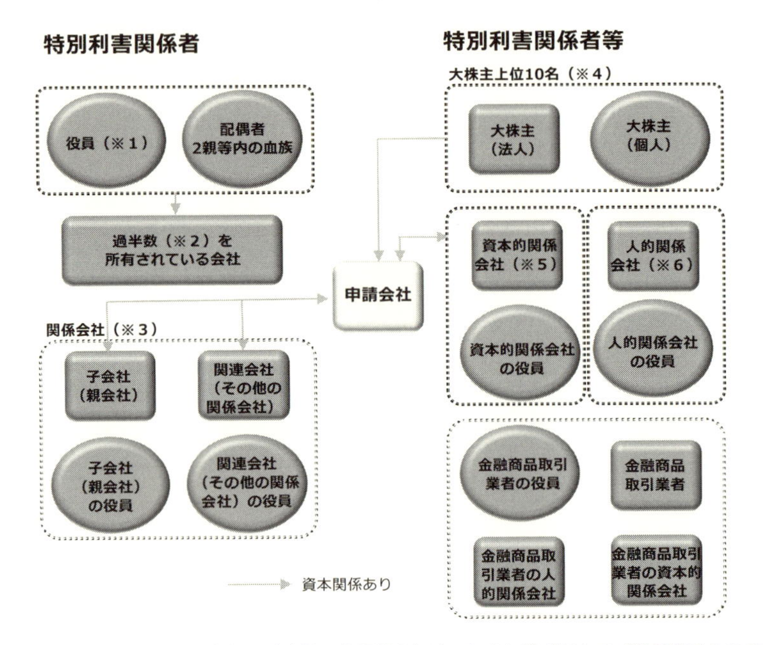

（※１）取締役，会計参与，監査役，執行役またはこれらに準ずるもの（役員持株会を含む）。
（※２）総株主の議決権の過半数
（※３）関係会社…財務諸表等規則第8条第8項に規定されている親会社，子会社，関連会社
（※４）申請会社の大株主上位10名には，従業員持株会を除く。
（※５）資本的関係会社（企業内容等の開示に関する内閣府令第1条第31号ハ）
（※６）人的関係会社（企業内容等の開示に関する内閣府令第1条第31号ハ）

Q　経営指導料は，どのように取り扱うとよいでしょうか？

A　経営指導料とは，一般的に親会社が子会社等に提供している経営支援の対価を指します。親会社から子会社への経営指導は，以下のようなケースがあります。

- 子会社等に対し役員または社員を出向させて行われる場合
- 子会社等が経営に関する諸資料を親会社に提出し，経営方針の決定その他に関して親会社から種々の助言を得ている場合
- 親会社の役員が子会社の役員を兼任し，子会社の取締役会に出席してその経営方針の決定に参画する場合

税務上も，経営指導料を親会社が子会社等から収受することは想定してい

ますが，他の親子会社間取引と同様に，取引実態を伴わない，租税回避を目的とするものは認められません。不透明な印象を受けやすい経営指導料については，算定基準の明確化や実態との整合性を意識しましょう。

また，上場審査においては，役員報酬の算定方法が経営指導料の算定方法よりも厳しく見られることから，親会社と子会社等の役員を兼務する場合「（役員個人への）役員報酬ではなく，（子会社等から親会社への）経営指導料とするように」とアドバイスを受けることが多いです。

経営指導料は親会社と子会社等との取引であり，グループ外に資金流出しないのに対し，役員報酬は役員個人への支出であり，一般株主からするとグループ外への支出となります。

Q J-SOXにおける関係会社の取扱いについて教えてください

A J-SOX評価において「全社統制」は原則すべての事業拠点を，「業務プロセス統制」は連結売上高等の概ね３分の２程度をカバーする範囲の事業拠点を評価の対象とすると規定されています。すなわち，関係会社の全社統制は原則として評価が必要であり，関係会社の業務プロセス統制も，連結売上高等の割合で重要性があると判断されれば評価が必要となります。なお，持分法適用会社の場合は，利益剰余金等を基準に評価範囲に含めるかを検討し，金額的重要性だけではなく，支配の状況等の質的な重要性も勘案して決定することになります。

一方で，近年では，関係会社モニタリングの不足や脆弱な関係会社管理体制が問題視されています。J-SOX評価において「関係会社における全社統制」は評価されているものの，「親会社の全社統制での関係会社管理に関する評価」が不十分である点も原因の１つと考えられます。

親会社における全社統制の評価において，関係会社管理に係る評価内容を充実させることは，全社統制の対象に入らないような関係会社に対しても間接的に評価が行われることになり，グループ全体としての内部統制の高度化にもつながるでしょう。さらに，親会社における関係会社管理に係る内部統制が有効であれば，従来は関係会社ごとに評価していた部分を親会社の評価項目に含めることで，関係会社における全社統制の評価内容を軽減できる可能性があります。

J-SOX評価の流れ

■J-SOX計画を作成
- 評価対象の識別，重要性の設定等

■J-SOX評価実施
(1)全社統制の評価：原則すべての事業拠点が評価範囲
(2)業務プロセスの評価：連結売上高等の概ね3分の2程度をカバーする範囲の事業拠点
(3)ITの評価：上記(2)におけるシステム依拠割合等を勘案して評価範囲を決定
(4)決算財務プロセス：原則すべての事業拠点が評価範囲
(5)ロールフォワードテスト(評価実施日以降期末日までの期間の有効性確認手続)

■不備への対応実施
- 発見された不備へ対応，改善を実施

■J-SOX結果報告を作成
- 不備評価，内部統制の有効性への評価結果を報告

これらをふまえて，高橋さんは以下の選択をしました。

（高橋さんの選択）
✓関係会社の整備の目的を関係会社との良好な関係づくりに据えた。そして，目的達成のために専任部署を設置することとした。
✓関係会社専任部署が目的実現のために機能するように，当該部署の報酬配分ルールやKPIを設定した。
✓並行して，関係会社管理規程を整備し，運用を開始した。
✓海外子会社への対応として，台湾と中国（上海）の担当者をローテーションで交代した。
✓資金の流れを整理し，関係会社に資金が必要以上にプールされないように配慮した。

4. 連結決算

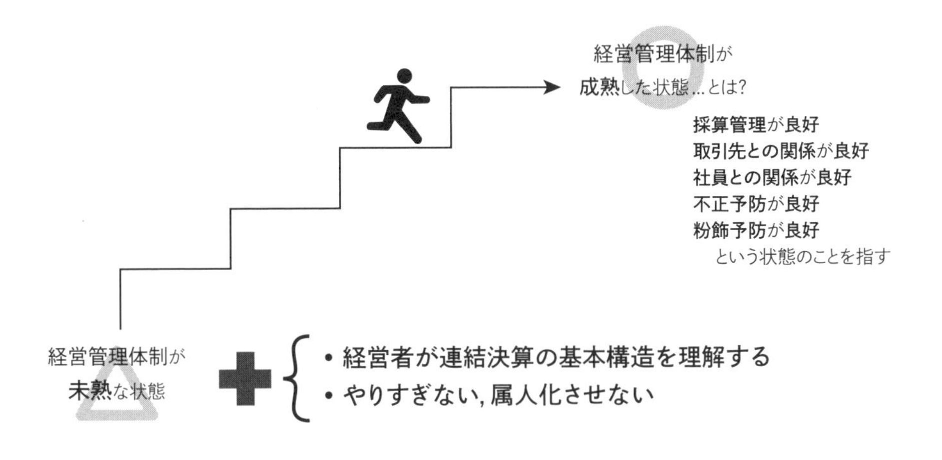

押さえておきたい基礎単語

● **連結決算**

子会社などを含めた企業グループを1つの会社とみなして決算書を作成する会計手法を指す。

● **非支配株主持分**

子会社である株式会社の発行済株式のうち，親会社が保有していない部分のことを指す。

● **会計上ののれん**

主に会社を買収する際に発生する。具体的には「買収先の時価純資産額」と「支払う対価」との差額として間接的に計算され，原則として貸借対照表の無形固定資産に区分表示される。

\ STORY /

グループは国内３社と海外２社体制となり，グループ全体の売上高や利益を把握するために，損益計算書だけの簡易的な連結決算を始めた。ただ，監査法人からは制度会計に則して，損益計算書だけではなく，財務３表（損益計算書・貸借対照表・キャッシュフロー計算書）の連結決算実施を求められている。

高橋さんは，制度会計で求められている「連結決算」について監査法人からレクチャーを受けた。高橋さんは，どうせ取り組むのであれば，単なる株式上場のための作業としてではなく，経営管理に活かせるようにしたいと考えているが，まだ，答えは出ていない。

最初にＴ社の事例を見てみましょう。

Ｔ社は上場して十数年が経過していますが，売上規模は上場以来，250億円程度の横ばい傾向で，子会社数も国内子会社９社のみの状況が続いています。経理部は，経理部長を含め３名体制で，連結決算に関しては経理部長がずっと１名で担当していました。また，連結システムは導入しておらず，エクセルで作成していました。

ある年の年度決算（３月決算）作業中に，経理部長が体調を崩し，業務に携われなくなりました。その時の決算は45日開示に間に合わず，決算短信の発表を５月28日に延期しました。

その後，経理部長は復帰しましたが，二度と同じ事態を起こさないように，監査法人と協議を重ねた結果，下記のような改善策を実施しました。

- 連結決算に関しては，業務の大部分を外部の専門業者に委託する
- 当該委託業者に業務マニュアルを作成してもらう
- 社内での研修を実施し，経理部長以外のメンバーも連結決算のレビューができるような体制に移行する

T社の事例から，高橋さんは，メンバーを固定化することは危険であると理解しました。それでは，２つの重要なポイントについて説明します。

⑴ 経営者が連結決算の基本構造を理解する

トップである経営者が，連結決算に苦手意識を持ってはいませんか？ まずは連結決算の基本構造をおさらいしましょう。

単体決算が毎日の取引を足していくのに対し，連結決算は各社の単体決算を足してダブり・不要なものを引くことになります。連結会計を学んでいくと，ついつい「ダブり・不要なものを引くこと＝連結消去・修正仕訳」に目が行きがちです。しかし全体像を常に頭においたうえで，連結消去・修正仕訳を考えてください。

連結消去・修正仕訳とは，企業集団を１つの会社と考えた場合に不要となる取引を消去するための仕訳です。一旦合算した後に不要な部分を消す作業なので，日々の取引仕訳とは貸借が逆になります。

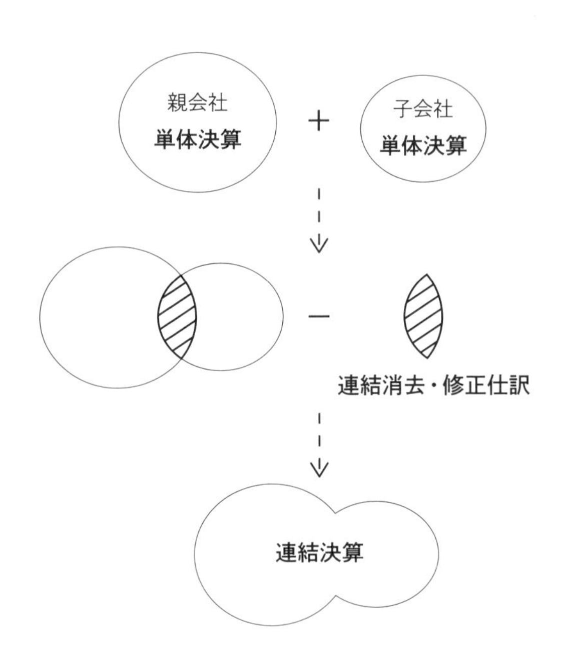

連結消去・修正仕訳の主なものとして，以下の９つが挙げられます。

① 投資と資本の消去
② 当期純利益の按分
③ 配当金の振替
④ のれんの償却
（①～④：資本連結）
⑤ 債権債務の消去
⑥ 貸倒引当金の調整
⑦ 損益取引の消去
⑧ 未実現利益の消去
⑨ 税効果の調整

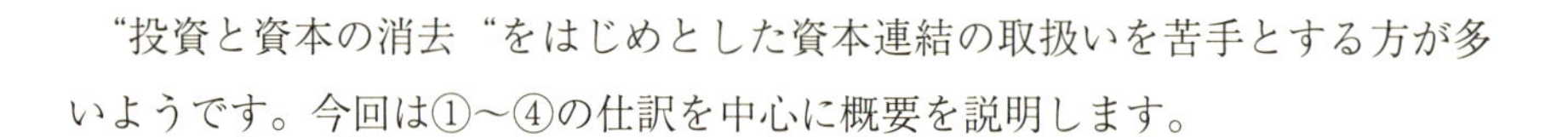

“投資と資本の消去“をはじめとした資本連結の取扱いを苦手とする方が多いようです。今回は①～④の仕訳を中心に概要を説明します。

① 投資と資本の消去

a. 基本

- 親会社の投資勘定（子会社株式など）と子会社の資本勘定（資本金など）を消去する仕訳

  現金100円で子会社を設立したケースを想定すると，現金は親から子に移動しただけで，連結ベースで見ると外部との取引は何もない。よって，連結上はなかったことにする。

  ＜連結消去・修正仕訳＞

  （借方）資本金　100　　　（貸方）子会社株式　100

b. のれんが発生するケース

- 外部者から株式を購入して子会社にした場合には，投資勘定と資本勘定を相殺消去した時に，差額が発生する場合がある
- 借方差額はのれんとして資産計上し，原則として20年以内に定額法その他合理的な方法により償却する

<連結消去・修正仕訳>

（借方）資本金　　100　　（貸方）子会社株式　300
　　　　利益剰余金　100
　　　　のれん　　100

c. 非支配株主が存在するケース

- 親会社が子会社の株式を100％保有していない場合，子会社の資本金等のうち，親会社の投資勘定と相殺消去するのは親会社の持分相当額となる
- 子会社の資本金等のうち，親会社の持分に帰属しない部分は非支配株主持分に振り替え，貸方の純資産の部に計上する

<連結消去・修正仕訳>

（借方）資本金　　100　　（貸方）子会社株式　　80
　　　　　　　　　　　　　　　　非支配株主持分　20

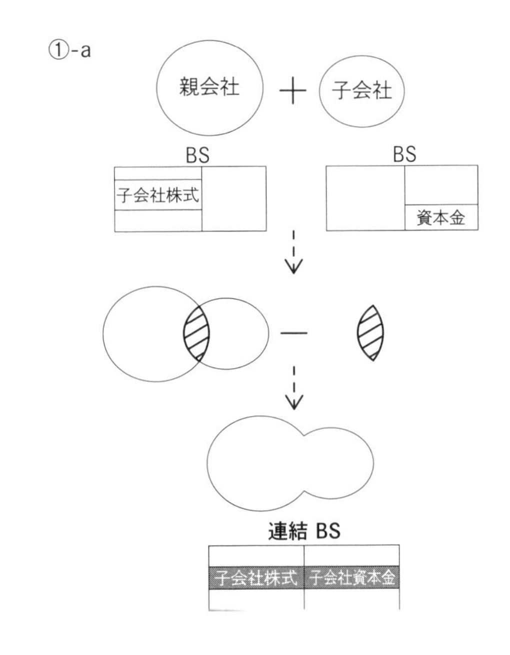

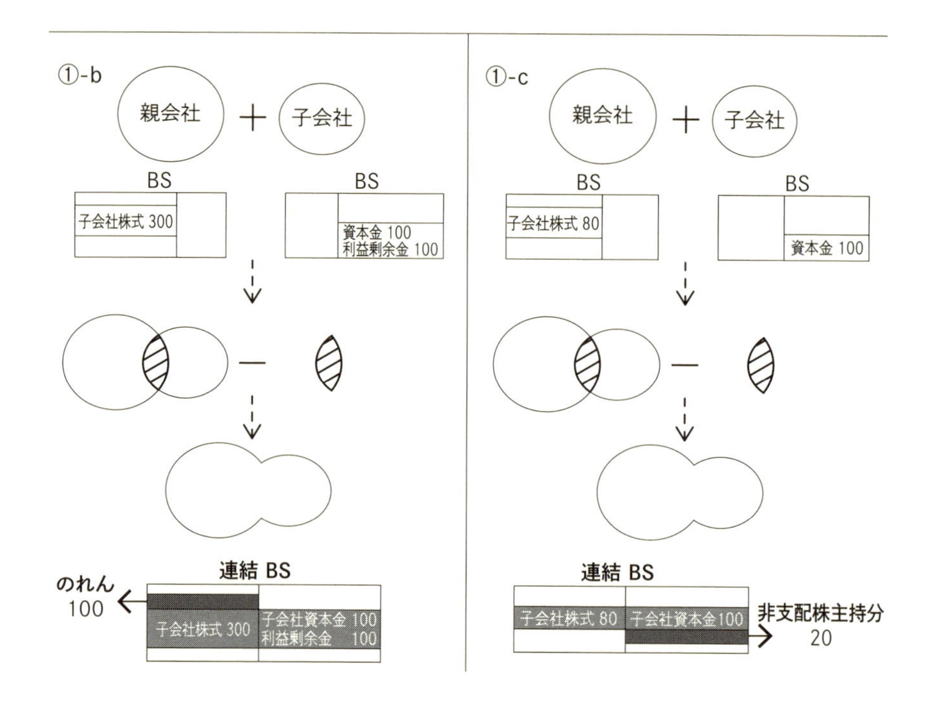

② 当期純利益の按分

親会社以外の株主が存在する場合，子会社の当期純利益のうち親会社持分相当額以外の部分を非支配株主持分に振り替える

③ 配当金の振替

配当が行われた場合も，配当金のうち親会社持分相当額以外の部分を非支配株主持分に振り替える（親会社が受け取った分は，受取配当金と相殺消去する）

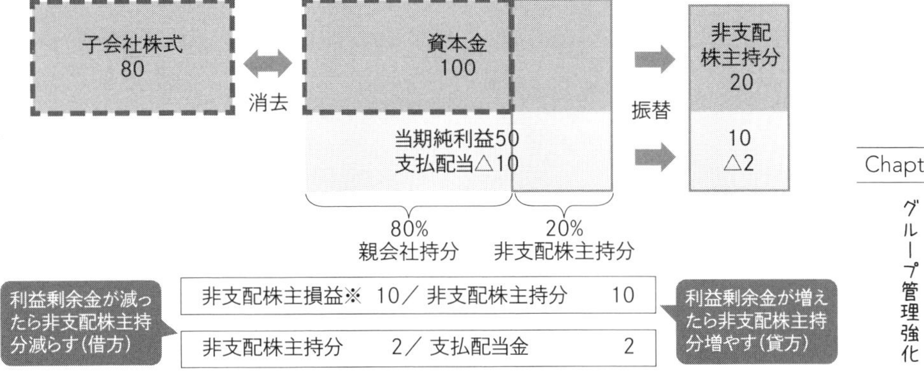

④　のれんの償却

のれんは，原則としてその計上後20年以内に，定額法その他合理的な方法で償却しなければならない

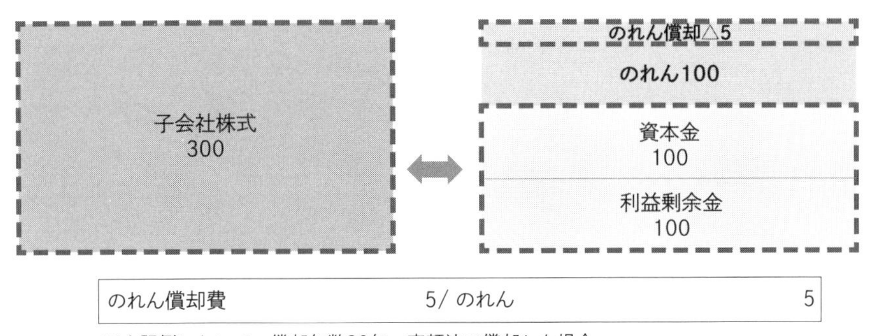

※上記例において，償却年数20年，定額法で償却した場合

上記①〜④以外の連結消去・修正仕訳については，経営者という立場からは想像がつきやすいのではないでしょうか。例えば，債権債務の消去とは，親子間もしくは子会社間の債権（売掛金や貸付金など）と債務（買掛金や借入金など）を消去する仕訳です。また，貸倒引当金の調整とは，上記の債権債務消去仕訳において消去された債権に対して，個別決算で計上していた貸倒引当金を消去する仕訳です。

外部に公表する数字は，連結数字が中心となります。自社グループの数字を経営者が理解できていない状況は危険です。経営者として連結決算の基本構造を理解できているか，今一度見直しましょう。

⑵　やりすぎない，属人化させない

Ｔ社の事例に限らず，売上500億円以下の小規模な上場会社の場合，経理部門は３名程度のところが多いです。また，連結子会社が10社前後の場合は，連結システムを導入せずに表計算ソフト（エクセル等）を使用し，かつ担当するメンバーも固定化してしまうケースがよく見受けられます。メンバーを固定化すると業務効率は一時的に上がりますが，そのメンバーが業務に携われなくなると代替が効かないというデメリットがあります。

属人化を防ぐためには，ローテーション制度の導入や，特別な知識や経験がないメンバーでも連結決算に参加できるように，連結決算の仕組み自体を簡素化するといった案も有効です。事例では，経理部門の属人化防止策として，外部専門業者への委託を取り上げました。これらの対策を検討する際に常に意識してほしいのは，「自社に適した連結決算体制を構築し，改善していく」ということです。「連結決算は何のためにやるのか？」という原則に立ち返り，他業務に支障をきたす程にやりすぎず，手は抜きすぎず……な方法を探していきましょう。

それでは，少し深掘りして，２つの視点を見ていきましょう。

１つ目は，「ゼロベースで始めない，アウトソーシングの検討」です。例えば，連結精算表を作成する際に，（改善前）の連結精算表のように連結消去・修正仕訳を一列で書いてしまうと作成者本人しか理解できません。わかりにくいので引き継ぎ資料としても不十分で，属人化を助長させる原因にもなります。計算ミスも見つけにくいです。そこで，（改善後）の連結精算表にすることをお勧めします。

(改善前)

貸方金額は () をつけて記載

勘定科目	親会社	子会社	合算	連結消去・修正仕訳	連結財務諸表
連結貸借対照表					
諸資産（売掛金含む）	3,500	210	3,710	**(200)**	3,510
商品	920	100	1,020	**(20)**	1,000
子会社株式	80	−	80	**(80)**	0
諸負債（買掛金含む）	(2,400)	(200)	(2,600)	**200**	(2,400)
資本金	(1,000)	(100)	(1,100)	**100**	(1,000)
利益剰余金	**(1,100)**	**(10)**	**(1,110)**	**22**	**(1,088)**
非支配株主持分	−	−	−	**(22)**	(22)
計	0	0	0	**0**	0
連結損益計算書					
売上高	(5,000)	(240)	(5,240)	**100**	(5,140)
売上原価	3,000	200	3,200	**(80)**	3,120
販売費及び一般管理費	1,500	30	1,530		1,530
非支配株主損益	−	−	−	2	2
当期純利益（親会社株主損益※）	**(500)**	**(10)**	**(510)**	**22**	**(488)**
利益剰余金					
利益剰余金期首残高	(600)	−	(600)		(600)
当期純利益（親会社株主損益※）	(500)	(10)	(510)	**22**	(488)
利益剰余金期末残高	**(1,100)**	**(10)**	**(1,110)**	**22**	**(1,088)**

※連結上は親会社株主に帰属する当期純利益（親会社株主損益）

(改善後)

貸方金額は () をつけて記載

勘定科目	親会社	子会社	合算	連結消去・修正仕訳					連結財務諸表
				投資資本の消去	当期利益の按分	債権債務の消去	損益取引の消去	未実現利益の消去	
連結貸借対照表									
諸資産（売掛金含む）	3,500	210	3,710			(200)			3,510
商品	920	100	1,020					(20)	1,000
子会社株式	80	−	80	(80)					0
諸負債（買掛金含む）	(2,400)	(200)	(2,600)			200			(2,400)
資本金	(1,000)	(100)	(1,100)	100					(1,000)
利益剰余金	**(1,100)**	**(10)**	**(1,110)**		2			20	**(1,088)**
非支配株主持分	−	−	−	(20)	(2)				(22)
計	0	0	0	0	0	0		0	0
連結損益計算書									
売上高	(5,000)	(240)	(5,240)				100		(5,140)
売上原価	3,000	200	3,200				(100)	20	3,120
販売費及び一般管理費	1,500	30	1,530						1,530
非支配株主損益	−	−	−		2				2
当期純利益（親会社株主損益※）	**(500)**	**(10)**	**(510)**		2		0	20	**(488)**
利益剰余金									
利益剰余金期首残高	(600)	−	(600)						(600)
当期純利益（親会社株主損益※）	(500)	(10)	(510)		2			20	(488)
利益剰余金期末残高	**(1,100)**	**(10)**	**(1,110)**		2			20	**(1,088)**

※連結上は親会社株主に帰属する当期純利益（親会社株主損益）

連結精算表もゼロベースで作成を始めると，属人化の排除といった点にまで思いが至らないことが多いです。そこで，アウトソーシングを活用して，ノウハウが詰まったフォームを用いて連結決算を行っていくことも選択肢の１つです。さらに並行して，連結システムの計算方法や手順を参考にするのもお勧めです。当初はエクセル等で計算するとしても，連結システムの計算ロジックやアウトプット帳票を参考にすることで，属人化排除に役立つとともに，将来，連結システムを導入した時の予行演習にもなります。

なお，アウトソーシングのメリット・デメリットはコラムに記載しています。

２つ目は，「社員への教育」の視点です。株式上場に必要だから，監査法人から言われたから，という理由で仕方なく取り組むのではなく，もう一歩踏み込んで，会社の意思としてなぜ連結決算をやるかを明確にし，社員と共有しましょう。例えば，「制度会計の一環として，投資家への説明に用いるから」という社内の共通認識を持った場合を想定しましょう。担当者に「自分だけが使いやすいエクセルで計算しては意味がない」「経営層が説明しやすく，投資家が理解しやすい資料を作るべきだ」と気づかせることができ，属人化防止にもつながります。さらに，「投資家への説明が不要な勘定科目は，時間を割く必要性が低い」という気づきによって，業務効率化が促進されるでしょう。

これらのポイントを念頭に，自社に適した連結決算体制を模索しましょう。

さらに，高橋さんからは，次のような質問がありました。

Q 連結精算表とは何でしょうか？

A 前ページで登場した連結精算表について，今一度おさらいしましょう。

連結精算表は，連結財務諸表を作成するときに利用する計算シートです。個別財務諸表は，親会社及び子会社が，各社の日々の取引を記録している仕訳を集計して作成します。対して連結財務諸表は，親会社が連結精算表上で「個別財務諸表の合算」「連結消去・修正仕訳」及び「持分法仕訳（持分法適用会社がある場合のみ）」を集計して作成します。

連結精算表の作成時には，貸借対照表と損益計算書のつながりを理解できているかがポイントです。例えば，当期純利益の按分で2円を非支配株主持分に振り替える時には，損益計算書に費用として「非支配株主損益」を2円計上することで当期純利益を2円減額し，貸借対照表の「純資産の部」の利益剰余金を2円減額し，非支配株主持分を2円増額することになります。

貸方金額は（）をつけて記載

勘定科目	親会社	子会社	合算	連結消去・修正仕訳					連結財務諸表
				投資資本の消去	当期利益の按分	債権債務の消去	損益取引の消去	未実現利益の消去	
連結貸借対照表									
諸資産（売掛金含む）	3,500	210	3,710			(200)			3,510
商品	920	100	1,020					(20)	1,000
子会社株式	80	−	80	(80)					0
諸負債（買掛金含む）	(2,400)	(200)	(2,600)			200			(2,400)
資本金	(1,000)	(100)	(1,100)	100					(1,000)
利益剰余金	**(1,100)**	**(10)**	**(1,110)**		2			20	**(1,088)**
非支配株主持分	−	−	−	(20)	(2)				(22)
計	0	0	0	0	0	0		0	0
連結損益計算書									
売上高	(5,000)	(240)	(5,240)				100		(5,140)
売上原価	3,000	200	3,200				(100)	20	3,120
販売費及び一般管理費	1,500	30	1,530						1,530
非支配株主損益	−	−	−		2				2
当期純利益（親会社株主損益※）	**(500)**	**(10)**	**(510)**		2		0	20	**(488)**
利益剰余金									
利益剰余金期首残高	(600)	−	(600)						(600)
当期純利益（親会社株主損益※）	(500)	(10)	(510)		2			20	(488)
利益剰余金期末残高	**(1,100)**	**(10)**	**(1,110)**		2			20	**(1,088)**

※連結上は親会社株主に帰属する当期純利益（親会社株主損益）

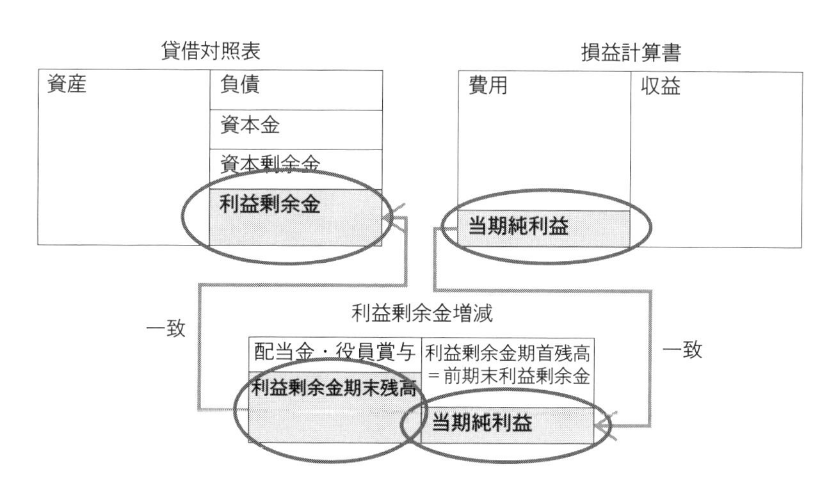

Q 連結決算のアウトソースと内製化のメリット・デメリットを教えてください

A

	アウトソースする場合	社員に任せる場合
メリット	• 法人対法人の契約なので，退職リスクがない。 • 連結決算の専門業者に依頼するため（会計基準の変更なども含め）連結決算に関する一定の品質を確保できる。 • 業務手順が明確になりやすい。 • 社内外の複数人が関わることになり，不正・粉飾の防止にもつながる。	• 会社の実情を理解して，口頭の指示でも“それなりに”対応してくれる可能性が高い。 • 他の業務の合間に，事務処理を行うことで，時間を有効活用できる。
デメリット	• 定型業務以外は割高となる可能性が高い。	• 退職リスクを回避するために，モチベーション管理等にも気を配ることが求められる。 • 業務が属人化して，知識や業務手順が特定のメンバーに集中してしまう可能性がある。 • 毎年同じ業務を同じ時間で実施するとしても，給与を毎年改定（定期昇給）するケースが多い。 • 給与のほか，社会保険等の負担がある。 • 社員への給与は業務委託先への報酬と異なり，消費税控除の対象とならない。

アウトソースは月に50万円かかるが，社員に任せれば月給35万円程で済むのでは？という意見もありますが，社員の場合には上記デメリットに記載したとおり，目に見えづらい追加コストや気を配らなければならない点が多く存在します。もしも連結決算の担当社員が退職した場合には，後任の採用にあたって追加の採用費用，入社後の再教育等の手間もかかるでしょう。

メリット・デメリットを考慮して，自社に適した連結決算体制を構築しましょう。

Q セグメント情報について教えてください

A　セグメント情報とは，企業グループの業種や所属地域などの構成単位（セグメント）に，売上高・利益（または損失）・その他の財務情報を分別した情報のことを指します。セグメント情報に関する具体的なルールは「セグメント情報等の開示に関する会計基準（企業会計基準委員会）」や「セグメント情報等の開示に関する会計基準の適用指針（企業会計基準委員会）」などに記載されています。

1つの企業グループが複数の事業を行っている場合，連結財務諸表から事業ごとの収益性を判断することが困難です。このため，セグメント情報を作成することにより事業単位の収益性をわかりやすく開示することが求められます。例えば，鉄道会社がホテル業や不動産業の子会社を持っている場合，これらの全く事業内容が異なる子会社の財務諸表が，連結決算として合算されると，企業グループ全体の経営実態が捉えにくくなり，投資家に対する情報が不足してしまう懸念があります。

では，個々の事業セグメントは，どのように区分するのでしょうか？

上記会計基準において，事業セグメントは「企業グループの構成単位で，次の要件のすべてに該当するもの」と定義されています。

⑴　収益を稼得し，費用が発生する事業活動に関わるもの（同一会社内の他の構成単位との取引に関連する収益及び費用を含む。）

⑵　企業の最高経営意思決定機関が，当該構成単位に配分すべき資源に関する意思決定を行い，また，その業績を評価するために，その経営成績を定期的に検討するもの

⑶　分離された財務情報を入手できるもの

なお，会社の本社または特定の部門のように企業グループを構成する一部であっても，収益を稼得していないまたは付随的な収益を稼得するに過ぎない構成単位は，事業セグメントまたは事業セグメントの一部とはなりません。

上記の定義を考慮し，監査法人や主幹事証券会社とも協議のうえ，事業セグメントを決定します。そして，一旦，決定したセグメントは継続性の原則に従い，合理的な理由がない限り変更できません。

東証グロース上場後，プライム市場への上場も見据え，「少なくとも５～７年くらいの期間は同じセグメント区分で継続できるか」という視点で事業セグメントを決定することをお勧めします。売上高が100億円に満たない段階では，単一セグメントとしている会社も多いです。

金融商品取引法に基づく会計の代表的な開示書類となる有価証券報告書において，例えば，東急株式会社は以下のように記載しています。

なお，東証が求める決算短信でもセグメント情報の記載が求められるほか，会社法が求める事業報告でも「企業集団の状況」をセグメント別に記載する会社があります。

＜東急株式会社のセグメント情報＞

３．報告セグメントごとの営業収益、利益又は損失、資産、その他の項目の金額に関する情報
前連結会計年度（自　2020年４月１日　至　2021年３月31日）

（単位：百万円）

	報告セグメント				計	調整額 (注) 1	連結 財務諸表 計上額 (注) 2
	交通 事業	不動産 事業	生活 サービス 事業	ホテル・ リゾート 事業			
営業収益							
外部顧客への営業収益	148, 551	160, 640	589, 115	37, 619	935, 927	－	935, 927
セグメント間の内部営業収益又は振替高	3, 420	36, 993	14, 483	252	55, 149	△55, 149	－
計	151, 972	197, 634	603, 598	37, 871	991, 076	△55, 149	935, 927
セグメント利益又は損失（△）	△26, 014	28, 978	△3, 867	△31, 224	△32, 128	469	△31, 658
セグメント資産	740, 518	1, 073, 179	402, 547	140, 708	2, 356, 954	119, 107	2, 476, 061
その他の項目							
減価償却費	40, 739	24, 261	17, 525	4, 577	87, 103	△134	86, 969
のれん償却額	－	－	0	－	0	－	0
持分法適用会社への投資額	－	－	－	－	－	134, 230	134, 230
有形固定資産及び無形固定資産の増加額	35, 477	50, 002	24, 587	6, 239	116, 306	△9, 921	106, 385

（東急株式会社 2021年度 有価証券報告書）

これらをふまえて，高橋さんは以下の選択をしました。

（高橋さんの選択）

✓将来的には，制度会計で求められている連結決算を経営管理上の判断指標に組み込むことを目標としつつ，やりすぎないことも考慮して，スモールスタートを切ることとした。

✓具体的には，いきなり連結決算に精通した社員を採用したり，連結システムを導入したりするのではなく，まずはアウトソーシングを利用することで，属人化しない連結決算体制を組成することとした。

✓いつかは内製化すること，そして連結システムも導入することを視野に入れている。

✓手始めに，第８期の数値を基に試算してみることとした。

✓全体の責任者として経理マネージャーの内海さんを指名したが，昨年入社した経理メンバーの山口さんが連結作業の勉強も兼ねて，アウトソース先との情報連携及び成果物の１次レビューを担当する。

✓当面の目標は第９期・第10期，そして第11期の実績数値を算定することである。そして，次のステップとして，第12期からは連結BS・CF予算を作り，予実分析していくことも共有した。

現状の経営管理部門の組織図は以下のとおりである。

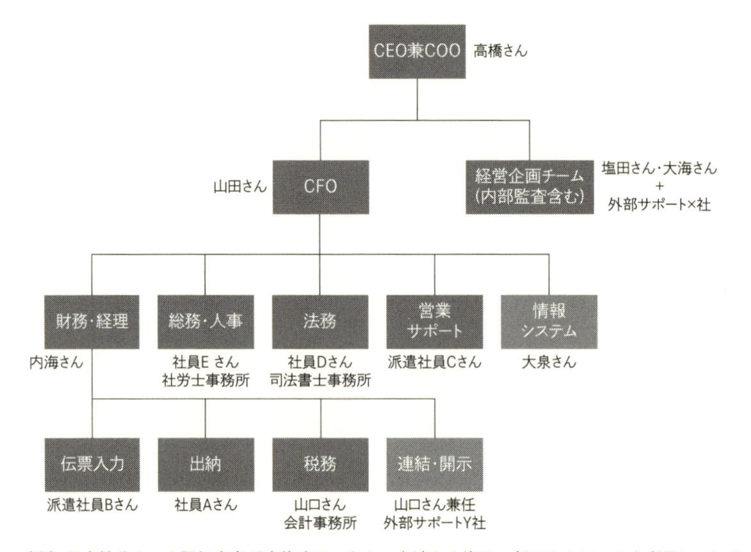

(注) 子会社分も，上記担当者が実施する。なお，台湾と上海は一部アウトソースを利用している。

5. 主幹事証券会社による中間審査

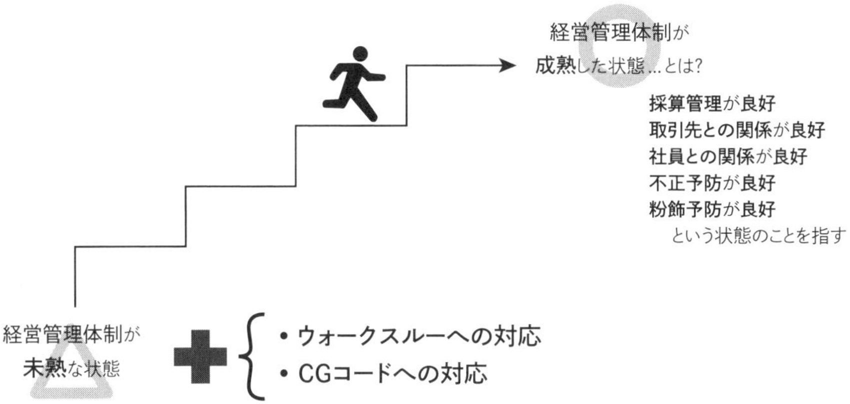

経営管理体制が
成熟した状態…とは?

採算管理が良好
取引先との関係が良好
社員との関係が良好
不正予防が良好
粉飾予防が良好
という状態のことを指す

経営管理体制が
未熟な状態

- ウォークスルーへの対応
- CGコードへの対応

押さえておきたい基礎単語

コーポレートガバナンス・コード（CGコード）

実効的なコーポレートガバナンスの実現に資する主要な原則を，金融庁の支援を受けて東証が取りまとめたものである。内容は，5つの基本原則とそれに紐づく原則，補充原則で構成されている。

＼STORY／

高橋さんは，主幹事証券会社から「直前期（N-１期）の上期を終えたところで，中間審査に入る」と告げられた。本審査は，直前期が終了し決算が締まる前後くらいに始まるが，その前の段階で予備調査として行うのが中間審査である。

これまでは，主幹事証券会社の上場支援チームがサポートしてくれていたが，いよいよ審査部門が登場することになる。

中間審査に入るということは，上場支援チームが審査に値する一定のレベルにあると評価してくれた証であると考えて，高橋さんは少しホッとしている。一方で，中間審査の際に気をつけたほうがよいポイントなどを理解できていないので，主幹事証券会社の上場支援チームの担当者に再度確認することとした。

中間審査を受けるにあたり，高橋さんは先輩経営者Ｕさんに話を聞きました。

Ｕさんは，売上規模30億円ほどのコールセンター事業を中心とした会社を経営しています。社員数はアルバイトを含め約600名です。

株式上場を目指していたN-１期の半ばを過ぎた頃，主幹事証券会社の中間審査が始まりました。主幹事証券会社からは，販売プロセスの運用状況のチェックの一環として，新規取引開始～見積書提出・受注・売上計上・債権回収までの一連の流れに即した証拠資料をサンプルで求められました。「同じ取引に関する一連の証拠資料」を求められましたが，承認者や承認日付がルールどおりに運用されている適切なサンプルが見つかりませんでした。販売プロセスに関する規程やマニュアル，業務フローは概ね現状に即して整備されていましたが，ルールの徹底が行き届かず，事後稟議や事後承認が横行していることがわかりました。

Uさんは，営業本部の幹部クラスを集め，規程やマニュアル・業務フローの徹底を指示しました。

このことから，高橋さんは，忙しい日常業務の中でルールを徹底することの難しさを理解しました。

Uさんの事例から学ぶべき重要なポイントについて見ていきましょう。

(1) ウォークスルーへの対応

事例のような，主幹事証券会社の中間審査の段階での販売プロセスの見直しはなかなか難しいことです。できる限り，現状の業務の中で実施している統制を活かしつつ，ポイントを絞って見直していくことが重要です。Chapter 2の3で説明したとおり，販売プロセスであれば，「反社・与信チェック」「見積書提出前の承認」「売上計上の根拠」「入金チェック」の4つを重点的に検証していきましょう。さらに，株式上場だからとか，法律で決まっているからということではなく，もう少し掘り下げて「なぜ，株式上場にあたり，上記4つのポイントが重視されるのか」「法律ができた背景は何か」ということも共有できるとよいでしょう。

そして，見直しにあたっては，現場での過去のミスや経験から自発的に実施している統制を探し，それを補修して公式のルールに落とし込むという視点が有用です。例えば，「上長が見積書を全件チェックしていない」という課題が見つかった場合には，「なぜ上長のチェックなしでも，お客様からのクレームや赤字PJが発生していないのか？」という点に着目してみましょう。「想定販売価格が現場で共有されており，それを下回らなければ，現場担当者のみの判断に任されている」という現場の暗黙のルールが見つかるかもしれません。このような現場特有のルールを管理側が壊して，「見積書は上長が全件チェック」というルールを押し付けるのは非効率です。現場と話し合い，例えば，標準価格表を制定し，それに基づく場合は上長のチェック不要とするなど，暗黙のルールを正式なルールに仕上げてしまいましょう。このように現場の暗黙のルールをすくい上げることで，現場の負担を最小限にとどめながら，適切な統制を整えるといった柔軟な姿勢も求められます。

また，内部監査チームと連携することも一案です。販売プロセスの見直しと聞くと，主体である営業本部に注目しがちですが，内部監査チームの助けを仰ぐのも双方の効率化につながります。営業本部としては第三者視点の意見を知る機会となり，かつ改善に関与してもらうことでリソース不足も補えます。内部監査チームとしては，いずれ内部監査で踏み込んだ対応を求められる課題について，早い段階から改善に関与することで不正やミスを未然に防止できれば，内部監査での負担を軽減できます。

さらに，ウォークスルーへの対応は，株式上場という目先のゴールに目を奪われて，広く浅い形式的なものになっては意味がありません。慌てる気持ちを抑えて，「ゆっくりじっくりペンキを塗るように何度も粘り強く」を心がけましょう。

高橋さんは先輩経営者Wさんからも話を聞きました。

上場を目指しているＶ社の社長Wさんは，常勤監査役から「社外取締役２名の発言が少なく，取締役会が形骸化している」と指摘を受けました。CGコードにも「取締役会等の責務」として以下のような記載があります。

> 上場会社の取締役会は，株主に対する受託者責任・説明責任をふまえ，会社の持続的成長と中長期的な企業価値の向上を促し，収益力・資本効率等の改善を図るべく，
> (1) 企業戦略等の大きな方向性を示すこと
> (2) 経営陣幹部による適切なリスクテイクを支える環境整備を行うこと

(3) 独立した客観的な立場から，経営陣（執行役及びいわゆる執行役員を含む）・取締役に対する実効性の高い監督を行うことをはじめとする役割・責務を適切に果たすべきである。

そこで，WさんはCFOのXさんとも協議し，まずは各役員のスキルマトリックスを下表のとおり整理しました。

役員の状況_スキルマトリックス

取締役	専門性と経験							
	企業経営 経営戦略	ESG	営業 マーケティング	技術	人事 人材開発	財務会計 資本政策	法務 リスク管理	IT
W	★		★	★				
X					★	★	★	
甲				★				
乙			★					
丙		★						
丁					★	★		★

各役員の経歴も共有して，役員間でいかに議論を活発化していくか，企業価値向上に資する取締役会にするかについて協議しました。

そして，

- 協議のベースとなる情報の事前共有
- CGコードを参考に，何を議論し，何を議論しないかの線引き

などを決めて，テストスタートすることとしました。

また，並行して，取締役会資料の取りまとめを担当する管理本部において，下記2点の精度を上げていくことにも取り組むこととしました。

(i) 取締役会の資料が，会日に十分に先立って配布されるようにすること

(ii) 取締役会の資料以外にも，必要に応じ，会社から取締役に対して十

分な情報が（適切な場合には，要点を把握しやすいように整理・分析された形で）提供されるようにすること

このことから，高橋さんは，CGコードへの対応が求められることを理解しました。

Wさんの事例から学ぶべき重要なポイントについて見ていきましょう。

(2) CGコードへの対応

CGコードとは，中長期的な企業価値増大に向けた経営者による的確な意思決定を支える実務的な枠組みを示したものであり，投資家との建設的な対話における共通基盤といえます。企業の成長において重要なことが詰まっていると考え，真摯な姿勢で取り組みましょう。

CGコードの目的は，上場会社の持続的な成長と中長期的な企業価値の向上であり，主に２つの意義があります。１つは，攻めのガバナンスの実現です。会社におけるリスクの回避・抑制や不祥事の防止に限らず，健全な企業家精神の発揮を促し，会社の持続的な成長と中長期的な企業価値の向上を図ることを志向しています。もう１つは，中長期保有の株主との建設的な対話です。中長期保有の株主との建設的な対話により，CGコードに基づくコーポレートガバナンスの改善に向けた会社の取組みに，さらなる充実が図られることが期待されています。

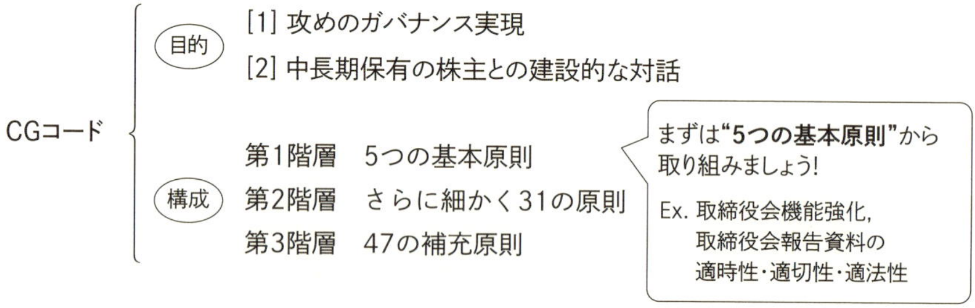

CGコード
- 目的
  - [1] 攻めのガバナンス実現
  - [2] 中長期保有の株主との建設的な対話
- 構成
  - 第1階層　5つの基本原則
  - 第2階層　さらに細かく31の原則
  - 第3階層　47の補充原則

まずは**“5つの基本原則”**から取り組みましょう!
Ex. 取締役会機能強化，
取締役会報告資料の
適時性・適切性・適法性

CGコードは，５つの基本原則，それに紐づく原則・補充原則の三層構造で構成されています。最初からすべての原則をクリアしようとする必要はありません。グロース市場の段階では，５つの基本原則をメインに取り組みましょう。具体的には，取締役会の機能強化や取締役会報告資料の適時性（=事前配布），適切性・適法性（=PL・BS・CF，連結ベース・セグメント別，KPI，予算・実績・着地予想，予算対比コメント）などの着手しやすいところから始めましょう。これらの基礎が定着してきたら，以下の点にも目を向けましょう。

- 経営会議等の（取締役会以外の）の重要な会議体で配布する資料の見直しや，各種会議体の有効活用につき再検討する。
- 取締役会にて必要なスキルの特定，取締役会全体の知識等のバランス，多様性，規模に関する考え方，取締役の有するスキル等の組合わせ，選任に関する方針・手続きを整理し，共有する。
- 取締役会が経営陣幹部・取締役の報酬を決定するにあたっての方針と手続きを整理し，共有する。
- 取締役・監査役に対するトレーニングの方針を整理し，共有する。
- 取締役会及び監査役会の機能発揮に向け，内部監査部門がこれらに対して直接報告を行う仕組みの構築，内部監査部門と取締役・監査役との連携の確保などについて検討する。
- 株主との建設的な対話に関する方針を整理し，経営陣幹部，社外取締役を含む取締役または監査役による株主との対話（面談）への対応，事業ポートフォリオの基本方針や見直しの状況についての説明などに取り組む。
- 中核人材の登用等における多様性の確保に関する方針と手続きを整理し，共有する。
- サステナビリティに関する課題を，リスク低減・収益機会の増加につながる重要な経営課題と認識し，積極的・能動的な対応について検討する。

目標設定は 高すぎず・低すぎず・粘り強く が原則です。CGコードの表面をなぞるだけでは全く意味がありません。自社の成長において重要なことを社内で共有し，腹落ちさせましょう。

また，CGコードと両輪をなす「スチュワードシップ・コード」についても理解しておきましょう。

スチュワードシップ・コードは，機関投資家が果たすべき責任を示したガイドラインです。このコードは，リーマン・ショック後の金融危機の反省を踏まえ，英国の金融機関を中心に策定されました。特に，機関投資家による投資先企業の経営監視が不十分だったことが，危機の深刻化につながったとの認識が背景にあります。

一方で，CGコードは，投資を受ける企業の行動規範を示したものです。スチュワードシップ・コードが「投資する側（機関投資家）」を対象とするのに対し，CGコードは「投資を受ける側（企業）」に向けた指針となっています。

この両者が相互に機能することで，企業の持続的な成長と経済全体の発展が促されると考えられています。

さらに，高橋さんからは，次のような質問がありました。

Q　コーポレート・ガバナンスに関する報告書とは何でしょうか？

A　コーポレート・ガバナンスに関する報告書（以下，CG報告書）とは，CGコードに基づいて，コーポレートガバナンスについての状況や取組み，方針等を記載した報告書のことです。

上場会社は，年１回，定時株主総会終了後に遅滞なくCG報告書を提出することが義務づけられています。提出された報告書は，東証のウェブサイトで閲覧できます。

そもそも，コーポレートガバナンスは，会社が，株主をはじめ顧客・社員・地域社会等の立場をふまえたうえで，透明・公正かつ迅速・果断な意思決定を行うための仕組みを意味します。CGコードは，実効的なコーポレートガバナンスの実現に資する主要な原則を，金融庁の支援を受けて東証が取りまとめたものです。内容は５つの基本原則とそれに紐づく原則，補充原則で構成されています。５つの基本原則は以下のとおりです。

基本原則

【株主の権利・平等性の確保】

1．上場会社は，株主の権利が実質的に確保されるよう適切な対応を行うとともに，株主がその権利を適切に行使することができる環境の整備を行うべきである。
また，上場会社は，株主の実質的な平等性を確保すべきである。少数株主や外国人株主については，株主の権利の実質的な確保，権利行使に係る環境や実質的な平等性の確保に課題や懸念が生じやすい面があることから，十分に配慮を行うべきである。

【株主以外のステークホルダーとの適切な協働】

2．上場会社は，会社の持続的な成長と中長期的な企業価値の創出は，社員，顧客，取引先，債権者，地域社会をはじめとする様々なステークホルダーによるリソースの提供や貢献の結果であることを十分に認識し，これらのステークホルダーとの適切な協働に努めるべきである。
取締役会・経営陣は，これらのステークホルダーの権利・立場や健全な事業活動倫理を尊重する企業文化・風土の醸成に向けてリーダーシップを発揮すべきである。

【適切な情報開示と透明性の確保】

3．上場会社は，会社の財政状態・経営成績等の財務情報や，経営戦略・経営課題，リスクやガバナンスに係る情報等の非財務情報について，法令に基づく開示を適切に行うとともに，法令に基づく開示以外の情報提供にも主体的に取り組むべきである。
その際，取締役会は，開示・提供される情報が株主との間で建設的な対話を行う上での基盤となることもふまえ，そうした情報（とりわけ非財務情報）が，正確で利用者にとって分かりやすく，情報として有用性の高いものとなるようにすべきである。

【取締役会等の責務】

4．上場会社の取締役会は，株主に対する受託者責任・説明責任をふまえ，会社の持続的成長と中長期的な企業価値の向上を促し，収益力・資本効率等の改善を図るべく，
（1） 企業戦略等の大きな方向性を示すこと
（2） 経営陣幹部による適切なリスクテイクを支える環境整備を行うこと
（3） 独立した客観的な立場から，経営陣（執行役及びいわゆる執行役員を含む）・取締役に対する実効性の高い監督を行うこと
をはじめとする役割・責務を適切に果たすべきである。こうした役割・責務は，監査役会設置会社（その役割・責務の一部は監査役及び監査役会が担うこととなる），指名委員会等設置会社，監査等委員会設置会社など，いずれの機関設計を採用する場合にも，等しく適切に果たされるべきである。

【株主との対話】

5．上場会社は，その持続的な成長と中長期的な企業価値の向上に資するため，株主総会の場以外においても，株主との間で建設的な対話を行うべきである。
経営陣幹部・取締役（社外取締役を含む）は，こうした対話を通じて 株主の声に耳を傾け，その関心・懸念に正当な関心を払うとともに，自らの経営方針を株主に分かりやすい形で明確に説明しその理解を得る努力を行い，株主を含むステークホルダーの立場に関するバランスのとれた理解と，そうした理解を踏まえた適切な対応に努めるべきである。

CG報告書の開示義務を負うのは，東証プライム・スタンダード・グロース市場の上場会社ですが，グロース市場上場会社はCGコードの適用範囲（説明義務が生じる範囲）が「（P.253記載の）基本原則」に限定されています。

CGコードの特色としては，プリンシプルベース・アプローチ及びコンプライ・オア・エクスプレインの手法を採用しているという点です。

• プリンシプルベース・アプローチ

原則主義。各上場会社がとるべき行動について詳細に規定するルールベース・アプローチ（細則主義）ではなく，各々の置かれた状況に応じて，実効的なコーポレートガバナンスを実現することができるよう，抽象的な表現・内容により，幅広い解釈の余地を与えるという考え方。

• コンプライ・オア・エクスプレイン

CGコードに定められた諸原則を「実施（コンプライ）する」もしくは，「実施しない場合にはその理由を説明（エクスプレイン）する」ことが求められるという方式です。実施しない項目については，CG報告書を通して説明義務を負います。理由説明の義務を履行しない場合や説明に虚偽の内容が含まれる場合には，上場制度上の公表措置等の対象となる可能性があります。

コンプライ・オア・エクスプレインのように，守ることではなく，守らなかった場合の説明が義務づけられているという方法は珍しいのではないでしょうか。原則を実施しない理由の説明は，株主等のステークホルダーの理解が十分に得られるよう，当該原則に関する会社としての考え方や今後の方針等をふまえ，CG報告書に具体的に記載します。

具体的な実施予定がある場合：	実施を予定する取組みの具体的内容，実施時期等
実施について検討中の場合：	検討に関するスケジュールや考慮要素，検討の方向性等
実施しないことを決定した場合：	実施しないこととした理由，代替手段を講じている場合はその内容等

Q 内部統制とCGはどのような関係なのでしょうか？

A 内部統制は，コーポレートガバナンスの一要素として捉えることができます。CGコード内でも以下のように内部統制について言及しています。

> 【原則4-3.取締役会の役割・責務（3）】
> ～また，取締役会は，適時かつ正確な情報開示が行われるよう監督を行うとともに，内部統制やリスク管理体制を適切に整備すべきである。～
>
> 補充原則4-3④
> 内部統制や先を見越した全社的リスク管理体制の整備は，適切なコンプライアンスの確保とリスクテイクの裏付けとなり得るものであり，取締役会はグループ全体を含めたこれらの体制を適切に構築し，内部監査部門を活用しつつ，その運用状況を監督すべきである。

あえて両者の違いを表現しようとすると，内部統制は，経営者が会社を効率的かつ健全に運営するための仕組みなので，経営者を監視・管理することに重きを置いていません。英語ではInternal Controlと表現され，Controlの主語は経営者です。これに対してコーポレートガバナンスは，株主や取締役会，場合によっては顧客や株主などが，経営者の不正や暴走を防ぐための仕組みまでを包含しているところが違いでしょうか……。とはいえ，冒頭の表現のとおり，内部統制はコーポレートガバナンスの一要素として捉えることができますので，J-SOXやCGの具体的な対応事項には重複する部分も多くあります。特に，J-SOXの「全社的な内部統制」「IT統制のうち全般統制」の手続きにおいては重複点も多いでしょう。両者の関係を理解し，効率的に取り組みましょう。

これらをふまえて，高橋さんは以下の選択をしました。

（高橋さんの選択）

✓塩田さんと大海さんが，販売プロセスと購買プロセスを中心にウォークスルーを実施し，各部門の幹部メンバーに意見を聞き，運用ルールの微調整を行う。

✓山田さんが外部専門家の協力を得ながら，CG報告書のたたき台を作成。コーポレートガバナンスへの対応にも本格的に取り組むこととした。

Chapter 4

グロース上場後を見据えた体制づくり

1. M&A

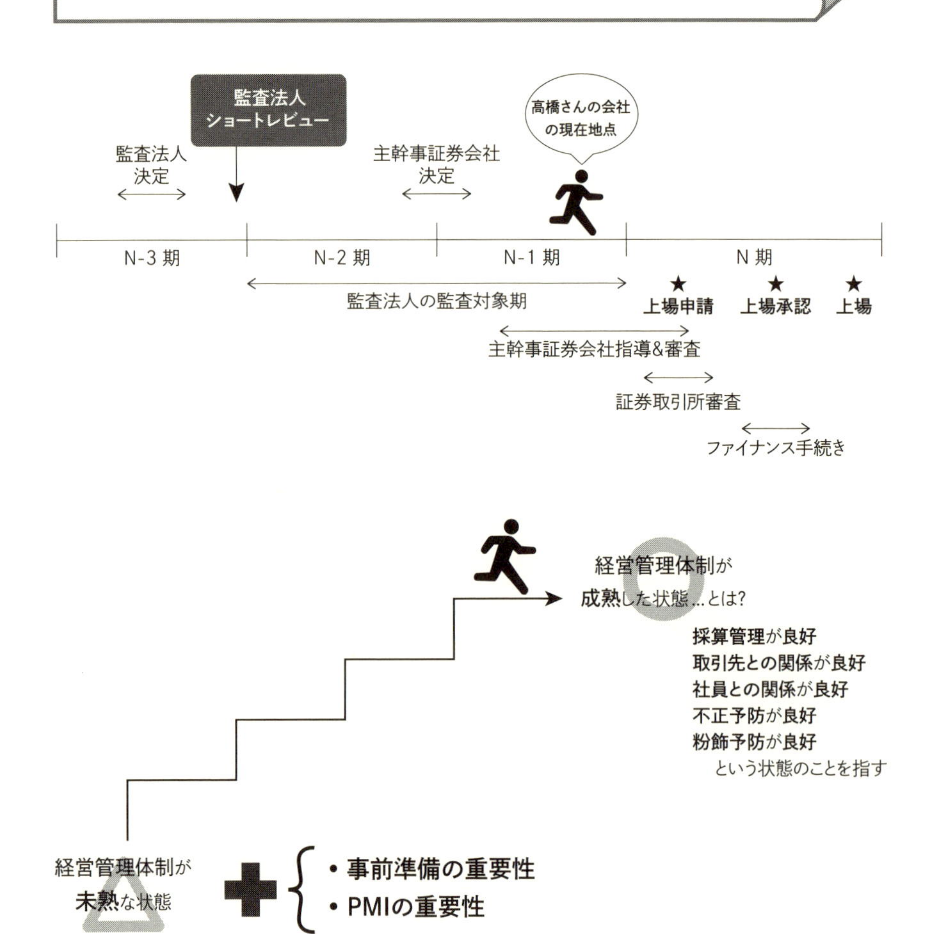

監査法人
ショートレビュー
高橋さんの会社
の現在地点
監査法人
決定
主幹事証券会社
決定
N-3 期
N-2 期
N-1 期
N 期
監査法人の監査対象期
上場申請
上場承認
上場
主幹事証券会社指導&審査
証券取引所審査
ファイナンス手続き
経営管理体制が
成熟した状態…とは?
採算管理が良好
取引先との関係が良好
社員との関係が良好
不正予防が良好
粉飾予防が良好
という状態のことを指す
経営管理体制が
未熟な状態
・事前準備の重要性
・PMIの重要性

押さえておきたい基礎単語

● **PMI**

Post Merger Integrationの略で，M&A（合併・買収）後の組織・業務・文化を統合し，統合効果を最大化するためのプロセスを指す。PMIのプロセスでは，買収後のシナジー効果の創出を目指すとともに，企業文化の融合，経営体制の確立，従業員の適応支援などが重要な要素となる。

＼ STORY ／

株式上場の直前期（N-1期）の下期に入り，グロース上場がゴールではないことを肝に銘じ，グロース市場上場後の成長戦略を考える中で，高橋さんはM&Aも選択肢の１つと考えて準備を始めることとした。現有の人員や事業を着実に成長させていくことを基本的な戦略としつつ，良いM&A案件があれば柔軟に買収できる体制が作れないかと思案していた。一方で，M&Aを実施して買収したがうまくいかず，苦労している経営者の話も耳にし，M&Aの怖さも少し感じ始めていた。

どちらにしろ，現時点ではM&Aに投入できる資金も少ない。上場したらすぐに手を打てるようにと思案を続けていたが，何をどのように準備すべきかわからずにいた。

M&A準備を始めるにあたり，高橋さんは先輩経営者Ｙさんに話を聞きました。

Ｙさんは，秘書代行・電話代行サービス事業を展開しています。売上20億円を超えた頃に，株式上場を念頭に知人を介して監査法人に監査を打診しました。しかし監査法人から，「あなたの会社はＺ社グループとの取引の割合が大きいので，上場は難しいのではないか」と言われてしまいました。Ｙさんは社内で協議し，Ｚ社グループとの取引の割合を下げるためにM&Aで会社を買収することを企図しました。

M&A仲介会社に依頼し，自社の資金2億円（銀行融資で調達）で51%を保有し，残り49%を他社（Yさんの知人の会社）で保有してもらうスキームを組み立て，AA社を時価総額約4億円で買収しました。AA社は，ある業界に特化したリース・レンタル事業を営んでいます。売上高7～8億円，営業利益5～10百万円くらいを安定的に計上していましたが，ここ数年は売上が減少傾向でした。

Yさんは，「AA社の経営者の役員報酬（約20百万円）がなくなればいくらか利益を残せるだろう」と安易に考えて買収しました。また，Yさんの会社にはAA社の事業に詳しいメンバーがいないので，外部からAA社を経営するメンバーを招聘しました。

しかし，AA社の売上はどんどん下がり，社員の離職も続き，あっという間に赤字になってしまいました。そして，監査法人からは「このままでは，のれんの減損（約1.5億円）が必要です」と忠告を受けました。「1.5億円の減損」となると，Yさんの会社自体が債務超過になってしまいます。やむを得ず，YさんがAA社の経営に直接関与することにしました。しかし，YさんもAA社の事業に関しては素人であり，試行錯誤を繰り返すことで時間を浪費しています。

このことから，高橋さんは，事業的なシナジーが見込めない会社を買収すること，買収後のPMIを考慮しないで買収することの危険性を理解しました。

Yさんの事例から学ぶべき重要なポイントは2つです。

① 事前準備をしっかりと！

② PMIが大切！

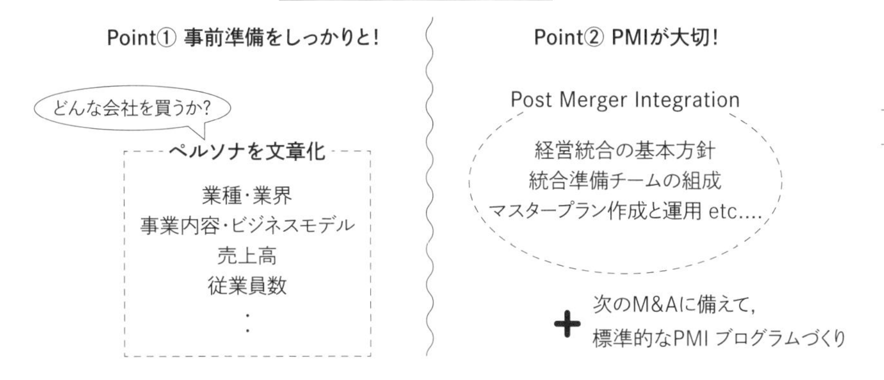

(1) 事前準備の重要性

事例Ｙさんの失敗原因の１つは，計画性なく安易にM&Aを進めてしまったことです。事前準備の段階でどんな会社・事業を買うかという方向性を明確にしましょう。まずは，自社グループに不足しているパーツを意識し，どんな会社を買収するかをイメージします。人材採用と同じように，統合相手のペルソナを文章化しましょう。

統合相手のペルソナ（例）
業種・業界
事業内容・ビジネスモデル
売上高
資本金
社員数
設立年度
本社所在地
工場・支店の有無
許認可・特許等の有無
グループ構成（子会社・関連会社，国内・海外）
社風・強み

M&Aに向けてペルソナを設定する主なメリットは以下のとおりです。

①　統合相手の認識を自社の組織内で統一することができる

関係者間でターゲットの認識がズレてしまっていると，意見の食い違いや無駄な作業が発生し，スケジュールの遅れなどのトラブルが起こりやすくなります。経営幹部との間にペルソナという共通認識を作ることで，トラブル回避や意思決定の迅速化につながります。

②　統合相手の視点を理解できる

ペルソナ設定を通じて自社の不足パーツを徹底的に分析することで，統合相手側のニーズが理解できるようになります。M&Aには買収するという意識ではなく，選んでもらう気持ちで臨みましょう。

もちろん，自社グループとシナジーがあるかは重要なポイントです。しかしシナジーは勝手に生まれるものではなく，お互いの協力により作り出すものです。被買収会社にグループインするメリットを説明するという姿勢がシナジー実現を助けます。

自社の足りていない部分と被買収会社の強みがいかに合致するか，合併後は両者にとってどんな利益が生まれるか，という統合相手から見た視点が重要です。

③　M&A仲介会社選びに役立つ

事例Yさんが買収後に苦労した原因の1つは，AA社のことを詳しく調べずM&A仲介会社に言われるがまま買収してしまった点です。何のイメージも持たないままM&A仲介会社への相談を始めてしまうと，本来，買ってはいけない会社，買う必要がない会社を，一時の迷いで購入してしまう可能性が高まります。人材採用では，今欲しい人材を明確にした後に，技術者やIT人材に強い仲介会社に頼むのか，総務・人事・経理などの管理系人材に強い仲介会社を探すのかと検討します。M&Aでも同様に，理想の統合相手像を明確にするこことで，その統合相手像に適した仲介会社を選ぶことが可能になります。

このようにペルソナ設定などの事前準備を入念に行うことで，M&Aの方向性が定まります。さらに統合候補先が決まった後にも事業面・財務面・法務面・労務面など多面的な調査を実施し，統合相手の企業価値や組織の体質をよく見極めましょう。経営統合後に期待していた効果が発揮できないだけでなく，最悪の場合，統合した会社を再度切り離すことにもなりかねません。せっかく時間とお金をかけて取り組むのですから，統合を決断する前にできることはやり切りましょう。

(2) PMIの重要性

PMIはPost Merger Integrationの略で，当初計画したM&A後の統合効果を最大化するためのプロセスを指します。PMIのプロセスを通じて，買収後のシナジー効果を生み出し，企業文化の違いを調整し，経営統合後のマネジメントを遂行していくことになります。PMIの進め方によって，その後の効果は大きく変わります。人材採用では，社員の早期活躍のために入社後のケアが重要視されていますが，M&Aにおいても同様です。どうしても統合までのプロセスに注目しがちですが，統合後に起きる経営上の混乱や社員の不安への対応に意識を向けましょう。買収会社と被買収会社双方のギャップをなくし，最大限に統合相手の価値を引き出すための手段がPMIです。

また，M&Aは会社の成長・拡大に有効な手段です。今後も繰り返しM&Aを活用する想定で，今回実施したPMIの効果や反省点を確認しておくことが重要です。効果が見られた取組みはタスクリスト等にまとめて，標準的なPMIプログラムづくりを目指しましょう。自社独自のPMIノウハウが関係者共有の形式で蓄積されていることは，以後のM&Aにとって非常に有用です。なお，PMIタスクリストを意識して，M&A決断までの事前準備を行えると，より効果が発揮されるでしょう。

PMIタスク項目の例は以下のとおりです。

項目			
経営統合			
	経営の方向性の確立		
	経営体制の確立		
	グループ経営の仕組みの整備		
信頼関係の構築			
	関係者との信頼関係の構築		
		譲渡側経営者への対応	
		譲渡側従業員への対応	
			キーパーソンへの情報開示
			譲渡側従業員向けの説明会の開催
			譲渡側従業員との個別面談の実施
			即効性のある職場環境の改善
			譲渡側従業員との日頃からの継続的なコミュニケーション
		取引先への対応	
			譲渡側の重要な取引先の把握
			主要取引先への対応
			主要な取引先以外への対応
		取引先以外の外部関係者への対応	
業務統合			
	事業機能		
		経営資源の相互活用による売上シナジー	
			クロスセル
			販売チャネルの拡大
		経営資源の組合せによる売上シナジー	
			製品・サービスの高付加価値化
			新製品・サービスの開発
		改善による売上原価シナジー	
			生産現場の改善
			サプライヤーの見直し
			在庫管理方法の見直し
		経営資源の共通化・統廃合による売上原価シナジー	
			共同調達
			生産体制の見直し
		改善による販管費シナジー	

			広告宣伝・販促活動の見直し
			間接業務の見直し
		経営資源の共通化・統廃合による販管費シナジー	
			共同配送
			管理機能の集約
			販売拠点の統廃合
	管理機能		
		人事・労務分野	
			人事・労務関係の法令遵守等
			人事・労務関係の内部規程類等
			従業員との個別の労働関係等
			人材配置の最適化
		会計・財務分野	
			会計・財務関係の処理の適正性
			譲渡側・譲受側間の会計・財務手続の連携
			業績等の管理
			金融費用の削減
		法務分野	
			法令遵守等
			会社組織等に関する内部規程類等の整備状況やその内容の適正性
			契約関係を含む外部関係者との関係の適正性
		ITシステム分野	
			ITシステムに関するリスクへの対応

※上記の具体的な取組項目は，一般的に検討すべき事項を例示したものである。なお，個社の優先順位等に応じて取組項目は異なり得るため，目安として参照いただきたい。
(出典：中小PMI ガイドライン～中小M&A を成功に導くために～中小企業庁)

さらに，高橋さんからは，次のような質問がありました。

Q M&Aの基本的な流れを教えてください

A M&Aの基本的な流れは，以下のとおりです。

①秘密保持契約書の締結→②意向表明書の提出→③基本合意契約書の締結→④最終契約書の締結

① 秘密保持契約書の締結

- 秘密保持契約書を締結し，案件の情報を入手します。案件情報の依頼リストのサンプルは下記のとおりです。

② 意向表明書の提出

- 先方から入手した案件情報を基に検討し，買収を希望する場合は，売り手企業に対し，意向表明書を提出します。
- 意向表明書には，(買収を希望する)自社の概要，希望する株式譲渡の価額，本件買収を希望する理由や目的，本件成立後の(対象会社の)代表者その他役員，社員の処遇について，買収資金の調達方法，本件取引完了までのスケジュールなどを記載します。

③ 基本合意契約書の締結

- 売り手企業が意向表明書の内容を了承すれば，さらに詳細な協議を進め，基本合意契約書を締結します。

④ 最終契約書の締結

- 事業・法務・財務面の詳細調査(デューデリジェンス)を経て，最終契約書を締結します。

案件情報の依頼リストのサンプル

		依頼資料	コピー	
全般事項	1	定款，商業登記簿謄本	○	
	2	各種規程（取締役会規程，職務権限規程，業務分掌規程等）		
	3	会社のプロフィール，営業活動等を記載したパンフレット		
	4	株主名簿，潜在株のリスト	○	
	5	株主総会・取締役会議事録，その他経営に関する会議の議事録（過去３年分）		
	6	過去の資本移動等に関する状況		
	7	役員の状況（経歴・担当業務，会社・役員間取引）		
	8	関係会社の状況（出資，役員・従業員の兼務，関係会社間取引）		
	9	事業免許・各種許認可のリスト		
	10	海外取引がある場合の内容		

組織関係	1	組織図・人員配置図	○	
	2	従業員数（正規，パート，男女別，事業部別，出向者数，出向受入者数）	○	
	3	就業規則・賃金規則（インセンティブ制度・退職金制度含む）	○	
	4	給与データ（直近決算期の給与・賞与支給明細）		
	5	給与テーブル，今年度の昇給/昇格内容		
会計・財務関係	1	決算書（過去5期分）	○	
	2	法人税申告書・勘定科目明細（過去3期分）	○	
	3	部門別・商製品別の業績推移…売上高，利益（過去5年分及び当期）	○	
	4	直近の試算表	○	
	5	資金計画表（資金繰り予定表）	○	
	6	事業計画書（今後3 ～ 5年程度）	○	
	7	不良債権・不良在庫がある場合の状況		
	8	所有不動産の状況（明細，登記簿・共同担保目録，最近の売買状況）		
	9	担保差入資産，担保受入資産がある場合のその内容		
	10	賃貸不動産等の状況（明細，賃貸契約書，リース物件）		
	11	生命保険，火災保険等各種保険に関する資料（保険内容，加入状況）		
	12	有利子負債の状況（明細，返済スケジュール，利率，担保・披保証関係）	○	
営業関係	1	主要商製品の内容（特色，市場業界動向）		
	2	販売形態，主要販売先…上位10社程度	○	
	3	購買形態（外注形態），主要仕入先（外注先）…上位10社程度	○	
	4	販売管理規程，購買（外注）管理規程，業務マニュアル等		
	5	販売・購買（外注）に関する基本契約書（覚書・合意書等），業務委託契約書		
その他	1	第三者との重要な契約，業務提携の状況		
	2	係争案件が存在する場合の状況		
	3	偶発債務が存在する場合の状況		
	4	連帯保証が存在する場合の状況		

Q PMIの基本項目を教えてください

A PMIに際し，一般的に取り組む項目について見ていきましょう。

① 経営体制・組織の統合

経営統合後の経営のあり方や組織再編について考えます。具体的には，統合後の経営，重要な意思決定プロセス・伝達，リーダーシップ，意思決定機関のあり方，人員配置，情報伝達・共有の仕組みなどを検討します。統合後も継続的な企業価値の向上を生み出すためのポイントである，買収会社と被買収会社双方のギャップをなくすことにつながるプロセスです。

② 事業や取引先の精査

現状実施している業務の再検討や両社における取引先などの分析，得られたデータに基づく事業展開の立案，担当業務の割り当て，事業の統廃合などを実行します。似た業種同士でM&Aをした場合には，製品やサービスで重複する部分を統廃合したり，スケールメリットを追求したりすることも検討します。

③ 業績評価制度の見直し

統合の効果が当初の計画どおりに現れているのかを検証するために，測定・分析できる仕組みを整えます。具体的には，KPIの設定やマネジメントサイクルの導入，定期的なモニタリングを通したPDCAサイクルを回す仕組みづくりを実施します。

④ 制度面の統合

人事・総務・法務などの事務的な部分での統合を実施します。人事評価制度や報酬の仕組み，退職金制度などの見直しが遅れると，経営統合後の格差を生み出す要因となります。さらに，研修制度の構築や外部に向けた財務会計，会社内の経営状態を把握する管理会計の統合も検討します。

⑤ 業務システムの統合

販売や購買といったシステムの統合や管理部門の統合を実施します。多額の費用がかかるITシステムの統合は，慎重に導入計画を立てましょう。

上記5つの項目を進める上で留意すべきことは，事前に期限や優先順位を決めることです。PMIを厳密に実施すると膨大な時間を要し，経営統合のタイミングを見失う恐れもあります。むしろ，ペンキを塗るように定期的な見直しと組み合わせることが有効です。

Q 上場時期との関係で，M&Aへの規制はあるのでしょうか？

A 東証では，企業再編の実施が申請会社の上場申請の妨げとなることなく，かつ，より申請会社の実態に近い財政状態及び経営成績に基づいた審査を実施するため，合併などを実施する見込みがある時には，新規上場申請が受理されないことがあります。

具体的には，以下のａまたはｂに該当する場合です。

ａ．合併，会社分割，子会社化若しくは非子会社化，事業の譲受け若しくは譲渡

新規上場申請日以後，同日の直前事業年度の末日から２年以内（注１）に，申請会社が実質的な存続会社でなくなってしまうような合併等（注２）を行う予定のある場合には，当該行為により申請会社の事業内容，財政状態及び経営成績等が極端に変化するものと考えられます。

このような場合，当該会社が上場申請を行ったとしても，当該行為後の企業実態を把握することが困難であること等から，上場申請を受理しないこととしています。

（注１）「新規上場申請日の属する事業年度の初日以後，新規上場申請日まで」の間は含まれませんので，当該期間に合併等を行っている場合は，上場申請が可能です。

（注２）会社分割については，当該分割が上場会社から事業を承継する人的分割（承継する事業が申請会社の主要な事業となるものに限ります。）である場合を除きます。
申請会社が行った合併等が上記に該当せず上場申請が不受理とならない場合でも，当該合併等が重要な影響を与えると判断される場合には，別途，上場申請にあたって資料の提出が必要となる場合があります。

ｂ．合併，株式交換または株式移転

上場会社が解散会社となる合併，他の会社の完全子会社となる株式交換または株式移転を行う場合には，当該行為により上場会社は上場廃止となります。

そこで，上場申請時点において上場廃止となる予定のある会社を上場させ

ることは好ましくないことから，申請会社が解散会社となる合併，他の会社の完全子会社となる株式交換または株式移転を新規上場申請日の直前事業年度の末日から2年以内に行う予定の場合（注）には，上場申請を受理しないこととしております。

（注） ただし，当該組織再編行為を上場日以前に行う予定がある場合については，上場申請は可能です。

これらをふまえて，高橋さんは以下の選択をしました。

（高橋さんの選択）

✓内部監査チーム（塩田さんと大海さん）に，M&Aの外部セミナーに参加し，知見を蓄積するように指示した。特にPMIに留意するように伝えた。

✓並行して，子ども向けの教育コンテンツ販売事業を展開している会社との取引を強化して，将来的な買収，子会社化も見据えることとした。

2. 決算効率化

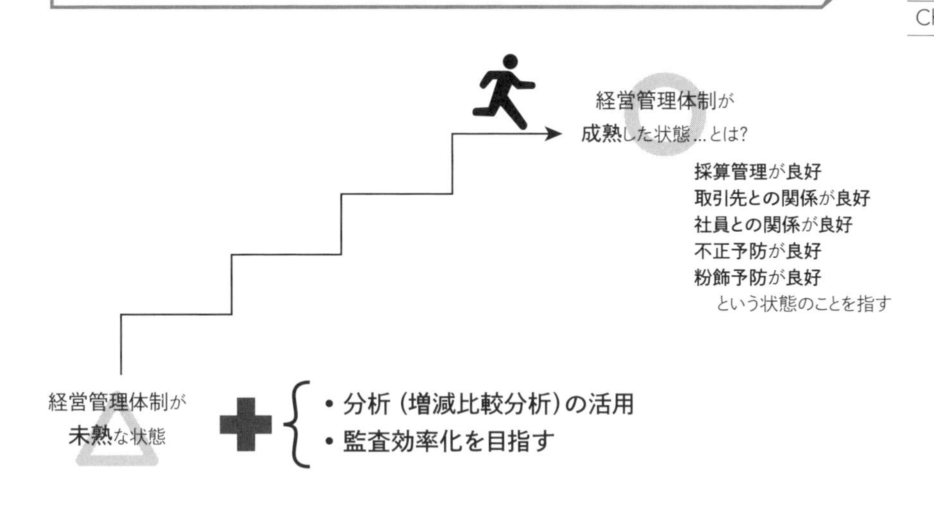

押さえておきたい基礎単語

四半期開示

第1四半期，第2四半期，第3四半期という形で，3か月ごとの決算を開示することを指す。2024年4月1日以降，金融商品取引法の改正により，四半期報告書の提出義務は廃止された。現在は，取引所規則に基づく四半期決算短信の開示が求められており，第2四半期については金融商品取引法に基づく半期報告書の提出が義務づけられている。なお，第1四半期および第3四半期の決算短信に対する監査人のレビューは，原則として任意である。

\ STORY /

株式上場の直前期（N-1期）の下期は，上場後の四半期開示も見据え，四半期ごとに監査を受けることになり，経理チームの負担も一段と増えてきた。

監査法人の指摘も細かくかつ厳しいものが増加している。監査法人とのコミュニケーションをスタートした当初の友好的な雰囲気は，最近では影を潜めているように高橋さんは感じ始めていた。

このままでは経理チームがパンクするか，あるいは監査法人の要望を受けて人員を増やし続けることでコスト倒れになるか。高橋さんは，どちらにしろ会社が厳しい状況に立たされると危機感を覚えた。当社の状況も理解し，内部監査を手伝ってくれている外部専門家のアドバイスを受けて，対応策を検討し始めた。

決算効率化に取り組むにあたり，高橋さんは先輩経営者ABさんにAC社の話を聞きました。

売上150億円規模のAC社は，グロース市場に上場して5年が経過しています。自社で決算を締めるのに精一杯でしたので，決算数値の分析は，決算発表の直前に財務諸表全体での増減分析を実施する程度でした。ところが，ある年度の期末決算の終盤，開示書類が完成する直前のタイミングで，監査法人から単体決算数値の誤りを指摘されてしまいます。

詳細を確認すると，AC社では，本来計上すべき取引「1,000万円でα社から商品を仕入れて，β社に1,500万円で販売する取引（商品はα社からβ社に直送）」が計上されていませんでした。なお，当該商品は子会社AD社にも販売しているため，連結上「未実現利益の消去」の対象になり，AC社の利益率の変更が連結決算にも影響してしまいました。毎月，定常的に発生する取引なので，勘定内訳レベルで増減分析を実施していれば気

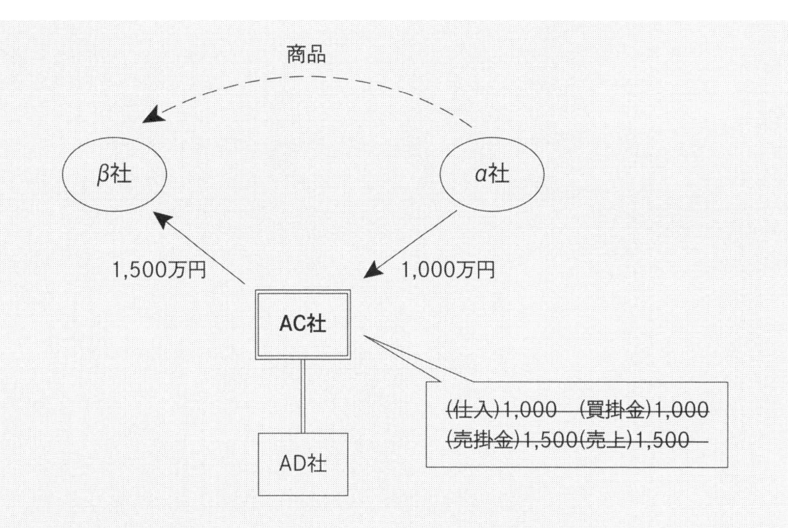

づくはずのケアレスミスでした。

単体決算数値から修正すると，かなりの手戻りが必要となります。何とか開示用の組替仕訳等で対応できないかと検討しました。しかし，影響が多岐にわたることから，逆に正しく修正することが困難でした。決算の修正作業に苦しみながら，経理部長は「もっと早く監査してくれればよかったのに」と，恨み節たっぷりです。

AC社の決算数値の誤りの原因はどこにあるのでしょうか。それは，間違った常識にとらわれていることです。自社で決算数値を分析せずに，監査法人の監査にすべて委ねている会社は非常に多いですが，これはあまりにリスクが大きいです。AC社の経理部長は常日頃，以下のように言っていました。

「決算時期は時間がないから，分析なんかしていられないよ」

「分析は，会計のプロフェッショナルである監査法人の仕事だ」

監査法人任せの考え方をしている経理部長は，AC社以外でも意外と多くいます。

自社での決算数値分析は，ミスを早期に発見する手段の１つです。また，

AC社のように，決算の終盤で監査法人から誤りを指摘されると，それを決算に反映させるための時間が足りない，といった事態も起こり得ます。もしも決算に期限がなければ，分析を監査法人任せにしてもよいかもしれません。しかし，決算には期限があり，これを守れないと最悪の場合，上場廃止となってしまいます。

このことから，高橋さんは，分析（増減比較分析）を監査法人に任せることは危険であると理解しました。

AC社の事例から学ぶべき重要なポイントは２つです。

(1) 分析（増減比較分析）の活用

分析の目的は，効率的に決算資料の品質を保つことです。分析は，決算資料の精度を保つ品質チェックとして機能します。決算資料は一定の品質が担保されていることが前提となるため，品質チェック工程を織り込むことは必須であり，その１つとして分析を行います。また，分析を行うことにより，全体を俯瞰して眺めることができます。これによって，全体に万遍なく時間とエネルギーを費やすのではなく，気になる箇所，リスクを感じる箇所，当期のトピックとなる箇所など，誤りが発生しやすいポイントに絞って時間とエネルギーを投下でき，メリハリのついた決算業務が可能となります。

分析（増減比較分析）とは，仮説と分析対象を比較することによって分析対象の確からしさ（＝事実に基づくものであるか）を検証する方法です。

分析結果は，監査法人を含めた関係者と共有するために文章で残しましょう。決算資料の中に，下図のように分析コメントを記載する欄をあらかじめ用意しておくことをお勧めします。

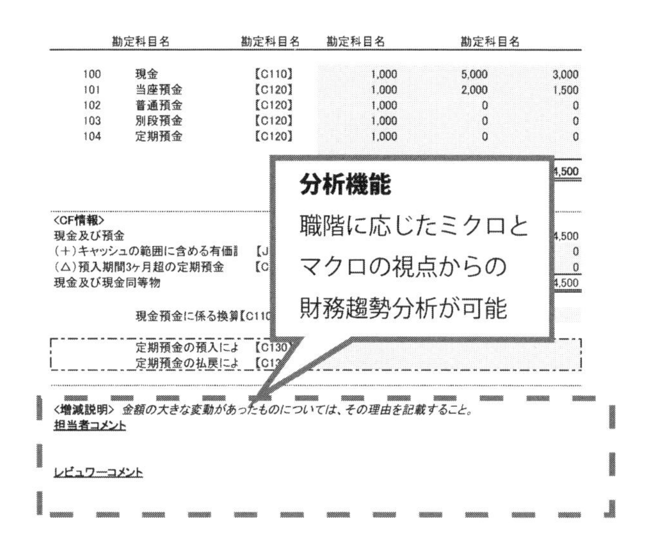

分析コメントを書く際には下記のような書き方を意識しましょう。

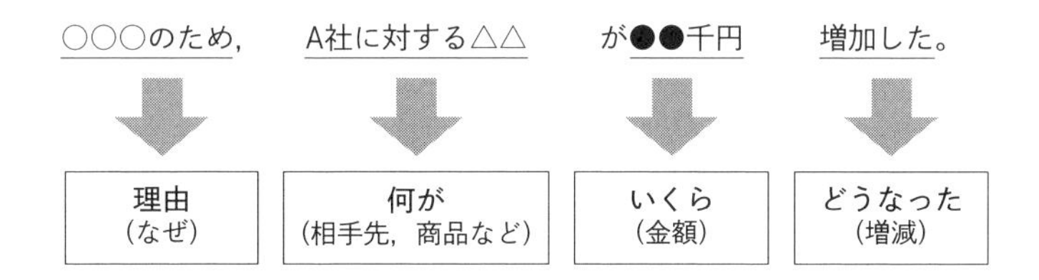

まずは，下準備として「何が（相手先，商品など），いくら（金額），どうなった（増減）」を機械的に拾いましょう。その後，仮説と下準備結果を比較し「理由（なぜ）」を考えましょう。理由以外は機械的に拾えるので，担当者が変わっても作業内容に差がなく，業務ローテーションを取り入れるにあたっても有効です。なお，仮説と下準備結果を比較することが分析なので，下準備に時間をかけすぎて分析がおろそかにならないように注意しましょう。

(2) 監査効率化を目指す

決算開示の主な目的は，株主・取引先や金融機関などに会社の業績や財産の状況を報告することです。上場会社では四半期ごとに決算開示を実施します。そして年度決算では，決算短信・会社法計算書類・有価証券報告書と，決算開示が立て続けに行われます。

Ⅲ 決算開示プロセスの全体像

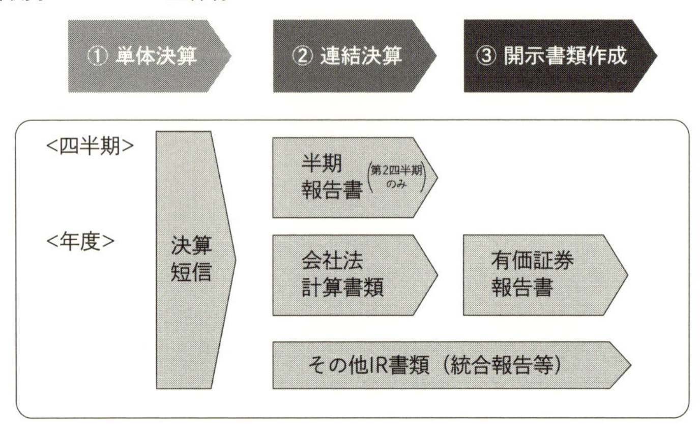

決算短信は，監査法人の監査対象外となっていますので，基本的には監査法人はチェックしませんが，半期報告書や会社法計算書類・有価証券報告書は，監査法人の監査を受けた後に開示します。そのため，経理部門は開示書類を作成しつつ監査法人対応もしなければなりません。つまり，監査効率化が重要となります。

一方で，監査法人とのコミュニケーションに苦労している会社も多いです。円滑なコミュニケーションは効率的な監査につながり，結果的に会社側の監査対応の負担も軽減されます。多くの会社で，監査が効率的に行われない要因としては以下が挙げられます。

- 決算資料が一覧化されていない
- 担当者ごとに決算資料の様式がバラバラで内容を読み解くのに苦労する

- 決算に入ったタイミングで重要な会計事象の相談が来る（相談を行う）
- 要求しないと必要な資料や情報が出てこない
- 作成者がその決算資料の作成の意図を理解していないため，突っ込んだ質問の回答が得られず，経理責任者に質問が集中する。

下記のチェックリストで自社の監査効率化レベルを確認してみましょう。

No.	チェック項	当てはまるものに○
1	決算資料作成のルールが明確に決まっている	
2	決算資料作成の担当者が明確になっている	
3	決算時に監査人から質問が大量に来るという状況にはない	
4	監査人から質問を受ける方法が決まっている（メール，質問表，担当者など）	
5	監査人から質問を受ける時間を決めている（午前中はNGなど）	
6	決算資料は，前期比較により増減の確認が行える形式となっている	
7	決算数値につき，増減の理由が明確に記載されている	
8	事前依頼資料を毎回監査人から入手している	
9	決算資料の提出スケジュールを事前に監査人と確認している	
10	残業時間等について，会社の要望を監査人に伝え，可能な限り対応してもらっている	
11	監査スケジュールについて，事前に相談の上で決定している	
12	重要なトピックは，事前に監査人に相談している	
13	事業計画の内容は作成時に監査人に対して詳細な説明を行っている	
14	事業計画の内容は進捗に応じて達成状況についても監査人と情報共有している	
15	重要性の低い要修正事項については，翌期以降の修正とすることを監査人に依頼できる	
16	監査人も会社の当期のトピックを十分に理解していると感じる	
17	監査人からの質問で疑問に思うことは遠慮なくその理由を確認できる関係になっている	
18	監査人がどのようなことを会議室で行っているのかをある程度理解している	
19	会計上の相談事項はいつでも監査人に行える状況にある	
20	監査人と定期的にミーティングの機会を設けている	

監査効率化の肝はコミュニケーションにあります。チェックリストで○が少なかった場合には，そもそものコミュニケーションがほとんどとれていないレベルです。まずは，四半期ごとの決算事前ミーティングを設定するところから始めましょう。

慣れてきたら，さらに効率的な対応を目指しましょう。

- 決算直前ではなく，余裕を持ったタイミングで監査法人に相談する

決算上の論点を含め，早めに相談事項を持ち込むことで，スムーズな対応が可能となる。

- 経理チーム全体で監査法人との連携を強化する

特定の担当者に依存せず，複数のメンバーが監査法人とコミュニケーションを取れるよう，担当をローテーションすることを検討する。

このように段階的に取組みを強化し，より効果的な監査対応を実現しましょう。

監査効率化を実現するための具体的な改善策としては以下が挙げられます。

①　会社の事業計画，予算の詳細な説明を実施

監査法人に自社を知ってもらい，理解を深めてもらうことが重要です。会社の事業，予算編成方針，予算の内容などを理解してもらう機会を設けましょう。事業計画の根拠やポイントについて積極的に伝えることで，監査時における見積り項目に係る質問・確認が減少します。決算の終盤になって，見積り項目に関する決算数値が変更（修正）になるという事態を回避できます。

②　決算事前ミーティングの実施

互いを理解する機会を作りましょう。例えば，四半期末月の15日前後など，定期的に意見交換や相談の機会を設けます。四半期ごとの事業計画の達成状況や会計上のトピックの相談（ex: 棚卸資産の評価損・固定資産の減損・繰延税

金資産の回収可能性・子会社株式の評価損）もこの時に行います。

③　決算資料の地道な改善

決算資料についても定期的にディスカッション対象としましょう。経理部内での改善も大切ですが，監査に有用な決算資料となっているか，という点からの監査法人の意見も取り入れましょう。決算ごとに改善点を挙げ，次回に活かすという流れの習慣化が，地道ながらも効率化につながります。

④　監査法人からの質問や確認事項を把握する

毎回同じ質問が来ている場合には，改善の余地があると判断できます。原因を調査し，改善を図ることにより，同じような質問は激減する可能性が高いです。

監査効率化を念頭に，監査法人とのコミュニケーションレベルを上げていきましょう。

さらに，高橋さんからは，次のような質問がありました。

Q　KAMについて教えてください

A　KAM（Key Audit Matters）とは，監査報告書に記載される監査上の主要な検討事項のことです。株主等へ提供する会計監査に関する情報の充実のための施策の１つとして，金融商品取引法の監査報告書に2021年３月期より記載されるようになりました。記載されるのは，①監査上の主要な検討事項の内容，②監査人が監査上の主要な検討事項であると決定した理由，③監査上の対応の３点です。

具体的には，下記のように記載されます。

株式会社オリエンタルランド　監査報告書

監査上の主要な検討事項

監査上の主要な検討事項とは、当連結会計年度の連結財務諸表の監査において、監査人が職業的専門家として特に重要であると判断した事項である。監査上の主要な検討事項は、連結財務諸表全体に対する監査の実施過程及び監査意見の形成において対応した事項であり、当監査法人は、当該事項に対して個別に意見を表明するものではない。

アトラクション・ショー収入、商品販売収入、飲食販売収入及びホテル売上の計上額の正確性	
監査上の主要な検討事項の内容及び決定理由	監査上の対応
株式会社オリエンタルランドの当連結会計年度の連結損益計算書に計上されている売上高275,728百万円には、注記事項「セグメント情報等」に記載のとおり、アトラクション・ショー収入107,338百万円、商品販売収入67,408百万円、飲食販売収入39,165百万円及びホテル売上47,437百万円が含まれており、その合計金額は連結売上高の94.8%を占めている。 注記事項「連結財務諸表作成のための基本となる重要な事項4．会計方針に関する事項(5)重要な収益及び費用の計上基準」に記載のとおり、アトラクション・ショー収入については、主にテーマパークにおける顧客の利用により、顧客に当該サービスに対する支配が移転し、履行義務が充足されることから、テーマパーク利用時点で収益が認識される。商品販売収入及び飲食販売収入については、顧客への引き渡しにより、顧客に当該財に対する支配が移転し、履行義務が充足されることから、顧客への引き渡し時点等で収益が認識される。ホテル売上については、ホテル客室における顧客の利用等により、顧客に当該サービスに対する支配が移転し、履行義務が充足されることから、客室利用時点等で収益が認識される。 売上高はそれ自体が重要な経営指標であるとともに、様々な経営指標の基礎となるため財務諸表利用者にとって重要な情報である。その中でも、アトラクション・ショー収入、商品販売収入、飲食販売収入及びホテル売上は取引処理の大部分をITシステムに依存しており、また、取引量が多く、料金体系も多岐にわたるため、売上計上額の正確性に固有のリスクが存在する。 以上から、当監査法人は、アトラクション・ショー収入、商品販売収入、飲食販売収入及びホテル売上の計上額の正確性が、当連結会計年度の連結財務諸表監査において特に重要であり、「監査上の主要な検討事項」の一つに該当すると判断した。	当監査法人は、アトラクション・ショー収入、商品販売収入、飲食販売収入及びホテル売上の計上額の正確性を検討するため、主に以下の監査手続を実施した。 (1) 内部統制の評価 アトラクション・ショー収入、商品販売収入、飲食販売収入及びホテル売上の認識プロセスに関連する内部統制の整備状況及び運用状況の有効性を評価した。評価にあたっては、特に以下に焦点を当てた。 ● 各売上の構成要素となるチケット単価、商品単価、飲食単価及び客室単価について、社内承認を得た上で、正確にシステム上の単価マスタに登録する統制 ● 各売上の構成要素となる入園者実績データ、商品販売実績データ、飲食販売実績データ及び稼働客室実績データが正確に会計システムに連携されるシステム統制 ● 上記単価データと、入園者実績データ、商品販売実績データ、飲食販売実績データ及び稼働客室実績データを用いて、システム上で売上が正確に計算されるシステム統制 (2) 売上計上額の正確性の検討 アトラクション・ショー収入、商品販売収入、飲食販売収入及びホテル売上の計上額の正確性を評価するため、主に以下の監査手続を実施した。 ● 当監査法人が売上種別ごとに過去の単価実績と当期の価格変動の影響を基礎として単価を推定する。それらに入園者実績数及び稼働客室実績数を乗じることで推定売上高を算定し、実際の売上計上額との重要な乖離の有無を確認する。

株式会社オリエンタルランド　監査報告書

繰延税金資産の回収可能性に関する判断の妥当性	
監査上の主要な検討事項の内容及び決定理由	監査上の対応
株式会社オリエンタルランドの当連結会計年度の連結貸借対照表において、繰延税金資産16,580百万円が計上されている。注記事項「重要な会計上の見積り（繰延税金資産の回収可能性）」及び「税効果会計関係」に記載のとおり、繰延税金負債との相殺前金額は24,364百万円であり、当該金額は総資産の2.2%を占めている。 繰延税金資産は、税務上の繰越欠損金及び将来減算一時差異が将来の税金負担額を軽減することができると認められる範囲内で認識される。 株式会社オリエンタルランド及び一部の国内連結子会社では、当連結会計年度においても入園者数を制限した運営を続けていることから、利益が十分に回復しておらず、多額の税務上の繰越欠損金が残存している。このため、当連結会計年度末において、将来減算一時差異に係る繰延税金資産に加えて、当該税務上の繰越欠損金に係る繰延税金資産について、各社の将来の課税所得の十分性に基づいた回収可能性の判断が行われている。 当該回収可能性の判断に用いられた将来の課税所得の見積りは、経営者が作成した株式会社オリエンタルランド及び一部の国内連結子会社の事業計画を基礎として行われているが、これらには新型コロナウイルス感染症の収束時期及びそれに伴う将来の入園者数等、経営者による判断を伴う重要な仮定を含んでいることから、高い不確実性を伴う。 以上から、当監査法人は、繰延税金資産の回収可能性に関する判断の妥当性が、当連結会計年度の連結財務諸表監査において特に重要であり、「監査上の主要な検討事項」の一つに該当すると判断した。	当監査法人は、繰延税金資産の回収可能性に関する判断の妥当性を評価するため、主に以下の監査手続を実施した。 (1) 内部統制の評価 繰延税金資産の回収可能性の判断に関連する内部統制の整備状況及び運用状況の有効性を評価した。評価にあたっては、特に新型コロナウイルス感染症の収束時期及び将来の入園者数予測について、不合理な仮定が採用されることを防止し、又は、採用されたときはこれを発見するための統制に焦点を当てた。 (2) 繰延税金資産の回収可能性の検討 株式会社オリエンタルランド及び一部の国内連結子会社において計上された繰延税金資産について、その回収可能性に関する経営者による判断の妥当性を評価するため、主に以下の監査手続を実施した。 ● 各社の過去及び当連結会計年度における課税所得又は税務上の欠損金の発生状況、当該税務上の欠損金が生じた原因等に照らして、企業の分類に応じた繰延税金資産の回収可能性に関する取扱いを定めた「繰延税金資産の回収可能性に関する適用指針」に基づいて、各社の企業分類が適切に決定されているか否かを検討した。 ● 繰延税金資産の回収可能性の判断に用いられた各社の将来の課税所得の見積りについて、以下の監査手続を実施した。 ・ 将来の課税所得の見積りの基礎となった各社の事業計画について、取締役会による承認の有無を確認した。 ・ 事業計画の策定において重要な仮定とされた将来の入園者数について、計画と実績の比較分析を実施した上で、新型コロナウイルス感染症の収束時期等の影響を含めて経営者に質問するとともに、関連する内部資料の閲覧及び照合によりその合理性について検討した。

オリエンタルランドは,「アトラクション・ショー収入，商品販売収入，飲食販売収入及びホテル売上の計上額の正確性」と「繰延税金資産の回収可能性に関する判断の妥当性」が取り上げられています。同記載を読むと，繰延税金資産16,580百万円のうち，繰延税金負債との相殺前金額が24,364百万円であり，当該金額は総資産の2.2%を占めていることがわかります。

株式会社ファーストリテイリング　監査報告書

監査上の主要な検討事項

監査上の主要な検討事項とは、当連結会計年度の連結財務諸表の監査において、監査人が職業的専門家として特に重要であると判断した事項である。監査上の主要な検討事項は、連結財務諸表全体に対する監査の実施過程及び監査意見の形成において対応した事項であり、当監査法人は、当該事項に対して個別に意見を表明するものではない。

正味実現可能価額に基づく棚卸資産評価	
監査上の主要な検討事項の内容及び決定理由	監査上の対応
連結財務諸表注記10に記載のとおり国内ユニクロ事業、海外ユニクロ事業及びジーユー事業の棚卸資産合計は374,595百万円であり、総資産の14.9%を占めている。また、これらの事業の棚卸資産評価減は合計で13,038百万円計上されている。 これらの事業の販売価格は、当初は定価であるが、その後季節や天候、顧客の選好を考慮し、需要に応じた価格に調整されている。棚卸資産は原価と正味実現可能価額とのいずれか低い方の金額で測定されるが、正味実現可能価額の見積額を構成する販売価格は、変化の速い市場環境及び事業展開する国の経済、ファッショントレンドといったさまざまな要素に影響を受け、頻繁に調整されITシステムに反映・管理されている。 販売価格の調整にも見られるように、棚卸資産に関する変更が、多数の最小在庫管理単位（SKU）毎に絶えず発生するビジネスの特性上、経営者は棚卸資産の管理プロセスをITシステムに高度に依存している。これには、評価計算のレポートの生成も含まれており、当該レポートの作成機能や関連するITシステムのデータの保全・管理の状況が、棚卸資産評価の計算誤りにつながるリスクがある。 以上より、当監査法人は、棚卸資産の金額に重要性が高く、その棚卸資産の評価のプロセスが高度にITシステムに依存していると判断したため、当該事項を監査上の主要な検討事項に該当するものと判断した。	左記の監査上の主要な検討事項に対して、当監査法人は、特に以下の手続を監査の中で実施した。 ・経営者により設定された原価計算方法と棚卸資産の評価方法について、適用される国際会計基準に照らして評価 ・販売価格及び原価の入力の正確性及び網羅性を担保するために実施されている内部統制の整備状況及び運用状況の有効性の評価 ・IT専門家を利用した、評価計算のレポートの正確性及び網羅性検証のための、ITシステム間のインターフェース、評価計算ロジック及びパラメーター入力の検証と、それらを担うITシステムにかかるユーザーアクセス管理、変更管理等のIT全般統制の検証 ・評価計算のレポート上の正味実現可能価額、評価減の要否判定及び評価減金額の妥当性について、代表サンプリングによる検証

株式会社ファーストリテイリング　監査報告書

店舗資産の減損の兆候判定及び減損金額の測定	
監査上の主要な検討事項の内容及び決定理由	監査上の対応
連結財務諸表注記15に記載のとおり、国内ユニクロ事業、海外ユニクロ事業及びジーユー事業の店舗資産はそれぞれ129,814百万円、205,036百万円、31,599百万円であり、合計で総資産の14.5%を占めている。また、連結財務諸表注記6及び15に記載のとおり、店舗資産の減損損失は連結全体で15,723百万円計上されている。 当該事業では多数の店舗（2021年8月末時点でそれぞれ780店、1,502店、439店）を展開し、各店舗の情報をITシステムで管理している。経営者は、原則として各店舗を資金生成単位として、店舗資産の減損の要否を判定している。多数の店舗を展開しているため、店舗資産が減損している可能性を示す兆候があるか否かを検討する際に各店舗の経営成績が重要な情報となるが、これには、ITシステムから生成される減損兆候判定のレポートを利用している。当該レポートの作成機能や関連するITシステムのデータの保全・管理の状況が、店舗資産の減損の兆候判定の誤りにつながるリスクがある。 当連結会計年度においても、新型コロナウイルス感染症の影響により店舗の一時閉店や消費者の外出自粛等が生じているため、一部の店舗の経営成績が継続的に悪化しており、潜在的に減損金額が重要となるリスクがある。また、減損の兆候判定及び減損金額の測定に利用される翌年度以降の店舗別事業計画に関し、特に新型コロナウイルス感染症からの回復時期についての不確実性が増しており、減損の兆候判定及び減損金額の測定を誤るリスクがある。 以上より、当監査法人は、店舗資産の金額的重要性が高く、減損の兆候判定に使用される情報が高度にITシステムに依存していることに加え、新型コロナウイルス感染症の影響により潜在的に減損金額が重要となるリスクがあること、翌年度以降の店舗別事業計画の見積りの不確実性が高まっていることを踏まえ、当該事項を監査上の主要な検討事項として識別した。	左記の監査上の主要な検討事項に対して、当監査法人は、特に以下の手続を監査の中で実施した。 ・経営者により設定された減損の兆候判定方法及び資金生成単位の識別方法、関連する本社費用の各店舗への配賦方法について、適用される国際会計基準に照らして評価 ・IT専門家を利用した、減損兆候判定のレポートの正確性及び網羅性検証のための、本社費用の配賦ロジックを含む店舗別経営成績等の元データ、減損兆候判定ロジック及びパラメーター入力の検証と、それらを担うITシステムにかかるユーザーアクセス管理、変更管理等のIT全般統制の検証 ・減損兆候判定のレポートの判定の対象となった店舗の網羅性の検証 ・店舗別事業計画の見積りの適切性を担保するために実施されている内部統制の整備状況及び運用状況の有効性の評価 ・店舗別事業計画に関し、経営者及び作成責任者への質問、仮定に利用した根拠証憑の閲覧、過去の実績との比較、市場予測及び利用可能な外部データとの比較を含む妥当性の検証 ・減損損失の測定に利用された割引率の計算に関し、専門家を利用した妥当性の検討 ・連結財務諸表注記2.(5)見積り及び判断の利用について、新型コロナウイルス感染症の影響による見積りの不確実性に関する記載の妥当性を検討

また，ファーストリテイリングは，「正味実現可能価額に基づく棚卸資産評価」と「店舗資産の減損の兆候判定及び減損金額の測定」が取り上げられています。国内ユニクロ事業，海外ユニクロ事業及びジーユー事業の棚卸資産合計は374,595百万円であり，総資産の14.9%を占めていることや，これらの事業の棚卸資産評価減は合計で13,038百万円計上されていることがわかります。

KAMは，監査人が監査役等とコミュニケーションを行った事項から選択されることになっており，KAMの決定プロセスは以下のとおりです。

監査上の主要な検討事項の決定プロセス

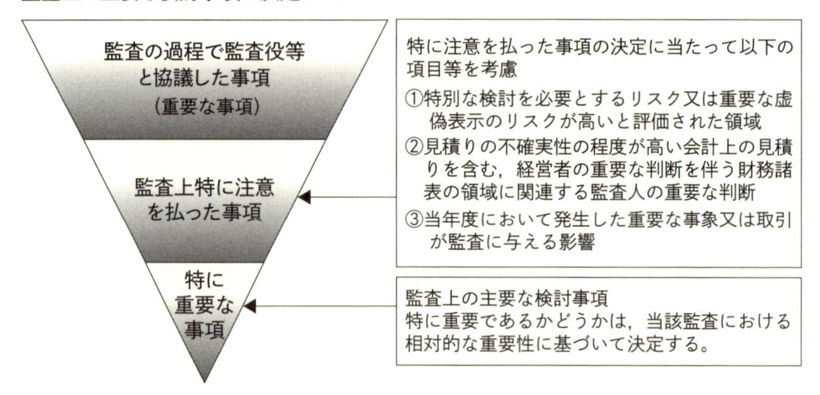

（出典：監査基準報告書700 実務ガイダンス第１号「監査報告書に係るＱ＆Ａ」Ｑ２-２）

Q 会社が監査法人から監査を受けているように，監査法人も監査を受けている！？

A 会社が監査法人から監査を受けているように，監査法人にも品質管理レビュー制度というチェック体制があります。監査法人または公認会計士が行う監査の品質管理状況を，日本公認会計士協会（以下「協会」という。）がレビューする制度です。品質管理レビュー制度は，監査業務の公共性に鑑み，監査業務の適切な質的水準の維持・向上を図り，監査に対する社会的信頼を確保することを目的としています。

さらに，金融庁に設置されている「公認会計士・監査審査会」が，協会から品質管理レビューに関する報告を受けてその内容を審査し，必要に応じて監査法人や協会等に立入検査等を実施しています。この審査及び検査の結果，協会において品質管理レビューが適切に行われていなかったことが明らかになった場合や，監査法人において監査の品質管理が著しく不十分であったり，法令等に準拠していないことが明らかになった場合には，業務の適正な運営を確保するために必要な行政処分その他の措置を金融庁長官に勧告します。

そして，金融庁長官は，勧告内容を検討し，業務改善命令や業務停止命令などの処分を行います。

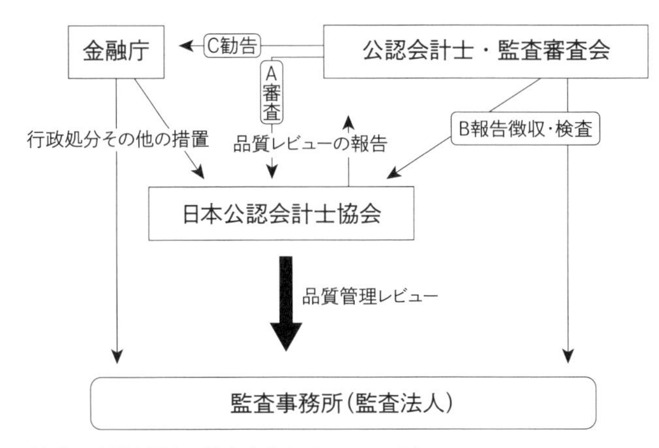

（出典：公認会計士・監査審査会パンフレット）

A審査：審査会は，協会からの報告について，協会の品質管理レビューが適切に行われているか，監査事務所の監査業務が適切に行われているかを確認します。審査会は，必要があると認める場合には，協会または監査事務所に対して報告または資料の提出を求めます。

B報告徴収・検査：審査の結果，協会の事務の適正な運営を確保する必要があると認める場合や公益または投資家保護のために必要かつ適当と認める場合には，協会，監査事務所またはその他監査事務所の監査業務に関係のある場所（被監査会社等）に対して検査または報告徴収を行います。

C勧告：審査または検査の結果，必要があると認める場合には，監査事務所の監査業務または協会の事務の適正な運営を確保するために必要な行政処分その他の措置について金融庁長官に勧告します。

これらをふまえて，高橋さんは以下の選択をしました。

（高橋さんの選択）
✓経理チームの増強を図ることにした。
✓具体的には，山口さんが担当している連結決算と税務関連の窓口を内部監査チームの塩田さんに引き継ぐ。
✓また，内部監査チームには，大海さんの下に教室事業部の中堅で将来幹部候補の増田さんを配置転換で抜擢した。
✓そして，山口さんは有価証券報告書などの開示書類の作成と監査法人対応に重点を移すこととした。
✓外部専門家の協力を仰ぎながら，内海さんと山口さんが中心となり，監査対応効率化・分析の強化にも取り組む。

現状の経営管理部門の組織図は以下のとおりである。

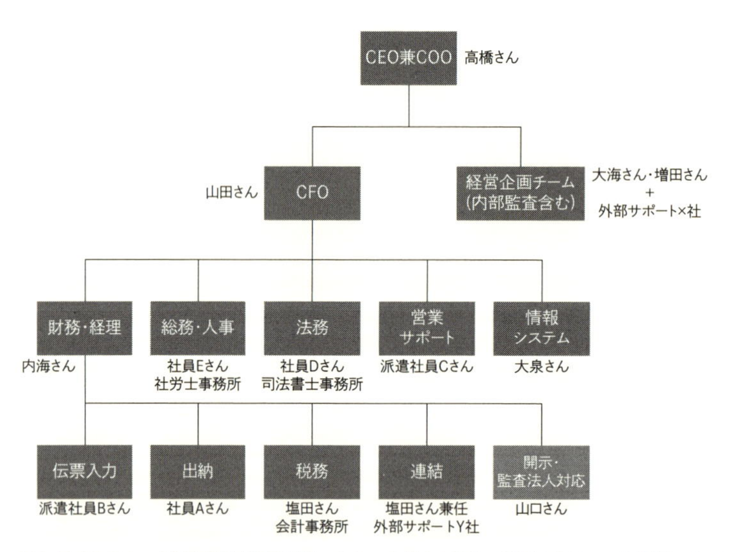

（注）子会社分も，上記担当者が実施する。なお，台湾と上海は一部アウトソースを利用している。

COLUMN

パワーハラスメントの加害者にならないために

社会保険労務士法人JMTY
特定社会保険労務士 並木　陽子

2022年４月から，労働施策総合推進法に基づくパワーハラスメント防止措置が中小企業にも義務化されました。

職場におけるパワハラとは，職場において行われる（1）優越的な関係を背景とした言動であって，（2）業務上必要かつ相当な範囲を超えたものにより，（3）労働者の就業環境が害されるものであり，（1）～（3）までの要素をすべて満たすものをいいます。

パワハラの加害者にならないためには，パワハラにならない叱り方を知ってパワハラの誤解を回避することが重要です。

パワハラにならない叱り方を行うには，下記のような点を心がけましょう。

1．問題となる具体的な行動や内容に焦点を絞る
2．感情的にならない
3．人格や性格を否定しない
4．どのように改善すべきかを伝える
5．部下にどのように伝わったか確認する

また，何度も注意をしたのに部下の行動が改善されないといったとき，誰しも感情的になってしまうことはあるでしょう。このようなときは２つのポイントを意識してみてください。

１つめは，イラッとしたら心の中で６秒数えて冷静になることです。怒りの衝動のピークは６～10秒といわれています。この６～10秒さえ乗り切ることができれば，感情的な行動を起こしにくくなります。そして，その間に，自身の言動を自分の大切な子どもやパートナーがされても不快にならないか，取引先に対しても同じような言動ができるか，冷静になって考えてみることが大事です。

２つめは，「かりてきたねこ」を心がけて叱る習慣をつけることです。「かりてきたねこ」とは，

か：感情的にならない

り：理由を話す

て：手短に

き：キャラクター（性格や人格）に触れない

た：他人と比較しない

ね：根にもたない

こ：個別に叱る

のことをいいます。

部下からの人望が厚く「この人のために頑張りたい」と思われている経営者や管理職は，成果を出し，組織も発展するケースが多いです。それに対して，パワハラをしている人は部下から「この人のために」という感情を抱いてもらえる確率は少なく，組織の発展も難しいはずです。普段から信頼関係を構築できる努力が何よりも重要です。

3. 社員満足度

STORY

高橋さんの会社は，社員数が100名に近づき，年齢も20代から60代まで広がり，属性も多種多様となった。独身の社員もいれば，子育てや親の介護などプライベートが忙しい社員もいる。高橋さんはこうした会社の状況を鑑みて，人事制度もさらなる工夫が必要なのではないかと思案し始めていた。もちろん，ハラスメント対応や退職時の守秘義務など，最低限の労務管理は整備している。しかし，もう少しそれぞれの社員の気持ちをドライブさせるような仕組みを作ることができないかと考えていた。

そして，せっかくであれば，「子どもたちにプログラミングを学ぶ機会を提供することで，好奇心と想像力を養って豊かな人生を歩んでほしい」という思いに共感して集まってくれた社員と長く良い関係を構築できるように，継続的にじわりじわりと効果が出てくる施策を探していた。しかし，具体的なアイデアは浮かんでこない。

人事制度の見直しに取り組むにあたり，高橋さんは先輩経営者AEさんに聞きました。

AEさんが経営するAF社は，ある特定分野での業務効率化コンサル及び関連システム販売を手がけています。監査法人・主幹事証券会社とも契約し，株式上場の直前期（N-１期）の下期に差し掛かった頃に，人材の流出が続き，とうとう人事部長も退職することになってしまいました。株式上場目前ということもあり，経営者のAEさんは，監査法人や主幹事証券会社，さらに上場コンサルタントからの課題に対応することにばかり気を取られていました。社員に寄り添う気持ちが弱まり，人事チームに対しても「退職して，人員不足なのでコストをかけず良い人を採用しろ」という無言のプレッシャーがのしかかっていたことが背景にあるようでした。

その当時は完全な売り手市場で，AF社のような成長著しい会社でも，なかなか採用に苦労する状況でした。人事部長も，退職希望者の慰留や新規採用の対応をする中で，逆に「もっと環境の良い職場で働きたい」という気持ちが芽生えてしまったようです。

このことから，高橋さんは，人材採用，そして採用後の育成の中心となる人事チーム組成の難しさを理解しました。

目先のグロース上場や監査法人などの社外からのプレッシャーにより，経営層はカリカリしがちな時期です。しかし，会社を動かしているのは『人』であることを忘れてはいけません。

AEさんの事例から学ぶべき重要なポイントは２つです。

(1) 人事チームを戦略的に見直す

人材育成はすぐに結果が出るものではありません。人材採用・育成は短期視点ではなく，10年単位の長期視点で計画せざるを得ないと腹をくくりましょう。それを前提に，人事チームを戦略的に見直してみましょう。

- 人事チームの目的＝目先の採用だけではなく，そのメンバーが1人前になり会社に貢献するまでの教育を含む一貫した人財マネジメント体制を構築すること。
- 人事チームの役割＝必要とされる職務要件，人材要件を明確にし，それに沿った人材を採用し，育成していくこと。

ポイントは，自社グループにフィットする人材を採用・育成することです。そのための採用プログラムと育成プログラムを開発しましょう。開発時には，人材の多様性などを含め，CGコードで要請されている事項との整合性は意識しておきましょう。なお，他社のプログラムを参考にする場合には，背景となる理念や考えなどに自社との親和性があるかを確認しましょう。ただの丸写しではうまくいかない可能性が高いです。

人事チームが評価システムを構築していく際に用いるべき評価軸は，大きく3点です。

① 会社への忠誠心

会社のビジョンを尊重しながら仕事に取り組めているか。

② スキル・能力の評価

品質・納期・採算の3つの要素をバランス良く保持できる人。3つのうち1つの要素だけに偏っていないか。いつまでに・何が・どのくらいできるようになったか？　という視点で評価。

③　**短期の業績への評価**

実際の業務として，短期でどのように貢献したか。

さらに，システムよりも重要なのは，評価者の育成です。評価者が適切に評価できるスキルを持ち合わせていないと，いくら良いシステムでも宝の持ち腐れになってしまいます。まずは人事チームとして，社内の基礎情報をしっかり集め，現状（入社年次別離職率・個人別スキル指標・入社年次別達成率等）を分析することから始めましょう。

人事チームを戦略的に見直すうえで，参考になる２名のコメントを記載します。

＜SHIFT　丹下大 氏＞
恐らく大手は100万人いるエンジニアを取りあっていますが，我々は労働人口6,000～7,000万人から一生懸命ダイヤの原石を探しています。
この仕事に本当に合う「脳みそ」を持つ人を採用します。
そして，入社後は「トップガン教育」という独自の教育システムがあり，カリキュラム受講後に検定試験で合格すれば，給与が上がる仕組みがあります。
（出典：週刊ダイヤモンド2022年４月２日）

＜味の素　髙倉千春 氏＞
会社が変わっていくときには，当然のことながら将来の「職務要件」も変わります。例えば，人事を例に取って考えてみましょう。これまでの人事は法令・ルール遵守の下，いかに管理するかに主眼を置いてきました。まさに「守りの人事」だったと言えます。ところが変化が求められる時代になり，今度はチャレンジを促す「攻めの人事」となった場合，求められる職務要件も大きく変わります。それと同時に，変わった職務要件に対して，適切な人財を育てていかなければなりません。これまでのような「人を見てポジションを作る，適財適所」ではなく，戦略や外部環境が職務要件を規定するわけですから，それに人財を当てはめていく「適所適財」へと，人財活用の方向性を180度方向転換することが必要です。また，そこには過渡期ゆえの「ギャップ」が出てきますから，それを埋めるためにどんな人を育てていくのか，つまり，人財育成が大きなポイントになります。人財を育成するにはかなり時間がかかります。それこそ10年越しの長期スパンで取り組まなければ，次の10年に間に合いません。実際に私が見据えているのも，2020年ではなく2030年です。

（出典：味の素のグローバル化に向けた"トランスフォーメーション"による人財マネジメント変革　企業インタビュー「日本の人事部　2017年８月１日」）

(2) 会社業績との整合性を図った給与体系への落とし込み

次は，人事チーム自体のパフォーマンス評価・目標設定の方法について考察します。人事チームにとってわかりやすい（目に見えやすい）成果は，品質（支援しているチームの中期的な労働生産性（労働分配率）の向上）です。一方で，納期と採算という要素も重要です。いくら成果が上がったとしても30年後では遅すぎますし，多大なコストが発生するのでは意味がありません。３つの要素を組み合わせた目標設定が有用です。

品質：支援しているチーム（できれば，最少の事業単位ごと）の労働生産性（労働分配率）の向上
納期：１年あるいは６か月単位
採算：人事チームの人数，コスト

人事チームには，支援しているチームの労働生産性（労働分配率）と会社利益との整合性を常に意識してもらいましょう。支援しているチームあるいは部

門がビジネスモデルとして成立しない（想定される労働生産性では目標利益に達しない）と判断したら，次の展開を模索するといったスピード感も大切です。そのためにも，支援しているチームの人事評価制度は給与体系と連動させ，一定期間の給与総額は，常に目標労働分配率の範囲内に収めるような枠組みを用意することが重要です。その枠組みの中で，人事チームの品質面の評価も実施することになります。

一方で，人事チームの採算面の考察としては，人事チームを１つ作るにもさまざまなコストがかかっていることを意識することから始めましょう。人事チームの給与を単純に世間相場による固定給から考えるのではなく，全社利益からの落とし込みで整理していくことが一案として挙げられます。

＜労働分配率を用いた給与体系の例＞

A部門の労働分配率は20％です。人事チームは，A部門の仕事内容を考慮したうえで，労働分配率15％を目標値に設定しました。人事チームのサポートにより

- A部門メンバーのスキルやモチベーションが向上
- さまざまな業務改善に取り組み，効率化を図った
- 比較的給与が少ない若い段階でもしっかり活躍できるように，OJTに力を入れた

というような改善が生まれ，目標値である15％を達成できました。この際，労働分配率のうち２％分を人事チームの給与に割り当てることとしました。結果としては，A部門の労働分配率は17％となりますが，部門として会社としての仕事効率は５％分UPしました。

労働分配率とは，人件費を粗利益で割った値です。労働分配率を基軸に分析すると，

- 労働分配率が高い時は，儲け（粗利益）に対して人件費が多くかかってしまい，経営に負担をかけている可能性がある

- 労働分配率が低い時は，儲けに対して人件費が少なく，人手が足りない過剰労働が起きている可能性がある

など，会社の経営と社員の両方の問題点を見つけることができます。分析方法としては，同業他社と比較，自社の過去と比較の２種類が挙げられます。

労働分配率を扱う際の注意点としては，業界・部門・仕事内容などビジネスモデルごとに適正な労働分配率は違うということです。例えば，同じ営業職でも，訪問営業をメインとしている会社と電話やメールでの営業をメインとしている会社では，適切な労働分配率が異なります。くれぐれも「社内全部門で労働分配率○％を目指そう」という目標は掲げないようにしましょう。

ここまでの話からもわかるように，人事チームは他チームと比べて強い権力を持ちやすい立場です。評価者という立場や強い権限を悪用したパワハラが起きないように注意しましょう。逆に，社員側に寄りすぎて労働組合の代表になることもあります。このような社内分裂が起きないように，人事チームにも品質・納期・採算の視点で常に評価されているという意識を持たせましょう。また，チームメンバーや担当エリアのローテーションが定期的に実施できるように，人事チームの業務標準化も必要です。

近年は同種製品の大量生産よりも，顧客のニーズに寄り添った多品種少量生産のビジネスモデルが増えています。社会の流れとして労働分配率が上がっていることから，戦略的な人事チームが求められる時代ともいえるでしょう。

Ⅲ　人事チームの評価

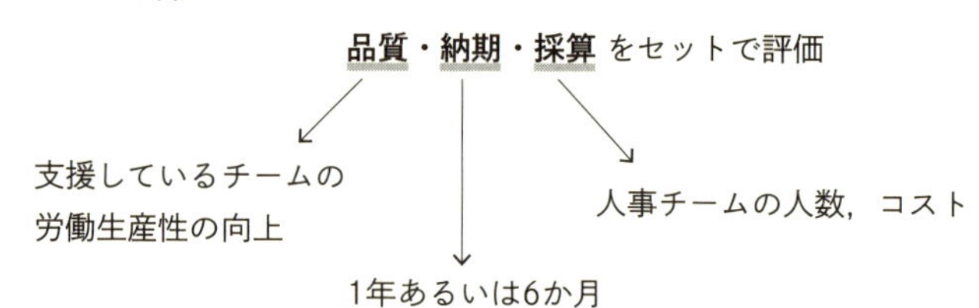

(例) A部門の労働生産性(労働分配率)が20%から15%へ改善
5%のうち2%を人事チームの給与に割当

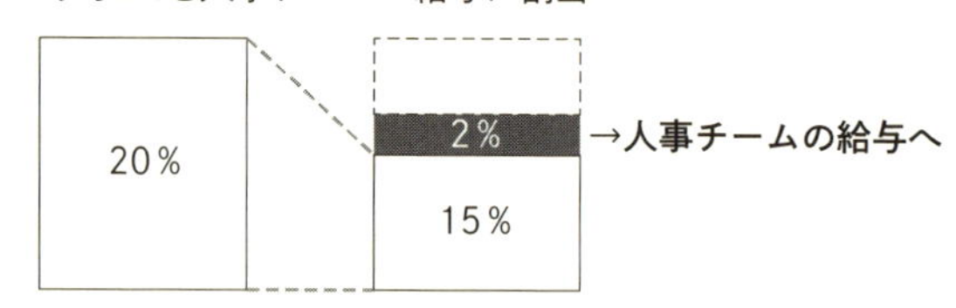

これらをふまえて，高橋さんは以下の選択をしました。

＜高橋さんの選択＞

✓総務・人事・法務チームとは別に，人事戦略チームを組成することとし，講師派遣事業部門に在籍していた2名を任命した。

✓目的は目先の採用ではなく，そのメンバーが1人前になり，会社に貢献するまでの教育を含む，一貫した人財マネジメント体制を構築することにした。

✓役割としては，必要とされる職務要件，人財要件を明確にすること。そして，それに沿った人材を採用し，育成していくことである。高橋さんはこれを目指して，評価システムを構築していくことにした。

✓これまでは，毎年何人採用していて（新卒採用を含む），どのように育成してきたかという記録がグループ統一で整理されていなかったので，まずは実績を整理することから始めることにした。

COLUMN

会社の人的資本の開示広がる

近年，人的資本の重要性が高まり，投資家も投資判断の際に人的資本に注目するようになっています。

このような流れの中で，企業には人的資本の情報開示が求められるようになりました。企業の競争力や持続的な株式価値向上のカギが，人的資本や知的資本，ビジネスモデルといった無形資産にあるという認識が広がっています。

特に人的資本への投資は，競合他社との差別化や競争優位性の確立に直結し，成長と株式価値向上を支える戦略的な要素と考えられています。投資家は，企業が今後の成長や収益力を確保するために「どのような人材が必要なのか」「具体的にどのような取組みを行っているのか」といった人材戦略に関する経営者の説明を期待しています。

また，人的資本への戦略的投資は，「企業の社会的責任」と「ビジネスの持続可能性」を両立させるサステナビリティ経営の観点からも，重要な要素と位置づけられています。

自社のウェブサイトで，

- 社員の海外経験割合，海外現地での採用社員の管理職数を紹介
- 人材戦略に向けて，デジタルエキスパート比率や成長貢献実感指数の目標数値を公開
- 人材に関するKPI実績値や目標の公開

といった形で，人的資本の開示に取り組んでいるケースが増えています。

しかし，人的資本について，単に関連する非財務情報を可視化するのみでは競争力強化や株式価値の向上にはつながりません。可視化の前提には，競争優位に向けたビジネスモデルや経営戦略の明確化，経営戦略に合致する人材像の特定，そうした人材を獲得・育成する方策の実施，成果をモニタリングする指標・目標の設定など，人的資本への投資に係る明確な認識やビジョンが必要となります。こうした人材戦略が取締役会やCEO・CFOレベルで議論され，コミットされているか，かつ現場

社員の共感を得て浸透しているかは，会社にとっては戦略の強靱性を高めるうえで重要です。また，投資家にとっては戦略の実現可能性を評価する重要な判断軸となります。会社は，人材戦略に関する経営層の議論とコミットメントと社員との対話を通じて構築した人材戦略を可視化するとともに，投資家からのフィードバックをふまえて，これをさらに磨き上げていく一連の循環的な取組みの１つとして，人的資本を可視化する必要があります。

人的資本の情報開示は世界的に拡大しており，欧州の「CSRD（企業サステナビリティ報告指令）」や米国の「SEC（証券取引委員会）規制強化」など，各国でルール整備が進んでいます。日本でもこの流れを受け，金融庁は2023年度（2024年３月期）から，有価証券報告書への人的資本情報の開示を義務化しました。開示項目には，男女間賃金格差・育児休業取得率・女性管理職比率などが含まれます。これにより，人的資本の情報開示はさらに促進されるでしょう。

4. 取引先との関係強化

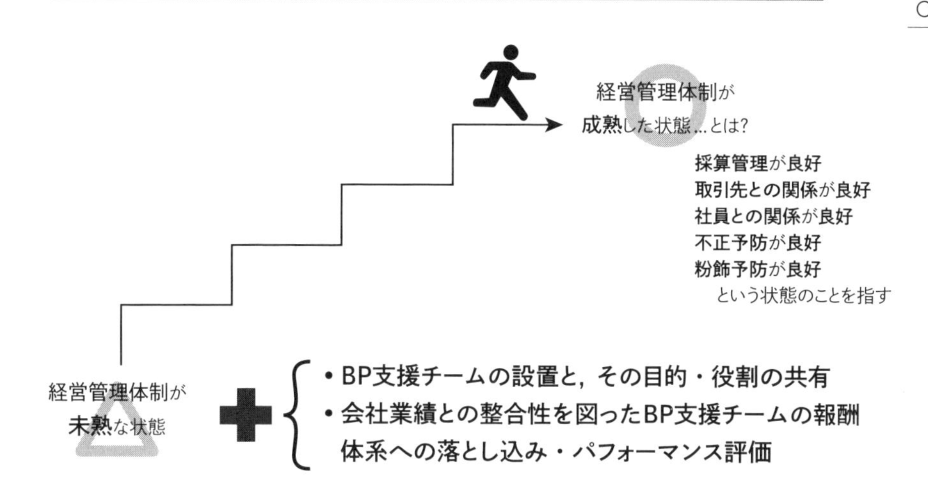

STORY

高橋さんは，取引先，特に協力会社との関係強化が上場後の飛躍に欠かせないと考えていた。教室事業における講師メンバーは大部分が業務委託契約であり，一番身近な協力会社である。現在，講師メンバーのうち，業務委託契約を締結しているメンバーは1,000名に近づき，年齢も20代から60代まで幅広い。また，社員と同様，独身もいれば子育て中の方もいて，属性も多様になっている。中には，親の介護をしているメンバーもいた。こうした多種多様な講師メンバーをサポートする制度のさらなるバージョンアップが必要ではないかと考えた。しかし，具体的なアイデアは思い浮かばず，悶々と考えていた。

まずは，AG社の事例を見ていきましょう。

東証プライム市場に上場するAG社は，ある特殊技術を武器に展開するプラントメーカーで，売上高は500億円規模です。AG社は中期事業計画において「技術特許戦略」を掲げ，その一環として「協力会社との連携強化」を図っています。

実際の現場工事は，外注先である協力会社が行い，AG社は主に現場の監督・施工管理を行っています。協力会社は，AG社の工事の根幹を担う技術者集団です。連携を強化することで，工事品質の向上を図っていくことを強く意識しています。

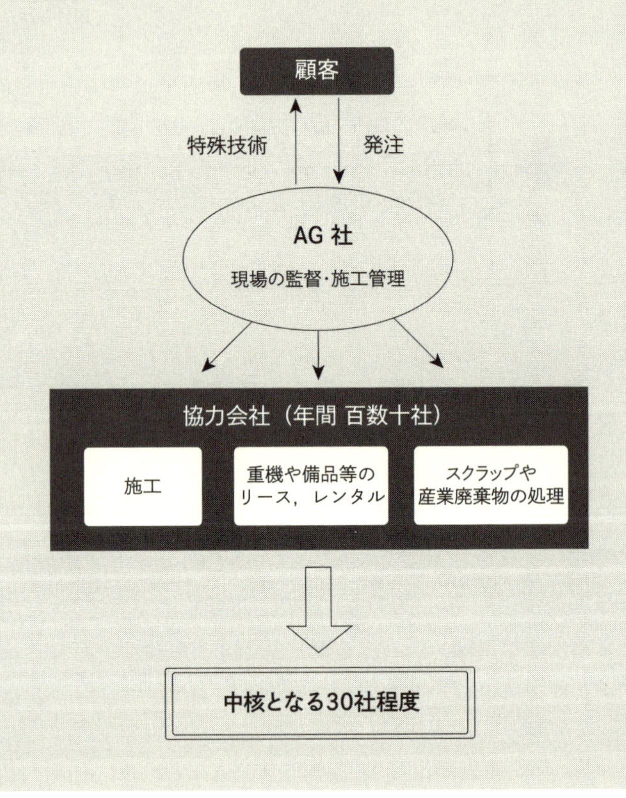

上記の図のように，AG社は，年間で百数十社の協力会社と取引があり，その内訳は「実際に施工を行う会社」「重機や備品等のリース，レンタル会社」「スクラップや産業廃棄物の処理会社」などに分かれます。全国の協力会社の中でも，AG社の工事に欠かせない技術を保有する中核となる会社は30社程度です。遠方の現場の場合にも，他の協力会社との関係を考慮しつつ，この30社に優先して工事を発注しています。

このように，AG社は協力会社の重要性を認識できている良い例といえます。AG社の工事計画により工事プロセスが最適化されることで利益率が向上し，協力会社に適正な利益還元ができるという連携効果も生まれています。

また，お客様からの入金サイトは約105日であるのに対し，AG社の協力会社への支払いサイトは約35日となっており，資金繰りの面でもAG社の工事を請け負うことでメリットを享受できるように考えています。

このことから，高橋さんは，協力会社との関係強化の重要性と，工夫すれば身近なところで協力会社へのメリット供与が可能なことを理解しました。

AG社の事例から学ぶべき重要なポイントは２つです。

⑴　BP支援チームの設置と，その目的・役割の共有

事例のAG社が取引先と良好な関係を築けた理由の１つには，協力会社（以下，BP=ビジネスパートナー）の重要性を認識できていたことが挙げられます。目先のBP数の拡大だけを考えていると，結果的に，（経営者の戦略から逆算した）本来重要となる品質・納期・採算を実現できないBPが混在してしまう可能性が高まります。

極端な話ですが，地元で人気の小料理屋が，キッチンの人手が足りないからといって高級フレンチのシェフを何人も雇うのは最善策とはいえないでしょう。同じ料理人とはいえ，お店のコンセプトやスタイルにより，求める料理人のス

ペックや要件は異なります。アットホーム感やお袋の味が売りの小料理屋であれば，調理中もお客さんと会話を楽しめる・お店の調理法に臨機応変に対応してくれる料理人を探すほうがよいはずです。自社のビジネスモデルに適したBPを探し，育てることが大切です。そのためには，どこかのタイミングで専任のBP支援チームを組成することをお勧めします。

BP支援チーム設置の目的：各BPが自社グループと連携し，機能するようになってから，自社グループに貢献するまでのコミュニケーション・関係性づくりを含む一貫したBP支援マネジメント体制を構築すること。

BP支援チームの役割：自社が求めるBPスペック・要件を明確にする。自社の基準に則したBPと契約し，関係性を育む。そのための評価システムを構築・運用していくこと。

BPとの関係構築はどの会社も取り組んでいることですが，専任でBP支援チームをわざわざ作る必要はあるのかと疑問を持たれる方もいらっしゃるかもしれません。

BP支援チーム設置のメリットは，BPのレベル（品質・納期・採算）が充実することです。専任チームとすることで，他の業務に煩わされることなくBP支援に注力できます。例えば，支援チーム主催の社内・社外コンテストを実施することで，BP同士の気づきの場や技術力の切磋琢磨が生まれ，モチベーションの向上につながります。また，協力会を組成することで，支援チームから見てBPに足りていない分野を補わせる機会になります。技術力は高いもののコンプライアンス面に不安を感じた場合は，法令遵守に関する勉強会を開催したり，専門家を紹介したりすることで，不正を未然に防ぐことも期待できます。いくら技術力が高いBPでも，継続的に当社にサービス提供できるように会社を運営してもらわなければ元も子もありません。

一方，デメリットは，ビジネスモデルが確立していない段階では，専任のBP支援チームを設置しても効果を発揮しにくいことです。BP支援チームは，ビジネスモデルが確立されたうえで，「このようなことをやってくれるBPさんがいれば，事業を拡大できる」という指針が明確になっていると効果を発揮しやすいものです。しかし，チーム設置が遅れると，自社は好成長期なのに，時間や人手が足りずに自社の戦略に沿わないBPを集めてしまう可能性が高まります。BP支援チームを設置する時期の見極めは非常に難しいといえます。

続いて，BP支援チームがBPと付き合ううえで留意しておいたほうがよいことという視点からお話しします。

支援チームがBPに求めるスペック・要件としては，経営者の戦略に沿った技術・サービスの保有が前提となり，その技術・サービスの品質が一定レベル以上であることです。一定レベルについては，基本は技術チームの意見や取引先定期確認リスト（P.168参照）に基づいて評価します。その時に，品質だけではなく，納期と採算も併せて３つを総合的に評価することが重要です。特に採算に関しては，やみくもに少しでも安くというスタンスをとってしまうと，取引年数が長く続くほど，ただただコスト削減を永遠に要求し，お互いに疲弊する関係になりかねません。むしろ，お互いの目標利益を明確にし，そこに向けて協力し，取り組むことが重要です。そのためには，BPに支払う外注費は利益額ではなく，利益率で目標設定することをお勧めします。利益額で約束すると，BP側としては，「日々技術を磨いて売上UPに貢献しているはずなのに，受け取る利益は変わらない」という状況になってしまいます。利益率で目標設定することで，「頑張りに応じた適正な利益を享受できる」可能性が高まり，モチベーションアップにつながります。目標に向かって，お互いの利益をシェアする姿勢が長期的に良好な関係を作るためには有効です。

また，すべてのBPに対し画一的に対応するのではなく，いくつかのカテゴリーに分けて対応を変えることも重要です。例えば，下表のような３つのカテゴリーに分けてみるのも一案です。事例のAG社は，「全国の協力会社の中でも，AG社の工事に欠かせない技術を保有する中核となる会社は30社程度です。遠方の現場の場合にも，他の協力会社との関係を考慮しつつ，この30社に優先して工事を発注しています。」というように，子会社に近い役割を担っている協力会社には仕事を優先して回していました。

株式上場しているような規模の大きなBP	人的リソースが豊富で，資金面にも（相対的に）余裕があることから，安定的・継続的なリソース提供先として活用する。
子会社に近い役割を担ってくれているBP	戦略的パートナーとしての協力体制を構築。研修等も共催し，BPの成長のために自社のノウハウも共有する。将来的なM&Aによる子会社化も視野に入れておく。
個人のBP	１人親方や優秀な職人として，案件ごとの特殊な技術提供や緊急対応に協力してくれる存在として，友好関係を構築していく。経営面・資金面のサポートを実施する。

もちろん，BP支援チーム設置はBP側にもメリットが多くあります。具体的には以下が挙げられます。

- コミュニケーションが円滑となり，より安定的な売上の確保につながる。
- 採算管理を利益額ではなく利益率にしてもらうことで，頑張りに応じた適正な利益を享受できる。
- 支払サイトの優遇により，入金が早くなる。
- 協力会などを通じて，技術面や法改正への対応などの経営管理面の支援を受けることができる。

BP支援チームは，自社にとって必要なBPを選び，育成することを目的として設置されます。一方で，目標に向かってともに歩む仲間が増えることは，BP自身の成長にもつながります。このように，両者は表裏一体の関係にあるため，その重要性を常に意識することが大切です。

⑵ 会社業績との整合性を図ったBP支援チームの報酬体系への落とし込み・パフォーマンス評価

専任のBP支援チームを設置する場合は，メンバー選定やBP支援チーム自体のパフォーマンス評価・目標設定の方法が重要となります。

BP支援チームにとってわかりやすい（目に見えやすい）成果は，「コスト削減＝支援しているBPに対する単位当たり委託費の低減」です。ただ，BPに不当な圧力をかけてコスト削減を要求することは意味がありませんので，「BPとの良好な関係を維持しつつ，いかにコスト削減を図るか？」が腕の見せ所です。すなわち，BP支援チームの品質レベルを図るポイントになります。さらに，BP支援チームのパフォーマンス評価・目標設定にあたっては，納期と採算という要素も重要です。いくら品質レベルが高くても，成果を出すまでに30年も要するのでは遅すぎますし，成果を出すために多大なコストが発生するのでは意味がありません。下記のように，３つの要素を組み合わせたパフォーマンス評価・目標設定を目指しましょう。

品質：成果を出すための技術力向上・ノウハウの蓄積
納期：（成果を実現するための期間は）１年あるいは６か月単位
採算：（成果を出すために投入する）BP支援チームの人数，コスト

BP支援チームには，BPの生産性と会社利益（主にBPが関与する売上とBP委託費の差額としての粗利）との整合性を常に意識してもらいましょう。そのためにも，BPの評価制度は会社利益と連動させ，一定期間のBP委託費総額は，常に目標とする会社利益率（粗利率）の範囲内に収めるような枠組みを用意しましょう。その枠組みの中で，BP支援チーム自体の品質面の評価も実施することになります。

特に，BP支援チームの採算面の考察は，BP支援チームを１つ作るにもさまざまなコストがかかっていることを意識することから始めましょう。チームの

給与を単純に世間相場による固定給から考えるのではなく，全社利益からの落し込みで整理していきましょう。

例えば，取引するBPの業務効率が改善し，当該PJの利益率が20％から25％に改善した場合，改善した５％のうち２％はBP支援チームの予算という決め方をします。この方法では，BP支援チームに予算をかけても業務改善による３％の利益が増加すると簡単に理解できます。もしも，「チームメンバー数×年収」で予算を決めると，BP支援チームに数千万円のコストがかかっているという事実しかわかりません。今後予算を見直す際にも，前者の方法であれば有効な判断を下しやすいでしょう。

最後に，メンバー選定にあたっては，BP支援チームがBPに対して実質的に強い権限を有することになるので，その権限を悪用したパワハラが起きないような人選に配慮しましょう。そのためには，BPと自社との双方にとってのWinWin関係を考えられる人を登用するとともに，「BPのことを現場視点で理解している」「自社の経営者の意図を理解している」「将来的には取締役を担うような経営管理視点を有している」こともメンバー選定時のポイントとしてもよいでしょう。

そして，BP支援チームにも，品質・納期・採算の視点で組織の一員として常に評価されているという意識を持たせましょう。チームメンバーや担当エリアのローテーションが定期的に実施できるように，業務標準化を図ることも重要です。

Ⅲ 協力会社との関係強化策

ポイント① BP 支援チームの設置と，その目的・役割の共有

<BP 支援チーム>

（目的）一貫したBP支援マネジメント体制の構築

（役割）**業務要件**・**BP要件**を明確にし，BPを発掘し，育成する

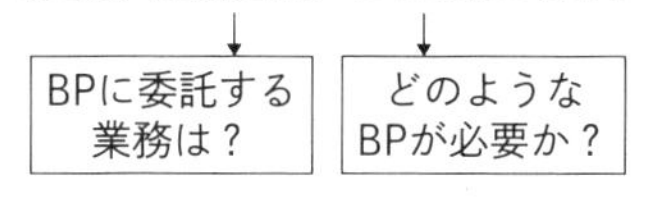

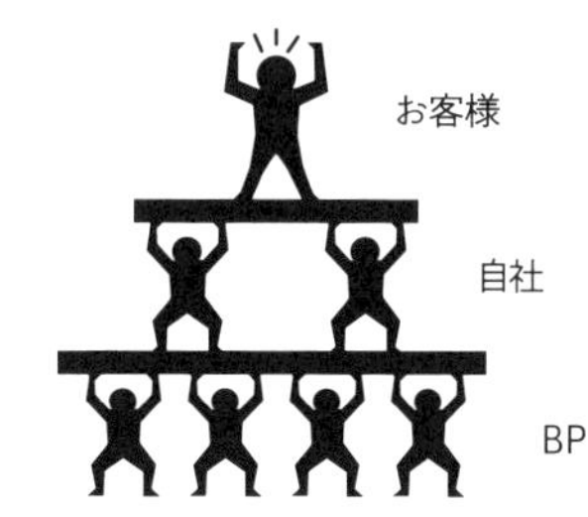

ポイント② BP支援チームの評価

品質・納期・採算 をセットで評価

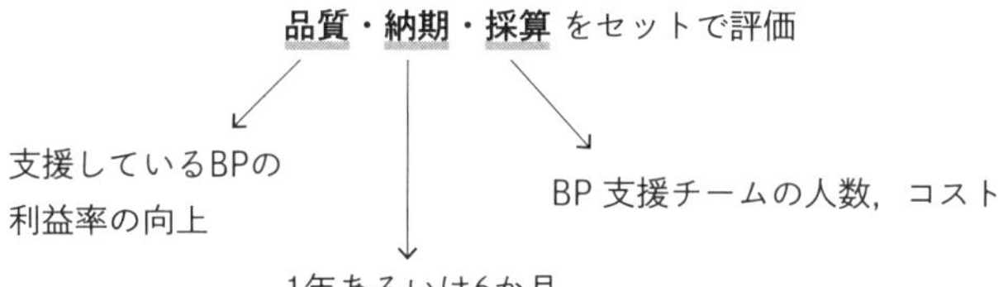

（例）BPの利益率が20％から25％へ改善
　　5％のうち2％をBP支援チームの給与に割当

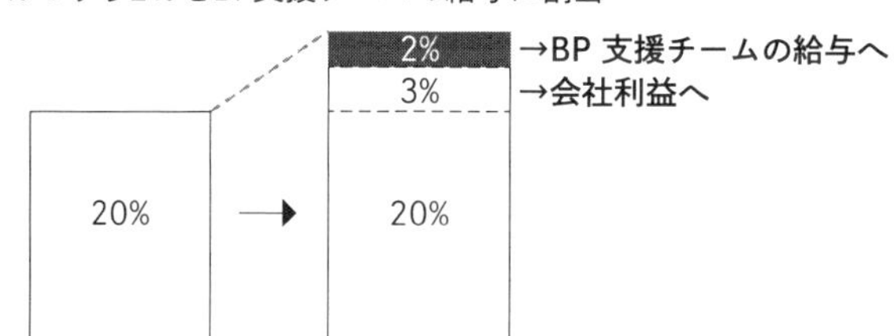

さらに，高橋さんからは，次のような質問がありました。

Q 新しい働き方に取り組む事例について教えてください

A　株式会社タニタが2017年から始めた「日本活性化プロジェクト」をご存知でしょうか。「“会社員“と“フリーランス”のいいとこ取り」を謳うこの取組みは，新しい働き方改革として注目を集めています。

〈日本活性化プロジェクト〉
希望社員を雇用から契約ベース（フリーランス）に転換，主体性を発揮できるようにしながら，本人の努力に報酬面でも報いる社内制度

今までの残業削減にスポットを当てた働き方改革ではなく，働きがいや生産性，成長意欲といった個人の主体性に注目したのが日本活性化プロジェクトです。2017年に８名の希望者でスタートしたプロジェクトは，2021年で５期目となり，社員から転じたメンバーは30名を超えています。

社員から活性化プロジェクトメンバーになる場合，まずは会社と業務委託契約を締結します。その際，メンバーになる直前まで社員として取り組んでいた基本的な仕事を「基本業務」，その枠に収まらない仕事を「追加業務」として委託業務を決めます。報酬は基本業務に対する「基本報酬（固定）」と，追加業務に対する「成功報酬（変動）」に分かれています。基本報酬は社員時代の給与・賞与などをベースに決定されます。また，基本業務でも想定以上の成果をあげれば，その分は成功報酬に反映されるので，モチベーションアップにもつながります。

契約期間に関しては，タニタの場合，３年契約の１年更新で，安定性を確保しています。直近１年間の業務成果に基づき，次の契約期間と業務内容・報酬額を協議・調整します。更新しない選択をしても，残り２年の契約が存続することで，個人にとっては急激な収入減を回避でき，会社にとっては業務が中断してしまうリスクを回避できます。

社員と会社側ともにメリットも多く，順風満帆に進んできたかのように見えるプロジェクトですが，発案当初は社内からの不安の声も多かったようです。人員削減ではないかと勘違いされる，同じ基本業務に携わる中に雇用社員と活性化プロジェクトメンバーが混在することで，いがみ合いが発生するといったことが懸念されました。また，プロジェクト参加に興味を持つ社員

の中にも，確定申告や社会保険，ローンに対する知識に不安があったようです。このような状況に対しては，何度も説明会や個別相談を開催したり，取締役などの幹部メンバー自らが活性化プロジェクトに参加したり，税理士等の支援を受けられるタニタ共栄会を設立したりすることによって，少しずつ理解を深めていきました。なお，2024年からは（当プロジェクトについての社内理解が十分に定着したことをふまえ）常勤取締役が当プロジェクトの仕組みを利用しないこととされています。

経営者感覚を持って，自らの仕事内容や働き方をデザインでき，やりがいを持って働ける「健康経営」の新手法として，日本活性化プロジェクトは非常に興味深い取組みでしょう。

Q 業務委託契約と雇用契約の違い，企業側・働く側双方の視点で見た業務委託のメリット・デメリットについて教えてください

A 働き方の流動化が進んでいる一方で，業務委託契約と雇用契約には，法律上の大きな違いやさまざまなメリット・デメリットが存在するのも事実です。改めて基本事項のおさらいをしましょう

そもそも，業務委託契約という契約は法律上の用語ではありません。通常，一方が特定の業務等を実施し，その業務等に対して相手方が報酬を支払うことを内容とする請負類似の契約と捉えられることが多いです。民法上に定義された請負契約だけでなく，同じく民法上定義されている委任契約や準委任契約も含んだ幅広い概念です。もう少し端的に表現すると，業務委託は，自社業務の一部を外部の会社や個人事業主に任せることを指します。受託者は自己の裁量と責任に基づいて業務を遂行し，委託者は業務の遂行や業務の完成品に対して報酬を支払います。

一方，雇用契約は，民法上に定義された法律用語であり，「当事者の一方が相手方に対して労働に従事することを約し，相手方がこれに対してその報酬を与えることを約束する契約」です。特徴は，報酬が，業務の成果ではなく，働いたことそれ自体に対するものとして，時間給や日給によって定められている点です。雇用契約の場合，労働者は原則として，労働基準法や労働契約法上の保護を受けることになります。

委託（発注する）側・受託（働く）側，双方の視点で見た（雇用契約と比

較した）業務委託のメリット・デメリットとしては，以下のような事項が挙げられます。あくまでも一例となりますので，ご留意ください。

	メリット	デメリット
委託者側（発注側）	①　コスト削減 業務委託の相手方（業務委託メンバー）は自社の労働者ではないため，健康保険料や厚生年金保険料，雇用保険料などの社会保険料の負担がない。また，必要なスキルを備えた人材を即戦力として活用できるので，採用や教育コストも削減できる。 ②　生産性の向上 業務委託メンバーと労働者（社員）に対して適切に業務配分することで，生産性の向上につなげることができる。例えば，ノンコア業務は業務委託とし，売上に直結するコア業務に労働者（社員）を集中させるなど。 ③　人材確保の柔軟性 人材リソースとして労働者（社員）だけではなく，業務委託メンバーも活用することで，繁忙期に合わせて人材を確保するなど，より柔軟な人材確保が可能となる。	①　ノウハウ，経験が社内に貯蓄されない 業務委託メンバーに業務が集中しすぎると，労働者（社員）のスキルアップにつながらない懸念がある。 ②　品質が保証されにくい 業務委託契約の場合，（雇用契約に比較し）個々の業務に細かく指示命令することができないため，品質面で問題が発生することがある。 ③　コストが高額になる可能性 委託する業務内容によっては，労働者（社員）が対応する場合よりも割高になるケースもある。
受託者側（働く側）	①　働き方が自由 業務委託メンバー自身の裁量と責任に基づいて業務を進めることができる。 ②　得意分野に注力 依頼された仕事を引き受けるかどうかは個人の裁量に委ねられ，望まない業務内容の依頼は断ることもできる。 ③　収入増加の可能性 雇用契約に比べて，実力や努力次第で収入アップが見込める。	①　労働基準法が適用されない 最低賃金や残業代，年次有給休暇などの労働者（社員）に認められる権利を享受できない。 ②　雇用保険に加入できない 健康保険や年金保険等の社会保険制度には個人で加入することになる。仮に業務委託の仕事がなくなったとしても，雇用保険から失業給付を受けることができず，無収入の期間が出てくる恐れがある。 ③　収入が不安定 業務委託の場合は案件ごとの報酬であるため，仕事を受注できなければ収入を得られない。

例えば，同じフードデリバリーサービスでも，Uber Eatsと出前館では，企業と働く側との間の契約形態は異なるようです。Uber Eatsの配達パートナーは業務委託契約なのに対し，出前館は雇用契約と業務委託契約のどちらかを選択できます。すなわち，同じ業務内容でも，アルバイトは時給制となり，業務委託の報酬は（業務成果に対する）完全歩合制となります。

これらをふまえて，高橋さんは以下の選択をしました。

（高橋さんの選択）

✓既存の「講師メンバーをサポートする制度」を拡張し，教室事業における講師メンバーだけを対象とするのではなく，全事業を通じて業務委託契約を締結している法人及び個人を対象とすることで，事業部の垣根を超えたより大きな単位での支援体制を構築することとした。

✓管理本部内に，BP（ビジネスパートナー）支援チームを新たに設置し，教室事業に在籍していたメンバー 2 名を任命した。

✓目的は，目先のBP数の拡大だけではない。各BPが自社グループと連携して機能するようにし，自社グループに貢献するまでのコミュニケーション・関係性づくりを含む，一貫したBP支援マネジメント体制を構築することとした。

✓BP支援チームの役割としては，必要とされるBP要件（品質・納期・採算）を明確にしていくこと。そして，それに沿ったBPと契約し，関係性を育んでいくこと。加えて，会社としては，そのための評価システムを構築していくこととした。

✓これまでも事業部ごとに協力会社との関係づくりは実施されており，大きなトラブル等はなかった。しかし，専任チームを設置し，しかも事業部の垣根を超えたチームとすることで，教室事業の講師メンバーに他の事業部の業務を委託するなど，より柔軟かつきめ細やかな支援を目指した。

現状の経営管理部門の組織図は以下のとおりである。

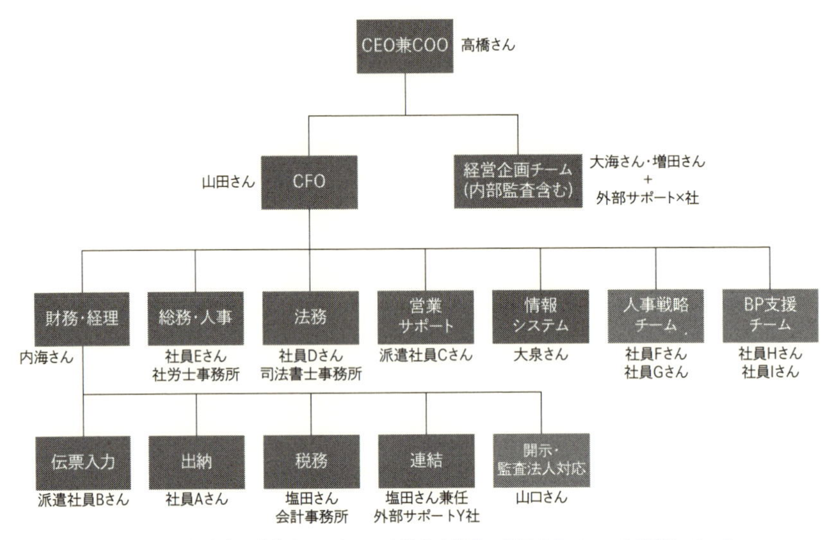

（注）子会社分も，上記担当者が実施する。なお，台湾と上海は一部アウトソースを利用している。

5.　成長可能性に関する説明資料

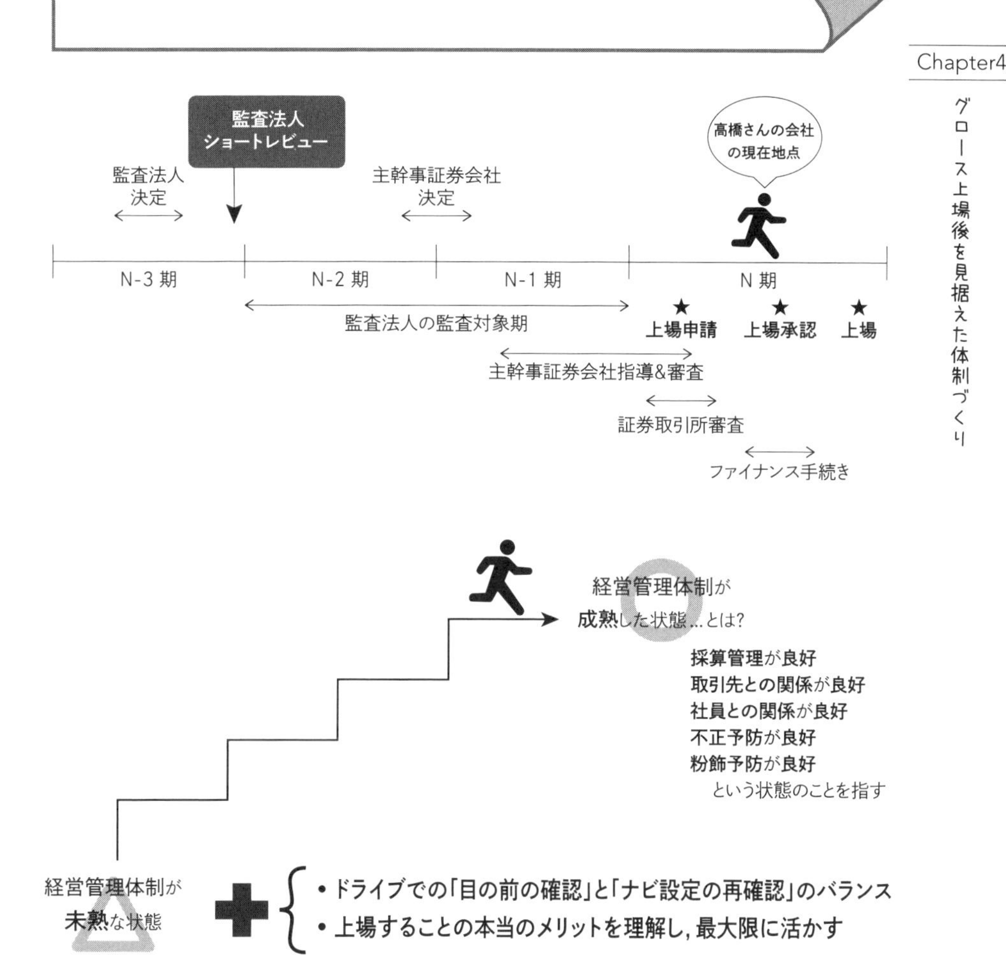

押さえておきたい基礎単語

● **成長可能性に関する説明資料**

東証グロース市場への上場時に(上場後も1年に1回以上の頻度で)提出が義務づけられている資料である（東証のウェブサイトで閲覧可能)。東証グロース市場は，近い将来のプライム市場へのステップアップを視野に入れた成長企業向けの市場である。そのため，上場申請会社には高い成長性を求めている。投資家に合理的な投資判断を促す観点からも，「事業計画及び成長可能性に関する事項」を継続的に開示する必要がある。主な記載項目は，ビジネスモデル・市場環境・競争力の源泉・事業計画・リスク情報の5つである。

● **ロードショー**

上場時のファイナンスに際し，発行条件に対する意見聴取を目的として，会社幹部が機関投資家を訪問し，事業内容や将来の展望を説明する活動。訪問先は，主幹事証券会社が投資家との関係性を基に選定する場合が多い。ロードショーは，投資家の関心を引き出し，資金調達を円滑に進めるための重要なプロセスといえる。

\ STORY /

いよいよ申請期に入り，主幹事証券会社からの質問は細かくかつ回数も増えた。山田さんをはじめ，管理部門メンバーはその対応に戦々恐々としていた。会社全体には,「グロース市場に上場することがゴール」といった雰囲気が漂っていた。一方の高橋さんは,「もちろん，グロース上場は予定どおり実現したい」と思いつつも，そうした社内の雰囲気に違和感を覚えていた。ただ，その違和感の正体はつかめないまま,「果たして，このまま走り続けてよいのか……」と悩みながら上場に向けた準備を進めた。

まずは，AH社の事例を見ていきましょう。

AH社は，東証プライム市場に上場する物流会社です。15年ほど前に当時のジャスダック市場に上場した時は，売上高200億円程度で，物流サービスの提供エリアは関東圏内のみでした。さらに，取扱いできる荷物も常温のみで，冷蔵や冷凍には対応していませんでした。経営者AIさんは，物流業界のトップ企業になることを目指していました。上場後すぐにM&Aを仕掛け，ある財閥系の物流子会社を買収しました。その後も数社のM&Aを通じて，配達エリアの全国化や取扱い荷物の拡大といった，不足するピースを次々と埋めていきました。今では東証プライム市場に上場し，売上高も4,500億円を超えています。

このことから，高橋さんは，自社の不足する領域を認識し，常にそれを補うピースを探していくことの重要性を理解しました。

AH社の例をふまえ，2つのポイントを見ていきましょう。

(1) ドライブでの「目の前の確認」と「ナビ設定の再確認」のバランス

上記事例にある「不足領域の認識」や「補うピースの探索」とは，ドライブに例えると，「目の前の確認」と「ナビ設定の再確認」です。

ドライブにおいては，人の飛び出しや一時停止といった「目の前の確認」を常に実施することが求められます。綺麗な景色に気を取られたり，空いているからとスピードを出しすぎたりしてしまっては，事故を起こす可能性が高まります。上場を目前にしている会社でも，油断は禁物です。少なくとも，下記の確認を経営者が自ら実施しましょう。

- 監査法人・主幹事証券会社からの課題の進捗状況
- 内部監査での指摘事項の改善状況
- 幹部社員・主要な取引先とのディスカッション
- 社外取締役や監査役からの課題の進捗状況

もし，日々の業務の中でこれらのチェックが後回しになっているようであれば，上場直前の一区切りとして，このタイミングで見直してみましょう。例えば，久しぶりに幹部社員や主要な取引先と腹を割ってディスカッションしてみたら，びっくりするような課題が浮き彫りになるかもしれません。そうだとしても，「早くにリスクを顕在化できてよかった」「上場後に気がついては手遅れだった」と前向きに捉えてください。また，予算の精度向上に今一度目を向けるのもよいでしょう。「来年こそ，売上◯億円を目指すぞ！」といった意気込みも大切ですが，単なる気合の予算になっているようであれば，再度，過去からの推移や最近の動向を考慮して，現実的な施策を積み上げたクレバーな予算に組み替えましょう。

もう１つドライブ中に大切なことが，「ナビ設定の再確認」です。水族館に行くために車を出したのに，たまたま見つけたショッピングモールで散財してしまったり，ついついサービスエリアに長居していたり……寄り道は楽しいものですが，本来のドライブの目的を忘れてしまうことはありませんか。上場が現実味を帯びてくると，それまでの苦労が実るという思いに浸ったり，外部からのねぎらいの言葉を受けたり，社内にもどこか浮かれた空気が漂いがちです。今一度，上場を決めた本来の目的や当初の目標を確認する機会を設け，気を引き締めましょう。

特に，自社の「強み・弱み」「競合他社分析」「ビジネスモデル」「市場（マーケット）」「ビジネスリスク」について見直しましょう。自分たちが思っている強み・弱みなどは，第三者視点からの意見と一致していますか。自分たちで気づいていない強み・弱みなどはありませんか。同業他社の事業計画書を見て，強み・弱みなどを比較することで新たな発見があるはずです。ほかにも，異業種も含めた営業利益率30％を出している会社だけを抽出して，共通点を洗い出すことも効果的です。また，引受審査や東証審査への対応，ロードショーで受けた質問などを振り返り，自分たちの考える強み・弱みなどとの相違点を洗い出したり，もう少し深掘りしてみたりするのも一案です。市場についても，今までの市場調査の方法は本当に適切なのか，別の切り口から市場を捉えることはできないか，市場をさらに細分化してみる必要はないかなどを検証してみましょう。

これらの再チェックを行う中で，初期のナビ設定どおりに進行しているのかを確認できます。もし，ナビ設定したことすら忘れているようであれば，再度ナビ設定するとともに，今後も定期的に見直す機会（例えば，1年に1回，ある人にナビ設定について話すことを約束しておく）を設定しましょう。

(2) 上場することの本当のメリットを理解し，最大限に活かす

株式上場のメリットは一般的には，下記の図表のようにいわれています。しかし，本当のメリットは，入手できる情報の質と量の増大です。冒頭の事例のAH社も，上場したことによりM&Aが実現したという側面が強いと感じています。

ビジネスに有効な（市場に出回らないような）不動産の売り情報やM＆A案件情報を持っているのは，主に金融機関です。その担当者が誰に情報を提供す

||| 株式上場のメリット

資金調達力の拡大	• 株式上場により一般投資家から資金調達が可能になる。 • 銀行信用も高まり，間接金融の選択肢が拡大し，財務体質の充実が図られる。 • 自社株式を用いた企業買収等も可能となり，経営戦略上の選択肢も広がる。
株式の資産価値の向上	• 株式上場により公正な株価が形成され，株式の資産価値が高まる。 • 創業者利潤の実現が可能になる。
社会的信用・知名度の向上	• 上場会社というステータスが得られ，企業活動や株価がマスコミでも報道されることから，信用力と知名度が向上する。
優秀な人材の確保・士気の向上	• 信用力と知名度の向上，ストックオプション制度の利用等により，優秀な人材の確保が可能になり，社員の勤労意欲が高揚する。
経営管理体制の確立	• 上場準備作業を通して，月次決算体制，四半期決算体制，予実分析などの開示体制の確立，会社法や金融商品取引法に定める内部統制システムの構築，証券取引所の規程に基づく体制の構築など，一定レベル以上の経営管理体制の確立が実現する。

るかと考えたときに，彼らもサラリーマンなので，いくら伸び代を感じる社長でも，期待値だけで危ない橋を渡ることはしません。株式上場し，信用力と知名度が向上した会社のほうが，有益な情報を提供しやすくなります。AH社も，当時のジャスダック上場を機に，金融機関から得られる情報の質と量が格段に上がりました。AH社はその情報をうまく活用し，M&Aを仕掛けたり，事業提携を実施したりして，あっという間に事業規模を拡大していきました。

最後に，株式上場の留意点も再度確認しておきましょう。

Ⅲ 株式上場の留意点

企業内容の開示義務	●決算発表，有価証券報告書，半期報告書の提出等タイムリーな企業内容の開示（ディスクロージャー），内部統制の充実が必要になる。
事務量の増大	●ディスクロージャーに伴う経理事務，株式事務，株主総会の運営等，事務量が増大する。
買占め，乗っ取り等の危険性	●株式が市場で流通するために，買占め・乗っ取り等の危険性がでてくる。 ●平時買収防衛策の制定や安定株主対策が必要になる。
遵守すべき法令等の拡大	●会社法のみならず金融商品取引法，証券取引所の定める規則等，遵守すべき法令等が拡大する。
社会的存在としての認識の要請	●上場会社は，社会的存在であるとの認識がより強く要請される。 ●株主に配慮しながら経営方針を決める必要があるので，非上場のときのように，経営者だけで経営の意思決定を行うのは難しくなる。

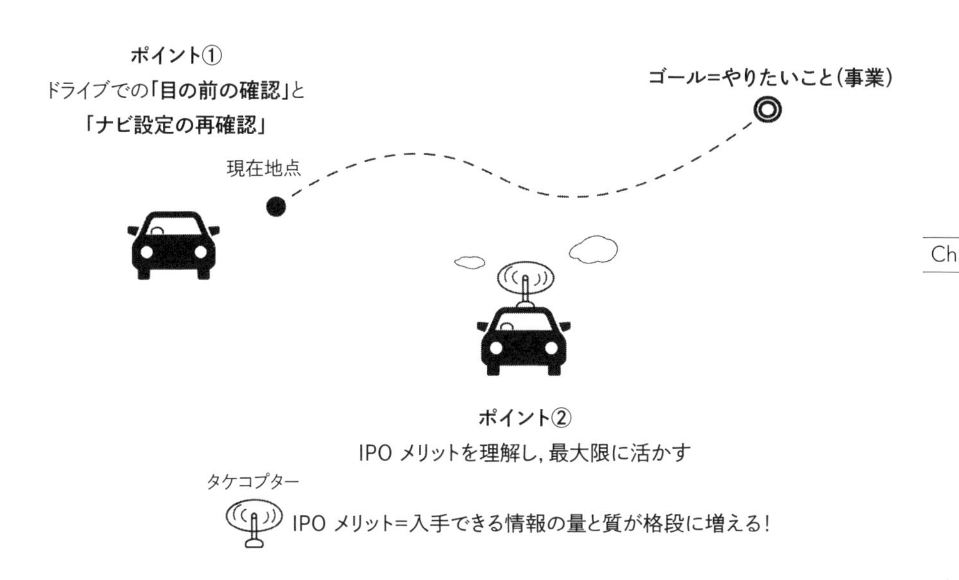

さらに，高橋さんからは，次のような質問がありました。

Q グロース市場に上場さえすれば，特に成長しなくてもよいのでは？

A 公開価格（上場時の公募または売出しの価格）や初値（上場後，最初に売買が成立したときの価格）は，上場に際して，今後の成長を期待して投資家が購入した株価です。その時の時価総額（株価×発行済株式数）が，その後，株式を購入してくれた投資家（株主）の期待に応えて上昇しているか，それとも，期待に反して下落しているかを見てみましょう。

サンプルとして，2021年に上場した125社を対象に集計してみました。2023年３月末時点の時価総額と比較すると，上場時の公開価格から上昇している会社が43社です。逆に下落している会社が82社です。さらに，2023年３月末時点の時価総額が100億円を超えていて，かつ時価総額の上昇率が２割を超えているのは23社です。あなたが想像した社数よりも多いでしょうか，少ないでしょうか。

グロース市場に上場さえすれば，特に成長しなくてもよいのでは？と考える方もいるかもしれません。株式上場の留意点（P.318）に記載のとおり，上場後の時価総額が低いと，買占めや乗っ取り等の危険性が高まり，安定的な経営に支障をきたします。また，グロース市場の場合，「上場維持に必要な時価総額は40億円以上（上場10年経過後から適用）」というルールがあります。

さらに，J-SOXに関して小規模な上場会社に認められる「公認会計士による監査の免除」は３年ですので，３年後の監査開始とともに監査報酬の増額が想定されます。それ以外でも，上場維持コストはボディブローのように効いてきます。

これらの上場維持コストをふまえ，十分に利益を出していけるか，グロース上場後に慌てないように，成長戦略を綿密に練っておきましょう。

Q 主幹事証券会社の引受審査や東証審査で一般的に質問される事項について教えてください

A 引受審査や東証審査で質問されることは，一般的には以下のような事項です。

あくまでも一般的な事項ですので，これ以外のことを聞かれることもありますが，ひととおり目を通し，準備漏れがないか，改めて確認してみてください。

大項目としては，「沿革」「事業内容」「法的規制・特許関係」「業界動向」「関係会社」「株主」「役員」「関連当事者取引」「経営管理体制」「組織・人員配置」「コンプライアンス・リスク管理」「仕入・外注管理」「在庫管理」「生産・品質管理」「販売管理」「労務管理」「経理の状況」「適時開示体制」「インサイダー取引規制への対応」「中期計画・年度予算」などを中心に，会社を丸裸にするくらいに質問が飛んできます。

特に，「事業内容」を絡めた「中期事業計画・年度予算」関係，「役員」を絡めた「経営管理体制」関係，「コンプライアンス・リスク管理」「労務管理」「経理の状況」などは，重点的に質問されますので，以下のような質問には回答できるように準備しておくと良いでしょう。

1．「事業内容」を絡めた「中期事業計画・年度予算」関係
- 中長期の成長戦略として重視して取り組んでいる事項は？
- 直近２期間において，売上高，売上総利益，経常利益，当期利益の主要

な増減の要因（対前年比）は？

- 直近２期間において，主要な製商品別・販売チャネル別の売上高及び利益の増減の要因（対前年比）は？
- 直近２期間において，新規事業の開始や既存事業の撤退があれば，その検討プロセスや判断基準は？
- 管理指標としてKPIを設定している場合，その内容，設定背景，管理方法は？
- 事業運営（マネジメント，技術開発等）において，特定の役職者に依存している業務や他の役職者による代替が困難な業務があるか？
- 中期事業計画について
  ①　担当部署
  ②　対象期間，作成サイクル
  ③　計画の体系
  ④　計画作成のプロセス，作成スケジュール
  ⑤　部門間，現場等とのすり合わせ方法
- 年度予算について
  ①　予算作成の担当部署
  ②　中期事業計画との関係
  ③　予算の体系
  ④　予算作成プロセス，作成スケジュール
  ⑤　部門間，現場等とのすり合わせ方法
  ⑥　予算とは別に「社内目標」を設定している場合は，その理由と位置づけ
  ⑦　月次の売上高，売上原価，販売費及び一般管理費等の計画数値に関する「作成根拠をふまえた具体的な作成方法」
- 予算管理について
  ①　担当部署
  ②　予算に対する実績データの集計方法及びスケジュール
  ③　各部署における差異分析，対応策検討の方法
  ④　分析結果，対応策等の経営に対する報告
- 年度予算の修正を行う場合の一連の修正・承認手続きの内容は？
- 予算修正につながる要因は？
- 直近２期間の年度予算の達成状況及び予算修正の頻度と内容は？

2.「役員」を絡めた「経営管理体制」関係

- 最近3年間における退任役員について就任経緯，退任理由は？
- 取締役の業務遂行状況等について
  - ①　直近2期間において，各取締役の出勤状況，取締役会等の重要会議での貢献状況
  - ②　取締役の利益相反の有無およびそのチェック体制
- 直近における役員別の報酬額と報酬の決定方法は？
- 経営者が関与する取引を監視，牽制する仕組みとその運用状況は？
- 直近2期間及び申請期における取締役会の役員欠席の状況と欠席理由は？
- 直近2期間の監査役監査の重点監査項目について，どのように選定したのか？ また，当該項目の監査結果の内容と，当該結果をふまえて当期の重点監査項目をどのように決定したのか？
- 直近2期間における監査役監査での主な指摘事項の内容は？ また，これまでの監査役監査での指摘事項のうち，改善未了の事項がある場合には，その内容と改善予定は？
- 内部監査開始以降の内部監査責任者・担当者の変遷と，各時点の交代経緯・理由は？ また，現在の内部監査担当者について，過去の職歴等をふまえた任命経緯は？
- 直近2期間の内部監査における重要な指摘事項は？
- 経営会議の役割及び開催時期は？
- 重要な会議体（取締役会，経営会議を除く）の出席者，開催時期，会議内容は？
- 直近2期間における事後稟議について，発生件数，発生原因，再発防止策の策定・運用状況，内部監査や監査役監査での具体的な確認の状況は？

3．コンプライアンス・リスク管理

- 直近2期間に実施した（実施予定含む），法令・コンプライアンス・情報セキュリティに係る研修（実施日時，研修内容，対象者）は？
- セクハラ，パワハラ等の確認体制，相談窓口等の設置状況は？
- 下請法への抵触防止の実施状況は？
- 最近3年間における法令違反の有無，ある場合はその内容と改善状況は？
- 役員・社員・株主が法令違反により社会的刑罰を受けたことがある場合は，

その内容は？
- リスク・コンプライアンス委員会の役割であるリスク・コンプライアンス規程に記載の各項目について，実際に議論・対応した過去の委員会の議事録と添付資料はあるか？
- 役員・社員・大株主に関して，過去５年以内に発生した係争事件（解決済を含む）は？また訴訟に至らずとも重要なクレーム等があるか？
- 公益通報制度（内部通報）の運用状況は？ また，役員・社員に対して内部通報窓口の存在をどのように周知しているか？ 役員・社員が当該通報窓口の存在を認識していることをどのように確認しているか？
- 最近２年間に通報の実績がある場合は，その内容と対応状況，現在の状況は？
- 直近２期間及び申請期において，顧客や取引先，退任・退職した役職員等からの事業遂行上重大なクレームまたは訴訟等があるか？
- 直近２期間及び申請期において，重大ではないものの発生・継続している訴訟や警告書，内容証明等の受領があるか？

４．労務管理
- 直近２期間における社員の異動状況（期中採用者, 期中退職者, 期末人員）は？
- 直近２期間及び申請期における，休職者数の推移と休職理由は？ また，過重労働が原因による休職者がいる場合，今後，同様の事象で休職となることを防ぐための取組みがあるか？
- 直近２期間及び申請期における，有給休暇取得率の推移（全社平均）は？また，取得促進のための取組みがあるか？
- 社員教育・研修に関する年間計画及びその実施状況（新卒, 中途, 階層別）は？
- いわゆるサービス残業が行われていないか？　管理・監督するための取組みについて，モニタリングの頻度や範囲は？　また，最近における当該モニタリングの実施結果は？
- 時間外労働について，申請時間と他の記録（タイムカード，PCログ等）との差異発生の有無，差異把握方法は？
- 毎月一定時間の残業代を支払うみなし残業制度を導入している場合，
  ①　制度導入の目的，制度対象となる社員の範囲は？

② みなし残業時間と支給賃金（時間当たりの賃金額算定の考え方含め）の決定方法は？

③ 社員が実際に行った時間の把握方法（休日労働，深夜残業の時間を含む）は？

④ みなし残業を超過した社員に対する残業代の支払状況は？

- 過去に，36協定違反者はいるか？
- 申請期の年間時間外労働時間の多い上位10名程度につき，把握し，改善を促しているか？
- 過去に会社と社員との間，または社員間でトラブル等が発生しているか？
- 過去に重大な労働災害等が発生している場合は，その内容及び再発防止策は？
- 直近２期間の賞罰委員会の開催状況及び内容は？
- ストレスチェック制度の整備状況，ストレスチェックの実施状況は？
- 労務DDで受けた指摘事項に対する対応状況は？
- 内部監査及び監査役監査において，直接面談等の方法により社員の労務状況・労働環境の調査を行っているか？ または今後行う予定等があるか？
- 懲戒処分の実績があるか？

5．経理の状況

- 経理部門の体制（人数，スキル）は十分か？ 業務が属人化していないか？時間外労働の状況等は？また，今後の増員計画は？
- 資金繰り管理の状況は？月中の特徴的な入金・出金の内容やタイミングは？また，日々の資金がショートしないための取組みは？
- 財務制限条項が付されている借入金はあるか？
- 直近２期間における財務指標として重視している指標（自己資本比率など）の推移に異常な動きはないか？ また，申請期を含む今後２期間について同様の財務指標の目標値は？
- 会計処理について，監査法人と協議している論点があるか？
- 監査法人の指摘事項に対する対応状況は？
- J-SOX体制の整備に関して，現状のスケジュールの進捗は？ また，現在までに把握されている課題等があるか？
- 役員及び幹部社員クラスの交際費の承認者，並びに牽制体制（承認ルートや確認ポイント，内部監査・監査役監査における確認状況等）は？

Q ESG投資とは何でしょうか？

A ESG投資は，従来の財務情報だけでなく，環境（Environment）・社会（Social）・ガバナンス（Governance）要素も考慮した投資のことを指します。財務情報とは，売上や経費，予算，資金管理，資金調達（融資・株式発行），余剰資金の運用について帳簿や財務諸表にまとめた資料です。近年，企業が社会や消費者から支持され長期的に安定して発展していくか評価するには，会社の社会的責任や環境問題への対策が反映されにくい財務情報だけでは不十分という見方がありました。

ESG投資が拡大した社会的背景としては，国連の持続可能な開発目標（SDGs）が挙げられます。2015年９月に，国連サミットで持続可能な開発目標（SDGs）が採択されました。これは，2030年までに持続可能でよりよい世界を目指す国際指標です。SDGsを達成するため，具体的に取り組むべき会社の課題の１つがESGになります。短期的な利益追求のために生産活動するより，環境や社会へ配慮しながら長期的に活動することが会社に求められているのです。

日本においても，投資にESGの視点を組み入れることなどを原則として掲げる国連責任投資原則（PRI）に日本の年金積立金管理運用独立行政法人（GPIF）が2015年に署名したことを受け，ESG投資が広がっています。

Q 配当政策について教えてください

A 配当を通じた株主還元について会社が採用する方針のことです。

調達した資金を元手に稼いだ純利益は，株主に還元するもの（配当，自社株買い）と，事業へ再投資するために会社内部に留保しておくもの（内部留保）とに配分されます。この配分を決めることが配当政策です。

配当は，純利益を原資とし，その最小額はゼロ（無配），最大額は配当可能利益の全額となります。利益をどれくらい株主に配当しているかについては，配当性向で表されます。

配当性向（％）＝配当金支払額÷当期純利益×100

なお，株主への還元が多い（少ない）ことは，設備投資などに使用できる資金（内部留保）の蓄積が少なく（多く）なる可能性があり，配当性向の大小は必ずしも会社の優劣と一致しません。

これらをふまえて，高橋さんは以下の選択をしました。

（高橋さんの選択）

✓高橋さんは，抱いていた違和感とは，グロース上場はあくまでも通過点であり，その先の成長こそが重要であるにもかかわらず，それに向けた議論が減っていたことであると気づいた。

✓高橋さんは，改めて幹部メンバーと「目の前の確認」と「ナビ設定の再確認」を実施した。

✓上場することの本当のメリットを最大限に活かすことを念頭に置き，証券審査対応・ロードショーを通じて「不足領域＝伸び代」を明確にしていった。

✓根幹となる「子どもたちにプログラミングを学ぶ機会を提供することで，好奇心と想像力を養って豊かな人生を歩んでほしい」という思いの実現に対しては，アナリストとのセッションを通じて，期待の大きさを改めて実感することができた。

✓20××年12月12日に，当社株式の東証グロース市場への新規上場が承認された。以降，同取引所において，当社株式の売買が可能となった。

✓高橋さんは，「上場はあくまでも通過点である」という意識を忘れずに，「不足領域＝伸び代」を補強するための動きを加速させていく。

参考文献

ピーター・ドラッカー（2001）『マネジメント[エッセンシャル版] - 基本と原則』ダイヤモンド社
ピーター・ドラッカー（2005）『企業とは何か―その社会的な使命』ダイヤモンド社
坂本光司（2008）『日本でいちばん大切にしたい会社』あさ出版
野中郁次郎（1980）『経営管理』日本経済新聞出版
稲盛和夫（2014）『成功の要諦』致知出版社
小倉昌夫（1999）『経営学』日経BP
一倉定（2020）『マネジメントへの挑戦』 日経BP; 復刻版
一倉定（2021）『あなたの会社は原価計算で損をする』 日経BP; 復刻版
一倉定（1999）『一倉定の経営心得』日本経営合理化協会出版局
ジム・コリンズ（1995）『ビジョナリー・カンパニー ― 時代を超える生存の原則』日経BP
菅野寛（2014）『経営の失敗学: ビジネスの成功確率を上げる』日経BPマーケティング
森健二（2016）『ソニー盛田昭夫“時代の才能”を本気にさせたリーダー』ダイヤモンド社
三木谷浩史（2009）『成功の法則92ケ条』幻冬舎
杉本貴司（2024）『ユニクロ』日経BP
徳成旨亮（2023）『CFO思考―日本企業最大の「欠落」とその処方箋』ダイヤモンド社
ラリー・ボシディ（2003）『経営は「実行」―明日から結果を出すための鉄則』日本経済新聞出版
飯塚幸子（2014）『図解&設例 連結会計の基本と実務がわかる本』中央経済社
EY新日本有限責任監査法人（2022）『IPOをやさしく解説! 上場準備ガイドブック（第5版）』同文舘出版
佐和周（2022）『これだけは押さえておこう 海外子会社管理の会計・税務・財務ケース50』中央経済社
山岡佑（2021）『実践スタートアップ・ファイナンス 資本政策の感想戦』日経BP
近藤哲朗（2018）『ビジネスモデル2.0図鑑』KADOKAWA
デロイト トーマツ グループ（2018）『実践CFO経営 これからの経理財務部門における役割と実務』日本能率協会マネジメントセンター
IPO Forum（2021）『この1冊ですべてがわかる経営者のためのIPOバイブル〈第2版〉』中央経済社
横張清威（2019）『ストーリーでわかる初めてのM&A 会社，法務，財務はどう動くか』日本加除出版
アレックス・オスターワルダー，イヴ・ピニュール（2012）『ビジネスモデル・ジェネレーション ビジネスモデル設計書』翔泳社
和仁達也（2021）『プロの思考整理術』かんき出版

安藤広大（2023）『とにかく仕組み化 — 人の上に立ち続けるための思考法』ダイヤモンド社
麻野耕司（2019）『THE TEAM 5つの法則（NewsPicks Book）』幻冬舎
パトリック・レンシオーニ（2012）『ザ・アドバンテージ なぜあの会社はブレないのか?』翔泳社
ジェイコブ・ソール（2015）『帳簿の世界史』文藝春秋
荒木博行（2019）『世界「倒産」図鑑 波乱万丈25社でわかる失敗の理由』日経BP
森戸裕一（2023）『イラストでわかる！ DXで変わる100の景色』池田書店
週刊ダイヤモンド 2022/4/2号
企業インタビュー「日本の人事部　2017/8/1」

あとがき

最後までお読みいただき，ありがとうございました。

2020年に始まった新型コロナウイルスの感染拡大は，リーマンショックや東日本大震災に匹敵するほどの経済的ダメージをもたらしました。その結果,「優良企業の代表格」とされていたJR東海，ANA，オリエンタルランドといった企業ですら苦境に立たされ，改めて経営の難しさを痛感することになりました。

2025年を迎え，コロナの影響が薄れる中，関心はインバウンド需要の拡大，人手不足，円安・物価高，エネルギー問題などへと移りつつあります。世界的にも，中国の経済成長の減速，米国トランプ政権の誕生，ウクライナ侵攻の継続，中東の紛争激化などが，コロナに代わって私たちの経済活動に大きな影響を及ぼす新たな経済的焦点となっています。

一方，本書の校正作業を進める中で，愛読書である『三国志』（吉川英治著）や『ローマ人の物語』（塩野七生著）を読み返し,改めて思うことがありました。それは，2000年という時を経ても，人間の考え方や行動の本質は変わらないということです。

例えば,『三国志』に登場する蜀の諸葛亮（孔明）は，逆境の中で持てる知恵を最大限に活かし，わずかな資源で強大な魏や呉と渡り合いました。「木牛流馬」や「空城の計」などの戦略は，常に変化に対応しながらも揺るぎない信念に基づいたものであり，この姿勢は現代の経営にも通じるものがあります。

また,『ローマ人の物語』では，アウグストゥスがローマ帝国の礎を築く過程で見せた柔軟さと不屈の精神が描かれています。彼は共和制から帝政への大きな転換期において，古い制度を尊重しつつ新たな体制を築きました。ここでは，変化を受け入れながらも，本質を守る姿勢こそが成功の鍵であることを再認識しました。

変化に柔軟に対応しつつ，本質を守り抜くこと。そして，今ある事業の柱を強化しながら，新たな柱を築いていくことが重要だと感じています。

2025年の新年の挨拶で，ある経営者から非常に印象的な言葉をお聞きしました。その方の許可を得て，ここに紹介します。

「企業目標とは，条件ではなく“思いを繋げていくこと”である。条件とは，何かを達成すれば終わるもの。しかし，企業活動に終わりがあってはいけない。人の幸せや笑顔を増やすことに終わりはなく，それは終わりのない旅なのだ。ではなぜ，高い目標が大切なのか？それは，高い目標を掲げ，一生懸命に取り組むことで，道の途中に多くの宝物（ご縁，成功体験，やりがい，富）と出会えるからです。」

この言葉は，私自身の経営に対する考え方と深く共鳴するものでした。本書が，こうした「王道の経営」を目指す皆さまの一助となることを願っています。少しでも参考にしていただければ，著者としてこれ以上の喜びはありません。

また，本書の執筆にあたり，多くの方々にご協力をいただきました。この場を借りて，深く感謝申し上げます。

今回の執筆も，前著に続き，アガットコンサルティングのメンバーの協力なしには実現しませんでした。特に，アイデア段階から関与してくれた畑中数正さん，青木重典さん，三上光徳さん，鈴木努さん，安澤真央さんにはお世話になりました。また，C cube designの小笠原一友さん，レゾンクリエイトの佐藤智さんにも，前著に続きお力添えいただきました。そして，中央経済社の奥田真史さんには，前著に比べ，構想から校了までの道のりが長くなってしまいましたが，辛抱強く支援していただきました。心より感謝申し上げます。

最後に，いつも気持ちよく仕事ができる環境を整えてくれ，影日向で明るく応援してくれる妻の早苗と，今回はアガットメンバーの一員として書籍の構想段階からサポートしてくれた娘のゆずにはとても感謝しています。ありがとう！

そして，この本を手に取ってくださった読者の皆さまにも，心からの感謝を込めて。

読者限定で，文中でもご案内した「株価の理論価格の算定方法に関する簡単な計算問題」(P.70)と「主人公の高橋さんが作成した資本政策案のエクセルシート」(P.83)を特典サイトからダウンロードできるようにご用意しました。アガットコンサルティングの特設サイト（https://www.cfolibrary.jp/lp/SuBAL_shiryo2/）よりダウンロードしてご活用ください。

本書が，皆さまの納得のいく経営の舵取りの一助となれば幸いです。

[著者紹介]

藤浦　宏史（ふじうら　ひろし）

1996年公認会計士登録。早稲田大学商学部を卒業後，中央新光監査法人に入所。上場企業の法定監査や株式上場準備企業の支援業務に従事する。その後，起業を決意し，1997年に生花の会員制通信販売事業に進出するも失敗。苦い経営経験とその後の出会いを通じた学び，さらに会計士としての専門性を活かし，2001年に株式会社アガットコンサルティングを設立し，代表取締役に就任（現任）。
2022年には，アーリーステージ向けの経営管理コンサルティング事業を展開する株式会社アガットイノベーションを設立。アガットグループとして，事業拡大を志向する経営者の創業から上場，その先の成長までを一貫してサポートする。

藤浦のミッションは，豊富な失敗事例とその着眼点をもとに「経営管理の５大予防ポイント」を伝え，経営者が納得のいく舵取りを実現できるようにサポートすることである。

アガットコンサルティングHP：https://www.agateconsulting.jp/
アガットイノベーションの公式note：https://note.com/agateinnovation

株式上場準備の経営管理を学ぶ

2025年5月1日　第1版第1刷発行

著　者　藤　浦　宏　史
発行者　山　本　　継
発行所　㈱中央経済社
発売元　㈱中央経済グループパブリッシング

〒101-0051　東京都千代田区神田神保町1-35
電話　03（3293）3371（編集代表）
03（3293）3381（営業代表）
https://www.chuokeizai.co.jp
印刷・製本／文唱堂印刷㈱

＊頁の「欠落」や「順序違い」などがありましたらお取り替えいたしますので発売元までご送付ください。（送料小社負担）
ISBN978-4-502-51891-1　C3034